DANGDAI ZHONGGUO FAGUAN JUESE YANJIU
当代中国法官角色研究

陈　阳　著

河南大学出版社
HENAN UNIVERSITY PRESS
·郑州·

图书在版编目(CIP)数据

当代中国法官角色研究 / 陈阳著. --郑州:河南大学出版社,2021.6
ISBN 978-7-5649-4755-2

Ⅰ.①当… Ⅱ.①陈… Ⅲ.①法官-工作-研究-中国 Ⅳ.①D926.17

中国版本图书馆 CIP 数据核字(2021)第 129543 号

责任编辑	朱建伟
责任校对	阮林要
封面设计	翟淼淼

出　版	河南大学出版社
	地址:郑州市郑东新区商务外环中华大厦 2401 号　邮编:450046
	电话:0371—86059701(营销部)　网址:hupress.henu.edu.cn
	0371—86059750(高等教育与职业教育出版分社)
排　版	郑州市今日文教印制有限公司
印　刷	广东虎彩云印刷有限公司
版　次	2021 年 6 月第 1 版　　　印　次　2021 年 6 月第 1 次印刷
开　本	787 mm × 1092 mm　1/16　印　张　12
字　数	215 千字　　　　　　　　定　价　39.00 元

(本书如有印装质量问题,请与河南大学出版社营销部联系调换。)

前　言

　　中国的司法制度在历经数次变革之后,已经逐步建立了适合我国国情的、有中国特色社会主义的司法体系。面对社会转型时期的诸多挑战,完善中国的司法审判制度,以审判为中心,倡导多元的纠纷解决机制,是当前司法改革的重要方面。身处司法审判核心领域的法官,究竟在扮演何种角色,应当扮演何种角色,成为当前司法必须面对的问题。

　　在理想的法治情境中,法官是法律世界的国王,除了法律,法官们不应有别的上司。所以,在西方近现代理论中,一直存在着对法官理想角色的憧憬:权威、中立、独立、公正、慎言等。学者们坚信,法律应受充分尊重,法官作为法律的适用者和解释者,需秉持一种客观的立场,以立法本意为依归,保证法律的确定性和权威性。在这一情境下,法官的角色是单一的,依照"法律"剧本,法官们就可以完美地完成自己的角色。

　　然而,这种对法律客观性和法官角色单一性的确信在20世纪前后发生了转变。概念法学所构建的完美法典宣告破产,语言的不确定,以及成文法固有的抽象、滞后性使得法律规则本身显得捉摸不定,法律客观主义的立场备受质疑。怀疑主义和相对主义促使人们相信,完备的法律并不存在,绝对客观的判决也难以实现。身处司法场域中的法官,不仅仅是在机械地适用法律,还在运用自己的主观认知解释甚至是创造法律——法官可能并不像我们所期待的那样仅以法律为"上司",他是社会活动中的个体,也会受到各种各样因素的影响。在这一背景下,社会法学派迅速崛起,学者们开始立足实践,尝试从司法审判的逻辑出发,以"局内人"的视角审视司法活动的性质。视角的转变,带来了关于"什么是法"的全新注解,同时也带来了对法官和司法行为的全新解读。法官们的判决过程往往并不像外界所期待的那样完全依赖严密的论证和推理,这是一个酿造聚合物的过程,法律与逻辑仅仅是聚合物中的一部分,历史、传统、社会利益,乃至法官下意识的因素,都会参与到聚合物的酿造中去。更有甚者,美国现实主义法学宣称,法律的确定性根本就是无法实现的"基本法律神话"——事实上,法律在很大程度上是"含混的和有变化的"。基于此,法官的个性、偏见都是影响判决的重要因素,法官实际上是通过直觉而不是推理来判决的,司法判决本质上是从暂时形成的结论出发再回到规则和概念的过程。所以,司法判决往往很难预测,因为在判决中出现的其他因素,例如法官的个性,包括他的特征、性情、习惯和偏见等,远比规则更有影响力,更具决定性。

现实主义法学的出现冲击了经典理论中关于法治国家的美好设想。他们的观点虽然极端,但也一定程度上揭示了当代司法的现实。学者们不得不承认,法官不可能仅有单一的角色:他既是法律剧本中的人,也是社会生活中的人;他既会考量法律剧本的要求,也会考量自我和社会的需求。波斯纳大法官在《法官如何思考》一书中,通过对普通法系法官行为的观察分析,发现他们会受到诸多因素的影响,例如收入、名誉、声望、自尊、权力、闲暇等,这些普通人所追求的善品,也会对法官们产生激励和约束。所以,法官并非知识或道德巨人,法律也并非自给自足的领地。在司法审判中,法官不可能仅仅消极地适用法律,他拥有广泛的自由裁量权。特别是在法律的开放地带,纯粹的法条分析往往难以得出令人满意的决定,法条以外的因素,例如政治偏好、职业经验、个人特征、生平阅历等,都会塑造他的司法"前见",进而影响他对案件的判断。

那么,我们是否真的无法预测法官的行为?尽管不认同法条主义的司法哲学,波斯纳也不因此认为司法就是完全的随意、专断和任性。影响法官的因素有很多,但在绝大多数情况下,法官的行为有迹可循。他们都在遵守司法的"规则",只是这个"规则"不同于法条主义的理解,不仅仅局限于法律而已。法官们并不希望被认为是随意篡改法律,滥用个人意志的人——他们从来没有放弃做一个"好法官"的努力。

尽管语境不同,波斯纳的研究于我们仍有启发意义。在当下中国,理论与实践中的法官形象截然不同,关于什么是"好法官",很难下一个统一的定义。在优秀法官的样本中,我们看到了法官群体的不同面相,从办案能手、审判专家,到"布衣法官""微笑法官",在不同观众的眼中,"好法官"似乎有着不同的样子。用角色理论来解释,这些关于"好法官"的不同形象,来源于不同观众们关于"好法官"的不同期待。身处社会生活中的法官,一如剧场中的演员,他们期待掌声、欢呼和喝彩,因此会根据场景的转换、剧本的变化和观众的反馈给出自己的表演。所以,如果期待并不单一,法官的角色也不可能单一:面对不同的观众给与不同的反馈,恰恰是一个"好法官"应有的努力。从这一视角看,实践中的法官们,一直在期待并尝试成为观众喜爱的"好法官",尽管这种迎合的结果未必完全符合预期。基于此,对于法官行为的研究,必然不能脱离其行为的动机,唯有理解法官所面临的各种期待,才能真正理解角色行为背后的目的和意义。

本书意在通过对当前中国法官角色较为微观的分析,揭示法官角色行为背后的各种社会动因,进而对转型时期的司法制度建设和法官角色建构提出一些理性建议。以中国的"榜样法官"为样本,可以发现,西方经典法治模式下的法官形象并不多见。这是"中国特色"所致,是我们不能回避且极为特殊的政策"剧本"、司法"剧班"和社会"观众"所致。我们的法官角色不可能脱离于这些特殊的"角色期望",恰恰相反,践行这些"角色期望"是促使法官角色获得其合法性和合理性的重要原因。这是中国司法的实践智慧。当然,对当前司法制度进行适度改革以确保法官正确理解角色期望、完成角色定位同样势在必行。在当下,我们不是一定要按照西方的经典模式塑造中国的法官,能够从实际出发,渐进地完善中国务实的司法模式,也是接近法治社会的一种途径。

本书的撰写得到了导师李龙先生的悉心指导。而今成书之际,李老师却已然仙逝,每每想来,都难过不已。李老师一生坚信中国特色社会主义道路,坚持以马克思主义理论指导法学研究,在耄耋之年仍笔耕不辍,完成了《中国法理学发展史》一书,构建了中国法理学发展的宏大体系,以一代学术大师的身份向我们诠释了一位马克思主义法学家的历史担当。今先生虽已逝去,但其人其学,都将成为指引我不懈前行的力量。

本书是在博士论文的基础上修改而成,博士毕业数年,常思虑需完善后再行出版,致使出版事宜一再拖延。而今想来,学问的达成本就是不断摸索的过程,想要一蹴而就达致圆满,实则不可取也不可能。特别是在社会飞速发展的当下,新的权利类型、利益诉求大量出现,既有法律已然无法解决日益膨胀的社会需求,既有的司法模式也面临着前所未有的挑战。在这一大背景下,身处司法活动中心的法官,亦在不断调整、完善自身,积极参与社会问题的解决,回应社会发展的要求。所以,今日的司法改革,既是在变局之中谋求稳定,也是在转型中实现突破;今日的法官角色,既要适应剧场中的台前幕后,也要倾听广场中的多重声音。随着员额制改革的完成,法官的职业化、精英化色彩不断加强,法官角色的转型和成长将更加明显。因此,本书呈现的仅仅是当下法官群体的一个侧面,关于中国司法和中国法官的研究远远不止于此,及至成稿之时,仍为自己的力不从心而深感遗憾。唯愿抛砖引玉,对之后的研究有些许启发和帮助,吸引更多的学者,坚定中国之立场,关注中国之故事,完善中国之法律。

陈　阳

2021年3月于河南大学

目 录

绪论 …………………………………………………………（1）
  第一节 研究主题与背景梳理 ………………………………（1）
    一、中国视域下的司法制度与法官 ………………………（1）
    二、关于法官角色的讨论与反思 …………………………（3）
  第二节 理论框架与研究方法 ………………………………（7）
    一、理论框架 ………………………………………………（7）
    二、研究方法 ………………………………………………（11）
    三、术语界定 ………………………………………………（12）

第一章 法官及其"角色" …………………………………（14）
  第一节 法官的"角色" ……………………………………（14）
    一、角色理论 ………………………………………………（14）
    二、法官"角色"释义 ……………………………………（19）
  第二节 当代中国法官的角色变迁 …………………………（21）
    一、第一次法律革命及法官角色的初步定位 ……………（21）
    二、第二次法律革命与法官角色的逐步完善 ……………（23）
    三、员额制改革与法官角色职业化的实现 ………………（26）
  第三节 中国法官角色的典型样本 …………………………（28）
    一、样本选取：作为"榜样"的法官 ……………………（28）
    二、数据来源："榜样"的评选与报道 …………………（29）
    三、样本特点："榜样"的总体分布 ……………………（34）

第二章 政策"剧本"中的法官角色 ……………………（39）
  第一节 政策"剧本"中的角色样本 ………………………（39）
    一、样本的宏观梳理：以"政策"为中心的角色特质 …（39）
    二、样本的微观描绘：以"政策"为中心的角色呈现 …（41）

第二节　政策"剧本"的期望 ……………………………………（44）
　　一、政策回应能力 …………………………………………（44）
　　二、纠纷化解能力 …………………………………………（47）

第三节　政策"剧本"中的角色学习 ……………………………（49）
　　一、隔离观众 ………………………………………………（50）
　　二、再合作行为 ……………………………………………（53）

第四节　政策"剧本"中的角色实践 ……………………………（54）
　　一、法官的政策回应 ………………………………………（55）
　　二、法官的调解行为 ………………………………………（62）

第三章　司法"剧班"里的法官角色 …………………………（67）
第一节　司法"剧班"里的角色样本 ……………………………（67）
　　一、样本的宏观梳理：以"审判能力"为中心的角色特质 …（68）
　　二、样本的微观描绘：以"审判能力"为中心的角色呈现 …（70）

第二节　司法"剧班"的期望 ……………………………………（74）
　　一、审判实绩化 ……………………………………………（74）
　　二、审判实效化 ……………………………………………（75）
　　三、审判专业化 ……………………………………………（78）

第三节　司法"剧班"里的角色学习 ……………………………（79）
　　一、维持控制 ………………………………………………（80）
　　二、戏剧实现 ………………………………………………（83）

第四节　司法"剧班"里的角色实践 ……………………………（84）
　　一、对审判实效的控制 ……………………………………（85）
　　二、对审判实绩的追求 ……………………………………（91）

第四章　社会"观众"前的法官角色 …………………………（96）
第一节　社会"观众"前的角色样本 ……………………………（96）
　　一、样本的宏观梳理：以"亲民"为中心的角色特质 ………（97）
　　二、样本的微观描绘：以"亲民"为中心的角色呈现 ………（99）

第二节　社会"观众"的角色期望 ………………………………（103）
　　一、司法为民的职业宗旨 …………………………………（103）

二、公正无私的职业品格 …………………………………………… (105)
　第三节　社会"观众"前的角色学习 …………………………………… (106)
　　一、审判行为的理想化整饰 ……………………………………… (107)
　　二、裁判结果的理想化整饰 ……………………………………… (109)
　第四节　社会"观众"前的角色实践 …………………………………… (112)
　　一、坚持司法的亲民路线 ………………………………………… (112)
　　二、倡导司法的民主参与 ………………………………………… (115)

第五章　法官角色的形成分析 ………………………………………… (120)
　第一节　角色形成的逻辑过程 ………………………………………… (120)
　　一、逻辑起点：角色形成的宏观情境 …………………………… (120)
　　二、角色形成：宏观情境、角色期望与个体选择的互动 ……… (121)
　第二节　角色形成的外部情境 ………………………………………… (122)
　　一、一般情境：政治、经济与文化关系 ………………………… (123)
　　二、特殊情境：组织关系 ………………………………………… (128)
　第三节　角色形成的内在动因 ………………………………………… (131)
　　一、群体内激励 …………………………………………………… (131)
　　二、群体外激励 …………………………………………………… (134)
　第四节　情境转换与角色重构 ………………………………………… (136)
　　一、员额制改革与专家型法官角色 ……………………………… (136)
　　二、信息化时代与创新型法官角色 ……………………………… (137)
　　三、"榜样法官"及其角色重构 …………………………………… (139)

第六章　法官角色的理想构建 ………………………………………… (142)
　第一节　法官角色构建的总体框架 …………………………………… (142)
　　一、完善角色情境 ………………………………………………… (142)
　　二、调整角色期望 ………………………………………………… (143)
　　三、引导角色行为 ………………………………………………… (144)
　　四、实现角色自律 ………………………………………………… (145)
　第二节　完善政策"剧本"的角色规范 ………………………………… (145)
　　一、针对个案：完善个案审判中政策与司法的关系 …………… (146)

二、针对整体:改进政策推进中司法的回应方式 …………… (147)
第三节　改进司法"剧班"的管理模式……………………………… (148)
一、外部改革:形成健全的司法管理体制 ………………………… (148)
二、内部改革:构建扁垂双轨的组织结构 ………………………… (150)
第四节　引导社会"观众"的良性互动……………………………… (152)
一、立足民众:规范民意的表达方式 ……………………………… (152)
二、立足法官:完善审判的监督程序 ……………………………… (156)
第五节　健全法官的角色人格…………………………………… (158)
一、保持角色忠诚 ………………………………………………… (158)
二、培育角色伦理 ………………………………………………… (160)

结语 ………………………………………………………………… (164)

参考文献 …………………………………………………………… (168)

绪 论

第一节 研究主题与背景梳理

一、中国视域下的司法制度与法官

中国的司法体制在经历了新中国成立之后的初设、十一届三中全会以来的重建和20世纪80年代后期开始的改革之后,已经逐步形成了代表着中国特色的、社会主义的司法体系。随着中国社会转型期的到来,多元的思想和文化纷至沓来,中国的司法制度面临着各方面的挑战。近年来,构建社会主义和谐社会,倡导多元纠纷解决机制,推进基层司法民主等措施相继推行,引发了司法审判领域的重大变革。身处在司法审判核心领域的法官,当前究竟在扮演何种角色,应当扮演何种角色,成为司法改革必须面对的问题。通过对法官角色的分析,认真地审视当下特殊的背景下法官所扮演的各种角色,对转型时期司法制度建设和法官角色建构作出一些理性的思考,是当前具有重要意义的研究课题。

中国的司法制度是以革命根据地时期的审判方式为雏形发展起来的。陕甘宁边区独具特色的马锡五审判方式是传统司法的典型代表,它强调对案件的处理以调解方式为主,要求法官深入到群众中去,主动调查取证,了解案件事实,努力化解纠纷并说服当事人接受。在新中国成立初期,这种审判方式对巩固政权、推行党的政策起到了积极作用,也收到了良好的社会效果。在法律存在大量空白的时期,通过政策填补法律,运用调解方式结案,是法官们在审判实践中总结的宝贵经验。这些经验构成了中国的传统司法模式,其影响一直延续至今。

20世纪80年代以降,改革开放制度带来了整个中国社会的全面变革。市场经济的发展催生了契约经济意识,大量的民事、商事纠纷随之涌现,案件数量急剧增长,案件类型不断翻新。传统的审判方式出现了显见的弊端:司法审判周期过长,导致大量案件积压;取证花费精力过大,容易造成资源浪费;调解制度缺乏刚性,自由裁量现象泛滥。传统的审判方式已经难以适应新形势的需要,推行审判方式的改革势在必行。强调当事人的举证责任,减少法院的调查取证,实行抗辩式的庭审制度,采取调判结合的审判方式成为司法改革的主要内容。这些改革措施加强了司法的透明度和公开性,体现了司法审判的中立性特征,并在客观上降低了司法成本,缓解了案件积压给法院带来的巨大压力。随后逐渐推行的司法改革制度进一步在体制层面上不断纵深,针对法院的独立审判保障机制、司法行政管理机制和执行工作管理机制等方面的完善提出了新的要求。司法改革的推进带来了法官角色从大众化到职业化的转变,建立一支高素质的职业法官队伍,培养法官的专业能力、职业精神、司法礼仪等都被提上了改革的议程。

司法审判的实践与司法改革的预期总是存在着一定的距离。在大力倡导司法职业化的同时,社会上涌现出来的各种矛盾将法官再次推向了改革的风口浪尖。当事人主义的审判方式大大提升了司法效率,但是却没有得到社会大众的普遍认可。直接依据法律作出的判决,在形式上已然具有了合法性,在实质上往往不能为当事人所接受。传统的法"官"必须"为民做主"的思想仍占据着主流地位,端坐高堂的法官作出的"非黑即白"的审判被看作是"不合情理"。民间尚未培育出"程序正义"思想——正义的程序不能够消解人们对于判决结果的不满。司法改革的方向不得不发生转变:对调解的态度从最初的肯定发展到否定又回归到了肯定。2009年最高人民法院发布的《人民法院第三个五年改革纲要(2009—2013)》(以下简称《三五纲要》)强调了"群众路线"的司法方向:从满足人民群众司法需求出发,以维护人民利益为根本,以促进社会和谐为主线,以加强权力制约和监督为重点,从人民群众不满意的实际问题入手,紧紧抓住影响和制约司法公正、司法效率、司法能力、司法权威的关键环节,进一步解决人民群众最关心、最期待改进的司法问题和制约人民法院科学发展的体制性、机制性、保障性障碍,充分发挥中国特色社会主义司法制度的优越性,为社会主义市场经济体制的顺利运行,为中国特色社会主义事业提供坚强可靠的司法保障和和谐稳定的社会环境。①《三五纲要》的"人民司法"要求是对肇始于2003年的"大调解"运动的政策性肯定,强调以人民的利益为本位体现了对审判的社会效果的追求。法官的角色要求也随之发生了转变,能够辩法析理、定纷止争的法官成为新时代法官的典型代表。2014年《人民

---

① 参见《人民法院第三个五年改革纲要(2009—2013)》中的指导思想。

法院第四个五年改革纲要(2014—2018)》发布,明确提出了深化法院人事管理改革的工作重心,确定省以下法院人事统管改革、法院人员分类管理制度改革、法官单独序列选任和晋升等专业化改革方向,明确将法官员额制提上议事日程。2017年,在全国范围内,法官员额制改革基本完成。至此,法官的职业化、精英化、专业化成为司法改革的重点方向。随着《人民法院第五个五年改革纲要(2019—2023)》的实施,新一轮司法改革顺利开启,员额制推进的配套方案成为司法改革的纵深方向。

"榜样法官"是在中国司法近二十年的变革期间树立起来的模范法官形象。官方认可的"榜样法官",主要包括"中国法官十杰"、"全国模范法官"和"全国优秀法官"。2003年,第一届"中国法官十杰"的评选活动拉开了帷幕。评选活动以新颖的社会投票的方式,鼓励人民群众选出自己心目中的优秀法官。一时间,社会各界人士积极踊跃,通过填写报纸选票、发送手机短信、登录互联网站等方式参与投票,选举出了十名优秀的法官,由最高人民法院授予"金法槌奖"。之后,在2005年最高人民法院举办了第二届"中国法官十杰"评选,此次活动亦备受瞩目,法官们的事迹被媒体广泛地宣传报道。除了"法官十杰"之外,自2003年开始评选的、至今依然在进行的"全国模范法官"评选活动,也是司法系统推选出优秀法官群体的样板活动。"全国模范法官"由各级法院层层推选,每三至四年评选一次,每次不足百人,代表着职业共同体对个体法官的最高赞誉。无论是"十杰法官"还是"模范法官",都是当下被广泛认可的"榜样法官",他们代表了中国民众所欲求的法官形象,也是国家政党所认可的法官形象,他们展现了中国法官所具有的特殊品质,也为法官的角色研究提供了典型样本。

二、关于法官角色的讨论与反思

国内外学者关于法官角色的讨论,都离不开司法制度这一宏大背景。从司法制度出发,考量司法权运行模式,进而展开法官行为和角色分析,是当前法官研究发展的大致脉络。

1. 司法制度与司法活动

目前,国内学者关于中国司法制度的研究成果颇为丰硕,且多数研究在制度梳理之外,能够结合司法改革的利弊成败,提出宏观层面制度完善的独到见解。在此类研究中,比较研究是较为典型的研究方法,如谭世贵、陈光中、卞建林、汪世荣、左卫民、范愉等学者,大多通过中西司法制度的比较分析,对当前国内法官制度存在的问题进行梳理,并提出改革和完善法官制度的各种方案。

以制度性研究为基础,对司法活动特别是司法权的具体运行模式进行研究也是司法研究的一个方向。目前,关于司法权运行的研究多结合历史分析、实证调研展开,多角度、微观化的讨论是此类研究的特点。① 一方面,基于史料的分析可以呈现中国司法制度的客观事实,为我们全面认识司法中存在的问题提供崭新的视角;另一方面,实证调研为制度研究打开了更加细致入微的切面,学者们通过深入观察和描述,微观呈现了法庭的内部结构、外部关系和运行状况,展现了法院司法审判行为的鲜活图景。

在司法制度与司法活动相关研究中,民间司法学的研究极具特色。民间司法学以民间存在的司法活动为主要研究对象,通过对民间的多元纠纷解决机制的研究例如调解制度的研究,发现民间法和国家法之间的断裂和对接,用这种具有乡土色彩的司法审判机制阐释中国司法制度面临的困境和可能的出路。强世功通过对历史资料的考察,分析了陕甘宁边区司法审判方式的政党政策推进、意识形态渗透的作用,并将这种司法的政治工具形式称为"中国司法新传统";②苏力则从中国的基层司法制度入手,观察并分析了中国特殊的社会制度下民间司法的生存现状,分析了由政府推进的法治道路存在的巨大缺陷,进而提出从基层的司法实践中出发的本土化法治道路。③ 民间司法学通过独特的研究方法和视角,展示了中国司法运行的特殊面相。

2. 法官行为与法官角色

20世纪30年代以来,域外一些学者开始尝试通过对司法中的"人"而非"制度"的分析来解决实践问题。这一领域较为有代表性的有美国的现实主义法学和斯堪的纳维亚现实主义法学。美国现实主义法学以实用主义为基础,注重法官心理在"行动中的法"中的作用,认为判决的产生是法官基于自身个性和对外界刺激做出的反应。④ 他们摒弃传统以"规则"为中心的研究,坚持

---

① 如高其才的"中国司法研究"系列书籍,主要以实证研究为基础,展现中国司法制度的运行模式和现状。参见高其才、周伟平、姜振业:《乡土司法——社会变迁中的杨村人民法庭实证分析》,法律出版社,2009;高其才:《基层司法——社会转型时期的三十二个先进人民法庭实证研究》,法律出版社,2009。

② 强世功:《法制与治理——国家转型中的法律》,中国政法大学出版社,2003。

③ 苏力:《送法下乡——中国基层司法制度研究》,中国政法大学出版社,2000。

④ 杰罗姆·弗兰克:《初审法院:美国司法中的神话和现实》,赵承寿译,中国政法大学出版社,2007。

以"法律科学家"的视角看待法官"行为",注重对行为的人类学、心理学分析。① 斯堪的纳维亚法学派也从心理学角度解释法律,但是其更注重社会整体层面的心理学研究,他们将法学视为社会心理学的一个分支,将法律的有效性解读为"人们情感经验的理性化"。② 尽管现实主义法学存在法律虚无主义的倾向,但其多元化的研究方法为法学的发展打开了新的视角,促进了理论界对法官行为的持续关注。③

域外相关研究带来了法学领域交叉研究的热潮,随着实证分析、跨学科研究等多元分析方法的引入,我国学者们对于司法问题的探讨,也逐渐从整体、静态化的制度研究视角转向个体、动态化的行为研究视角。首先,以实证为基础的法官行为研究大量涌现。一些具有实务经验的学者通过自己在司法系统的亲身经历,阐明了法学研究与司法实践之间存在的差异,并指出了当前中国法官所面临的压力和困境,提出了在中国的特有情境下法官应有的角色担当和智慧。④ 其次,以法官为中心的司法行为和决策研究开始出现。此类研究进一步拓展了既有制度研究的广度和深度:一方面,关注司法审判的过程中法官决策做出的全过程,揭示在规则体制之外,影响法官决策的其他因素;⑤另一方面,发现司法权运行中的阻滞因素,指出法院在组织结构和管理模式上存在的缺陷,并在此基础上提出制度激励的可能方案。⑥

随着法官行为研究的出现,法官角色研究也逐渐成为司法领域的新热点。法官角色研究的专门性著述相对较少,目前,已有著述的主要研究路径是结合实证调研或者典型角色样本,展开法学、社会学层面的角色分析;就研究内容来看,多数研究集中在法官角色紧张、角色冲突、角色压力,以及以上角色问题

---

① Karl N. Llewellyn, *Jurisprudence: Realism in Theory and Practice* (Chicago: Chicago University Press, 1962).

② 具体观点参见斯堪的纳维亚法学派的学者罗斯的相关研究。参见吕世伦主编《现代西方法学流派》,中国大百科全书出版社,2000,第507页。

③ 较为有代表性的如美国学者克雷因的司法决策研究。参见戴维·克雷因、格里高利·米切尔:《司法决策的心理学》,陈林林、张晓笑译,法律出版社,2016。

④ 例如田成有、吕忠梅等学者基于自身法官经历进行的法官行为研究。参见田成有:《法官的修炼》,中国法制出版社,2011;吕忠梅:《法眼观庭——穿行于教授和法官之间》,北京大学出版社,2006。

⑤ 钱卫清:《法官决策论——影响司法过程的力量》,北京大学出版社,2008。

⑥ 翁子明:《司法判决的生产方式——当代中国法官的制度激励与行为逻辑》,北京大学出版社,2009。

可能带来的司法负面效应等问题上。

首先,基于实证调研、田野调查、典型个案展开的角色冲突分析。这类研究的主要特点有:第一,通过生动的故事叙述展现转型时期的多元法官角色。例如,吴英姿以田野调查的方式,研究了司法过程中的审判、调解、执行、审委会的讨论等活动,对法官审理案件的整个过程进行了全景式的素描;①代志鹏则以个案描述的方式,展现了基层法院法官针对不同案件、不同当事人、不同的行为逻辑,分析了基层法官角色在不同情境下表现出的不同特质。② 第二,采用多学科视角,对法官角色的困境进行解读和分析。通过引入角色冲突理论、场域理论③等,从交叉学科的视角分析法官可能存在的多重角色,并结合制度研究和实践分析,探讨法官多重角色的内在冲突和消解过程。

其次,结合模范法官评选活动,选取典型代表展开的司法荣誉制度分析。在此类研究中,多数学者们选取了"模范法官"这一特殊群体样本,通过对模范法官评选活动、评选标准以及法官特质的分析,展现当前模范法官评选、司法荣誉制度本身存在的问题,并引申出由此带来的法官角色冲突现象。④ 此类研究与本书的研究路径有相似之处,但研究的侧重点不同。上述研究主要以司法荣誉制度本身为研究对象,而本书则以在荣誉制度下呈现的法官行为为研究对象,前者较为宏观,而后者较为微观,因此论证的思路、内容和结论各不相同。

除了对普通法官的群像角色研究之外,还有一些学者选取了法官中的特殊群体,展开针对特殊群体的法官角色分析。例如,专门针对主审法官⑤、法

---

① 吴英姿:《法官角色与司法行为》,中国大百科全书出版社,2008。
② 代志鹏:《司法判决是如何生产出来的——基层法官角色的理想图景与现实选择》,人民出版社,2011。
③ 陆而启:《法官角色论——从社会、组织和诉讼场域的审视》,法律出版社,2009。
④ 孟高飞、俞硒:《司法荣誉制度的检视、审思与展望——以司法荣誉称号为研究切入点》,载贺荣主编《尊重司法规律与刑事法律适用研究——全国法院第27届学术讨论会获奖论文集》,人民法院出版社,2016,第329－338页。
⑤ 王勇:《主审法官在审判组织中的角色及其行动逻辑——基于本轮司法改革的考察研究》,《云南社会科学》2020年第5期。

庭庭长①、刑事法官②、包村法官③、家事法官④等的研究。这些研究发现,具有特殊角色或者承担特殊职能的法官角色模糊和冲突的情况更为明显。因此,以上研究与本书的研究结论存在互通之处:多元的法官角色必不可免地会造成法官的角色混乱,过度迎合角色期望势必造成法官核心角色的缺失。

在前述关于法官角色的研究中,也有不少学者敏锐地意识到了法官角色紧张可能带来的一系列问题。例如,法官流失与职业倦怠的问题。曾玲娟等通过对广西基层法院法官的实证调研,发现40岁以下的法官群体压力最大,其压力的主要来源就是角色的冲突和模糊。⑤ 再如,司法的公信力流失问题。吴英姿从司法认同的视角出发,指出当前法官群体中的模范典型实则是用个人魅力弥补司法能力的不足,因此好的制度需要司法信任的模式从情感性的人际信任转向理性型的制度信任,好的法官的形象要从社会认同走向制度认同。⑥

综上所述,既有研究主要从司法制度、法官行为和法官角色等多重视角讨论了中国司法存在的问题,并对法官的角色问题进行了初步探讨。前述研究为本书的讨论提供了大量的可供参考的资料,启发了本书研究的思路。本书将以前述研究为基础,在法官角色问题上进行更为细致、深入、微观的讨论,促进对法官角色分析的深层次、多视角、交叉学科研究的推进。

第二节 理论框架与研究方法

一、理论框架

本书的整体分析框架采用的是社会心理学中的角色理论,每章内部结构

---

① 张弦:《论人民法庭庭长的角色困境》,硕士学位论文,西南政法大学,2018。
② 谢澍:《多元场域与一元惯习——刑事法官的角色诠释》,《北大法律评论》2016年第17卷第2辑。
③ 田少红:《司法联动下的包村法官》,《法律和社会科学》2016年第15卷第2辑。
④ 冯源、姚毅奇:《家事司法改革中调查官的角色干预》,《甘肃政法学院学报》2017年第5期。
⑤ 曾玲娟、邹尚忠、李同凯:《法官角色压力及其对职业倦怠的影响》,《广西师范学院学报(哲学社会科学版)》2018年第6期。
⑥ 吴英姿:《论司法认同:危机与重建》,《中国法学》2016年第3期。

的展开主要依据的是角色理论中的角色扮演过程。其研究的基本假设是：法官在角色扮演中表现出的行为和采取的策略，主要是为了迎合社会各个方面对他的期望，为了获得某种积极、肯定的评价。

　　角色理论是符号互动学的重要分支，主要通过对个体在社会互动过程中的角色扮演活动来分析个体与社会的关系。角色理论主要包括两种基本的取向，即结构角色理论取向和过程角色理论取向。两者的根本区别在于，前者注重对角色所处社会地位的静态研究，而后者注重对角色扮演过程的动态研究。本书在篇章结构的设置上主要采用了过程角色理论的观点，即角色扮演的过程大致包括角色期望、角色学习和角色实践。角色期望主要是指角色规范、其他演员和观众对表演者所呈现出来的角色形象的期待，具体到法官角色中，就是指法律和政策规定、司法系统和社会大众对法官角色的理解和要求。角色期望是表演者进行角色扮演的重要动力，因为希望得到积极、肯定的评价，表演者会努力理解各方面对其表演的期望，并将这种期望内化到自己的角色扮演过程中去。这个过程被称为是角色学习的过程。对法官来说，角色学习的主要内容在于怎样正确地理解角色期望以及采用何种技巧来展示出被期望的形象。因此，掌握一些基本的角色扮演策略——被戈夫曼称之为"印象整饰"技巧——是必不可少的学习内容。法官主要通过领悟、模仿身边成功的角色扮演者，熟练地掌握各种角色扮演技巧，并将它们运用于审判实践中去。这个过程是角色学习和角色实践交错进行的过程。通常，在角色学习的过程中往往伴随着角色实践，法官会将自己学习到的技巧以实践的方式加以练习和检验；同时，实践的过程常常包含着对新技巧的领悟和学习，法官的角色实践过程是角色学习的进一步深化。角色学习和角色实践不是一个前后相继的过程，而是一个相互交融的过程。不过从总体上来看，角色学习是角色实践的前提。

　　本书的第二、三、四章主要就是依据法官角色的扮演过程来设计的。从总体上来看，对法官的角色期望来自于政策"剧本"、司法"剧班"和社会"观众"，这三者的期望构成了法官角色扮演的最大激励因素。

　　首先是来自于政策"剧本"的期望。"剧本"的期望主要是指约束表演者的角色规范，对于法官而言，"剧本"应当有两种：一种是法律"剧本"，还有一种是政策"剧本"。在我国，这两种"剧本"对法官的影响力是不同的，政策"剧本"能够及时反映当前的政治情势，相对于法律"剧本"来说有更大的号召力，也更容易解释特定时期法官角色的特殊性，因此是笔者关注的重点。政策"剧本"为法官的行为划定了严格的边界，不具备政治敏感性和政治觉悟的法官根本不可能成功地完成角色扮演。

其次是来自于司法"剧班"的期望。"剧班"是表演者所依赖的组织机构，在"剧班"里，不同的演员之间相互分工协作，共同完成剧班所规定的表演任务。对于法官而言，"剧班"是他所依存的法院系统，笔者称之为司法"剧班"。司法"剧班"要求法官的表演必须具有实效性、实绩性，即具有显见的社会效果，能够体现司法的高效和公正。同时，司法"剧班"设立了一系列的组织规范和奖惩条例，以约束和鼓励法官的行为。"剧班"的期望是法官在角色塑造的过程中必须考虑的重要因素。

最后是来自于社会"观众"的期望。"观众"是表演者最终面对的群体，观众的认可度是衡量角色扮演成功与否的重要标准。对于法官来说，最大的"观众"群体是分散于社会各个层次的普通民众。他们可能因为诉讼而参与到审判中去，也可能因为某个公共法律事件牵涉到司法活动中，他们对法官的评价代表着社会的主流价值观念。忽视观众的表演必将是失败的表演。因此，法官在角色扮演的过程中往往将观众们的感受、意见作为其考量的主要方面，我国的政策导向、组织规范也充分肯定了推行"司法民主"、尊重社情民意的至关重要性。

在第二、三、四章内部，关于法官角色学习方面的理论，笔者主要借鉴的是戈夫曼的拟剧理论。拟剧理论作为角色理论的衍生理论，主要通过对日常生活情境的戏剧化分析来展现人们的互动行为和心理变化。通过引入一些舞台表演技巧，笔者描述了法官在角色扮演过程中采取的各种策略。法官在角色表演中小心翼翼地对"前台"和"后台"进行控制，对其表演的每一步都进行理想化的整饰，以求在观众心目中留下了良好的印象。这部分的写作主要参照了戈夫曼对人们日常交往行为的戏剧分析理论，从较为独特的视角对法官的行为进行了微观的审视。当然，拟剧理论本身就因为结构泛化而受到过批判，笔者的论证也难逃过于机械的窠臼。在此，笔者只是希望通过引入对角色行为分析的崭新路径，以完成对法官角色更为深入、微观的思考。

角色扮演是一个社会互动的过程，所有角色期望的产生都离不开相应的背景关系——宏观情境。脱离宏观情境讨论角色扮演问题，将难以深入到角色背后深层次的社会网络。因此，本书的第五章主要围绕着角色形成的动态范畴——外部环境、角色期望和个体选择展开，从宏观和微观方面讨论当前影响法官角色形成的社会关系和群体激励因素。

从宏观方面来说，角色的外部环境是指包括政治关系、经济关系、文化关系以及组织关系在内的各种社会关系。中国特殊的政治关系——政法传统，直接影响了当下的政治与司法的关系,强化了政策在司法工作中的作用。中国在发展过程中经济关系的变化,促使中国的法官角色随之不断转变,在计划经济时期主要执行党的政策,在市场经济时期重点解决经济纠纷,在经济高度自由造成贫富差距的当下社会,主要负责化解社会矛盾。文化关系对法官角色扮演的影响不可小觑,中国传统社会的乡土文化特质造就了基层普遍存在的"民间法",而这种民间法对国家法的排斥一度成为基层司法难以克服的问题。如今中国城乡二元格局分化,在大部分的乡里村落,民间法依旧在发挥它对调处纠纷的影响力,这也是在中国社会,不尊重风土民情的法官难以被人们接受的主要原因。组织关系对法官角色形成的影响主要表现在当前法院机构的组织管理模式上。我国法院的组织管理模式主要采取的是科层式结构,法院的外部管理不独立,内部管理存在一定的等级结构,直接刺激了法官对逐级晋升的强烈追求。科层式结构对于提高工作效率有着积极的作用,但是因为其金字塔形的组织模式,上令下从成为不可避免的现象,容易导致对法官行为的不恰当激励。

从微观方面来讲,角色行为的形成受到包括角色群体内部激励和外部激励的影响。角色群体内部激励主要是指组织对法官的角色激励,主要包括绩效和晋升激励。这两类激励一方面会促使法官完成组织期待的角色行为,另一方面,可能诱导法官在多重角色中选择对组织期待的依附。由于两类激励存在单一和刚性的问题,因此,可能造成法官在角色表现中过度竞争,造成一定程度上内耗型人际关系的出现。角色群体外部激励主要是指来自于社会层面其他群体的激励。从理论上讲,法官与其他角色群体之间主要是一种基于理性的需要而建立的人际关系,但是在我国的审判实践中,法官与其他角色群体之间的人际关系往往伴随着很多情感的因素,法官可能对社会期待产生过度依附。因此,合理化群体内外的激励因素可以形成对法官多重角色选择的合理引导。

在完成对法官角色扮演过程、法官角色形成的分析之后,梳理当前中国法官角色形成的宏观情境,并在此基础上针对影响法官角色扮演行为的各个因素提出建设性解决方案是本书最后一部分的内容。首先,当前中国法官角色形成的宏观情境已然变化,"榜样法官"的角色示范作用已经发生偏差,所以,重新定位"榜样法官"的角色特质,完成法官理想角色的重构势在必行。其次,法官理想角色的塑造,需要从背景、制度到个体的全面构建,除了理解、完善当前的宏观情境外,还需要调整角色期待、引导角色行为、实现角色自律。具体来说,可以从"剧本""剧班""观众"和"演员"入手,分别完善制度方案。综上,

第六章主要是针对完善法官角色扮演中的制度建设和角色表演者本身的素质完善提出的建议。总体结构安排与前文的论述形成基本的呼应关系。

二、研究方法

法官角色本身是一个既宏观又微观的概念。从宏观的范畴上来说,他是司法审判的具体实践者,法官角色的具体形象正是一国司法制度的缩影。从微观范畴上来说,他又是一个个具体的个案,法官角色的存在永远不能脱离具体的角色表演者。因此,在展开论述的时候,笔者尽可能采取多种的研究方法:在宏观上采用制度分析、规范分析、理论分析等方法,在微观上采用故事描述、个案分析等方法。

在论述法官角色存在的司法制度背景时,笔者主要采用了制度分析、规范分析和理论分析等方法。在论述司法与政策的关系时,对制度历史的、比较的研究可以解释当下中国司法存在的种种特殊的情境,使我们更容易理解政党政策对法官角色的期待。同时,体现于各种规范性文件上的政治语词、政策方向,都是约束法官行为的"剧本"规定,对法官角色的形成起到了导向性的作用。在对法院系统的组织结构进行分析时,韦伯的科层式结构理论契合了中国法院系统的现实环境,对科层式组织结构的理论性分析,使我们对法官晋升期待的理解成为可能。各种法院内部的组织规定成为制度分析的又一样本,它们反映了法院系统对法官角色的迫切期望:能够创造各种工作业绩,实现审判的政治、社会和法律效果的统一。在法官与社会大众的互动过程中,民意之于司法的距离构成了法官进行角色定位时急需解释的问题。民意可以防止司法的专断和腐败,也可能造成司法被操控和利用。民意之所以会对司法造成如此巨大的影响,我们可以通过制度和理论的分析找到答案。长期以来的"司法民主"路线要求法官与社会大众保持亲密的接触,进而为民意走近司法提供了可能;社会学理论中的群体规范和舆论形成理论剖析了"舆论审判"中社会大众的思维模式,进而解释了民意影响司法的过程。宏观上的角色研究必然无法脱离制度研究、规范研究和理论研究的范畴。

由于本书的论述采取了较为特殊的角色样本——中国的"榜样法官",因此对法官事迹的故事性描述成为必要的研究方法。通过选取"榜样法官"的典型事例,以讲故事的方法展现他们在工作甚至是生活中表现出来的优秀行为、优秀品质,并赋予这些行为和品质以"符号学"的意义。在对法官角色扮演技巧的分析中,笔者尽量寻找较为微观的视角,通过对个案的描述分析法官的角色行为。在个案研究中,法官的每一句话语、每一个行动都具有了象征性的特征,它代表了法官的某种角色表演的策略,是法官通过对互动双方关系的理解而采取的行为控制手段。故事描述、个案分析的方法意在体现出一种将理论与实践衔接的路径——从实践本身出发,去思考实践中存在的问题。

三、术语界定

由于采用了戏剧理论中的诸多词汇,因此对所涉及的术语进行内涵界定显得十分必要。

政策"剧本"。"剧本"是戏剧文学创作的文本基础,原指演员在角色表演中所参照的行为标准。在文中所指称的"剧本"主要是指法官在进行角色扮演的过程中所依据的行为规范,通常意义上讲,这种行为规范包括了法律、法规和政策规定等。在我国,政策规定对法官的影响具有显见性;因为相对于法律,它本身是易变的规范,它的变更对法官角色的影响可以通过审判实践活动予以观察;同时因为政党政策对法律的原则性指导作用,许多法律本身也体现出了政策性的特征。所以在研究中,笔者主要选取了政策"剧本"展开论述,并非是对法律"剧本"的忽视,而是因为政策"剧本"对中国法官角色的塑造有更深刻的影响——它不同于法律"剧本",在某种程度上它体现的是中国司法的独特品质。

司法"剧班"。在同一表演中相互协作的一组人构成一个"剧班"。在同一"剧班"中的表演者往往相互合作,共同维护作为整体的表演形象。对于法官角色来说,他所存在的最具典型意义的"剧班"就是法院系统,所有的法官群体构成一个司法"剧班"。在这里,"司法"所采用的含义是狭义上的司法,即仅仅指负责审判工作的法院系统,而不包括检察院系统。采用狭义的"司法"解释是限于对研究主题的呼应;本书主要研究的是法官的角色,因此依据法官群体划定了司法"剧班"的范围。在这里需要说明的是,在拟剧理论中,"剧班"的范围在不同的情境定义下是可以不断变换的:在这一场景中相互合作的人,可能在下一个场景中相互独立存在;之前没有加入表演的人,可能会在之后的表演中出现。也就是说,在这个场景中由一组人组成的"剧班",在其他的表演中可能会组成其他不同的"剧班";"剧班"的成员不具有固定性,随时会有人加入,也随时会有人离开。就法官来说,如果以法律职业为中心,他可以和所有的法律职业共同体成员组成一个"剧班",笔者姑且称之为法律人"剧班";如果以审判活动为中心,他可以和所有的法官组成一个"剧班",在此可以称之为司法"剧班"。同一个人可以是众多"剧班"中的成员,每一个"剧班"的界限各有不同。因此,"剧班"是一种象征性的戏剧符号——它不是对个体表演者的指称,而是代表着一种整体性的概念。在本书中,"剧班"所涉及的整体就是司法审判活动的参与者法官所依存的组织系统——法院系统。

社会"观众"。"观众"也是戏剧表演中的重要成员。相对于表演者来说,观众就是并未参与表演程序,但是观看表演并作出评价的人。对于法官来说,他的表演行为所面对的群体是多样的,包括普通社会大众,包括法律共同体的成员,甚至包括同一群体内的其他法官。而且,"观众"同"剧班"一样,本身也是一个相对的概念:在不同的场景中,"观众"的组成范围不同,"观众"和"演员"的地位也常常不断互换,对立存在。因此,在进行研究时对"观众"的含义进行特殊界定就显得非常必要。在本书中,"观众"主要是指的社会"观众",即不属于法官职业群体的,参与诉讼活动或者对审判行为作出评判的社会大众。法律共同体成员对法官的看法不是本书研究的内容,在审判实践中,普通社会大众对法官的期望是较为主流的话语体系。同时,因为法律职业共同体对法官的期待与西方经典的法治模式基本一致,对此的讨论已然非常充分。而同一群体内的法官,笔者意在作为一个整体的"剧班"进行研究,也不再认为他们是法官表演所面对的观众。在书中所界定的"观众"仅仅指普通的社会大众,他们作为不具有专业法律知识的群体,对法官的期待和评价是笔者关注的核心内容。

在拟剧理论中,因为情境的不同,各种角色的扮演者都在不断更替,角色的相互关系也在发生改变。"剧本""剧班""观众"本来都是相对存在的,此之演员即彼之观众,看似是一个"剧班"在表演,实际上演的是所谓"剧班"和"观众"之间的互动。但是在对法官角色进行具体的研究时,这种相对的、模糊的角色定位容易引起论证本身的混乱,因此笔者有必要在此划定这些概念指称的界限。"剧本"针对的是政策"剧本","剧班"涵盖的是司法"剧班","观众"专指的是社会"观众"。明确几组术语的范围,意在为之后的论证做好铺垫。

第一章 法官及其"角色"

> 全世界是一个舞台,所有的男人女人都是演员。他们有各自的进口与出口,一个人在一生中扮演许多角色。①
>
> ——莎士比亚

第一节 法官的"角色"

角色理论是本研究展开论证所依据的主要理论。分析法官的角色必须从角色理论本身出发,了解何谓"角色"之概念,梳理角色理论的发展脉络,明确角色扮演的过程阶段,进而展开对中国法官"角色"之研究。

一、角色理论

角色理论是社会心理学领域的重要理论分支。角色理论对于理解人与人之间的互动关系,分析人与社会之间的相互影响有着重要意义。个体在扮演角色的过程中逐步实现社会化,同时,也将个人对角色的理解逐渐渗透进角色本身中去,进而影响社会中的其他个体。

(一) 何为"角色"?

"角色"一词本是戏剧表演中的专门术语,专指演员在舞台上按照剧本规定来扮演的某一特定人物。角色扮演,是一种超越"自我"的抽象式互动,演员在舞台上的行为,往往表现出的是独立于自身个性而存在的"他我",他的行为成为一种被社会客观化的行为模式。扮演一个角色的演员可能会不断更替,而角色本身则会长久存在。正是因为对角色这种独特性的领悟,美国社会学家、社会心理学家及哲学家 G. H. 米德首次将"角色"一词引入了社会学领域,

---

① 莎士比亚:《皆大欢喜》第二幕第七场,第 139-140 行。

作为分析个人与社会互动的重要概念,开创了研究自我与他人关系的全新视角。米德通过研究个体与他人的互动,比拟儿童在幼年时期已经开始的对他人的观察和模仿就是在"扮演他人的角色"。此后,社会学家林顿(R. Linton)进一步论述了地位与角色的关系,指出个体依据其被分配的地位,将其所处地位的权利和义务付诸实践时,他就在扮演着一种角色。戈夫曼(E. Goffman)、拉尔夫·H. 特纳(Ralph H. Turner)等人进一步丰富了角色理论,使之日趋完善。

角色是社会学、社会心理学研究领域的一个重要概念,但是对角色的界定至今没有形成统一的认识。我国学者奚从清通过考察角色理论,认为角色是指个人在社会关系中处于特定的社会地位,并符合社会期待的一套行为模式。换句话说,角色是一定社会关系所决定的个体的特定地位、社会对个体的期待以及个体所扮演的行为模式的综合表现。① 这种观点概括出了关于角色的一些基本假设:个体一旦担当某一角色,他就要扮演这个角色的行为举止,将其转化为客观的社会行为规范和行为模式;扮演角色的演员可能会消失,但角色将延续下去。角色具有一定的客观性,任何一种角色行为都是社会的客观赋予,其角色位置相对固定,受社会客观期望的限制;同时角色是个体的扮演行为,因为有其主观特质,个体会将自己的个性特点融入角色中去,使角色呈现一定的复杂性。因此,角色体现出客观性和主观性统一的特点,它是个体社会化的过程,是个体与社会的连接点。正如汤麦史(E. Thomas)与皮特尔(B. S. Biddle)所说:"当演员描述一种戏剧性格时,他们的表演是由剧本、导演的指导、伙伴的表现、观众的反应及表演天才等所决定的。结果,不论演员是谁,只要他们有相同的角色就会有相似的表演。"② 可见,剧本指导、剧班期望和观众认可是决定角色扮演的重要因素。

"角色"的概念区别于"身份"这一概念。社会学家用角色这个术语来表示身份的动态性质,角色是对一个群体内和社会中具有特定身份的人所期待的行为。③ "身份"与"角色"密切相关,角色是身份的动态表现形式,身份一定要通过角色行为表现出来。④ 因此,"身份"是一个静态的概念,而"角色"是一种

---

① 奚从清:《角色论——个人与社会的互动》,浙江大学出版社,2010,第6页。
② 奚从清:《角色论——个人与社会的互动》,浙江大学出版社,2010,第3页。
③ 戴维·波普诺:《社会学》(上),刘云德、王戈译,辽宁人民出版社,1987,第182页。
④ 陈国强主编《简明文化人类学词典》,浙江人民出版社,1990,第260页。

互动的行为。一个人的"身份"具有某种稳定性,但是一个人的"角色"却会因为他所处的时代不同、所面对的情境不同而显示出差异性。新中国建立初期的法官与当下社会中的法官具有同样的法官"身份",但是他们所表现出来的"角色"行为却大有不同。即使是始终具有法官"身份"的同一个人,在不同的案件中面对不同的诉讼当事人,也往往表现出相异的"角色"行为。他可能给当事人甲留下亲切的"角色"印象,而给当事人乙留下威严的"角色"印象。当然,"角色"与"身份"是紧密联系的,"角色"本身就是与"身份"密切相关的行为模式,只是"角色"的表现形式相较于"身份"更特定、更微观、更具体。

(二)发展历史——从结构角色论到过程角色论

角色理论是符合互动论的重要研究领域,是典型的社会学取向的社会心理学。它立足于对社会互动的研究,探寻个体在社会互动过程中扮演的角色及其活动规律。该理论在20世纪20年代和30年代蓬勃发展起来,学者们通过将角色问题融入社会学研究中去,加深了他们对社会结构和个体是介入到社会结构过程的深层理解。角色理论有两种基本取向,即结构角色理论和过程角色理论。

结构角色理论主要从角色在社会结构中所处的位置出发来研究角色行为、角色期望、角色冲突等内容。"结构角色理论家们认为,社会是一个由各种各样的相互联系的位置(positions)或地位组成的网络,其中个体在这个系统中扮演各自的角色。对于每一种,每一群,每一类地位,都能区分出各种不同的有关如何承担义务的期望。因此,社会组织最终是由各种不同地位和期望的网络所组成的。"[①]结构角色理论的主要代表人物有乔治·赫伯特·米德、拉尔夫·林顿和欧文·戈夫曼。

乔治·赫伯特·米德是符号互动论的奠基人。他通过对儿童"自我意识"形成的研究,认为儿童在不断了解和习得角色扮演的过程中完成了自己的社会化,成为群体活动中的一份子。因此,角色扮演是社会互动的重要条件。人只有在不断了解对方在交往中使用的各种符号,例如语言、表情、手势等的意义之后,才能预知对方的行为,进而完成对自我的行为控制。因此,自我的基本结构包括"主我"和"他我","主我"代表了个体主动性和生物性的一面,"他我"则代表个体被动性和社会性的一面。社会塑造出了个体的心智和自

---

① 乔纳森·H.特纳:《社会学理论的结构》,吴曲辉等译,浙江人民出版社,1987,第431页。

我,同时,个体的心智和自我也在影响着社会的存续。

拉尔夫·林顿主要研究了角色、地位和个体之间的关系。在《人类研究》一书中,林顿对社会结构进行了深刻的阐释。他认为,地位是构成社会结构的重要因素,而个体的地位决定了他在社会中所对应的权利和义务,角色扮演就是实践这种相互联系的地位网络所赋予个体之期望而生成的行为模式。林顿对社会结构的洞见进一步深化了米德角色理论。

欧文·戈夫曼是拟剧理论的倡导人。戈夫曼将个体与他人的互动比拟为剧院里的演出,社会就是一个剧场,个体就是其中的表演者,个体根据剧本的需要进行角色扮演,并且参照观众对角色的评价来调整自己的演出行为。在日常生活中,人们都努力运用各种技巧,控制他们的表演,以求给他人留下深刻的印象。戈夫曼把这种互动中的角色扮演策略称之为"印象整饰",角色扮演成为一种"印象管理艺术"。在代表作《日常生活的自我呈现》中,戈夫曼引入了戏剧表演中的众多词汇,例如"前台""后台""导演""观众"等,用戏剧表演来对应社会生活中的各种情境。通过在日常表演中对表达控制的维持,人们得以在"观众"面前维持良好的、前后一致的形象;通过对不同"观众"的隔离技术,人们得以使"观众"相信他所展现出的最好的表演;通过对表演本身的神秘化,"表演者"得以使"后台"的种种情境不为人知;通过"剧班"成员形成的"剧班共谋","剧班"的秘密得以长久地共同维持……各种角色扮演技术,完善了"表演者"在"观众"心目中的形象,成为我们向他人呈现自己的"印象管理术"。在自我不断向"角色"靠拢的过程中,其个体的品行逐渐受到其扮演角色的影响,逐渐形成了"作为角色的自我"。戈夫曼认为,社会情境在自我角色的形成过程中起着至关重要的作用:"恰当的角色和表演场景使观众将一种自我附加在表演出来的角色(character performed)上,但是,这种附加——这种自我——是产生效果的场景的产物,而不是它的原因。所以,自我作为演出来的角色,并不是一个具有专门定位的有机物,不是一个遵循出生、成熟和死亡这一基本过程的有机的东西,它是一种戏剧性的效果,是从被呈现的场景中渗透出来的效果。"①

过程角色理论主要围绕社会互动中的角色扮演过程展开,研究角色扮演过程中的角色扮演、角色期望、角色冲突与角色紧张等问题。拉尔夫·H·特纳是过程角色论的主要代表人物,他发展了米德关于角色的概念,并以此来描

---

① 欧文·戈夫曼:《日常生活中的自我呈现》,冯钢译,北京大学出版社,2008,第215页。

述社会行动的本质。特纳提出,人们通过自己的行为建构角色,并且使他人得知自己在交往中扮演的角色,这样人们之间的互动可以帮助彼此完成角色领悟和角色扮演过程,使彼此都能从中获益。特纳还批评了结构角色理论存在的诸多问题,例如对社会的看法呈现结构泛化的倾向,过于重视对"失范"问题的研究,忽略人类互动常态,没有形成统一的理论,没有正确理解米德的角色领悟概念,等等。① 正是基于对这些问题的思考,特纳提出了强调互动过程的角色理论。

结构角色论与过程角色论各有所长,因此之后的很多学者都努力将二者结合在一起来分析问题。"一方面是对角色理论持结构性观点,另一方面是采用过程的研究策略。"②这样,社会互动的过程被看作是在一定的结构性框架之下的角色扮演,同时角色的表演者通过其主观能动性创造性地影响着互动过程。

(三)角色扮演——从角色期望到角色实践

所谓角色扮演是指个体根据自己所处的特定位置,并按照角色期待和规范要求所进行的一系列角色行为。角色扮演区别为两种角色扮演:一种是我们实际上采取他人角色的观点的角色扮演,另一种是我们不采取他人角色的观点的角色扮演。③ 符号互动论的创始人米德将角色扮演作为角色理论的核心概念加以研究。他认为,人们在交往中使用的语言具有符号学的意义,正是因为如此,人们才得以理解他人的行为,实现社会互动,完成角色扮演。拉尔夫·H.特纳进一步发展了互动中的角色理论,提出行动者的各种姿态和暗示,不仅仅是语言,还包括声音、表情、身体动作等,都有利于对个体行为的解读,帮助人们理解他人,控制自己的行为,促成与他人的互动。

角色扮演的过程大致包括三个方面:角色期望、角色学习和角色实践。角色期望,是指社会所期待的角色的行为模式,它体现着社会的价值观念体系,这种价值观念体系制约着社会成员的行为模式。角色学习通常包括两个方面:一个方面是角色领悟,另一个方面是角色技能学习。角色领悟是指个体在

---

① 乔纳·H.特纳:《社会学理论的结构》,吴曲辉等译,浙江人民出版社,1987,第431页。

② 乔纳·H.特纳:《社会学理论的结构》,吴曲辉等译,浙江人民出版社,1987,第428页。

③ G.邓肯·米切尔主编《新社会学词典》,蔡振扬、谈谷铮、雪原译,上海译文出版社,1987,第269页。

特定的社会关系中对自己所扮演的角色的认识、态度和情感的总和。① 个体往往在认识到社会、群体、他人对自己的角色期望以后,不断调整自己的行为,形成自己的角色观念,选择最为恰当的角色扮演模式。角色技能学习是指社会成员掌握社会理想角色的行为准则、技能,提高角色认知水平,缩短与理想角色的差距的过程。② 角色技能大致包括认知技能③和活动技能④两方面,这两方面技巧的训练都对于成功完成角色扮演,塑造良好的角色印象具有积极的意义。角色实践是指个体按照自己的角色定位和角色期望创造角色的过程。⑤ 成功的角色实践,要求角色表演者的行为应当符合其社会地位和相应的情境定义,符合社会、群体和他人对他的角色期望。

也有学者指出,角色扮演的过程还包括了角色定位、角色评价等方面。⑥ 诸种理论都指向了角色扮演在角色理论中的中心地位,它揭示了社会对处在一定地位的自我的期望,自我对社会期望的理解之间互动的因果关系,进而揭示了角色扮演存在的规律性。本书的第二、三、四章就主要依据角色扮演的过程而展开,考察法官在不同期望中的角色扮演行为。

二、法官"角色"释义

在我国,法官一词最早出现在战国时期的法家著作《商君书·定分》中。书中记载:"为置法官,置主法之吏,以为天下师,令万民无陷于险危。故圣人立,天下而无刑死者,非不刑杀也,行法令,明白易知,为置法官吏之师,以道之知,万民皆知所避就,避祸就福,而皆以自治也。"可见,在战国时期,法官已经被认为是十分重要的官吏,可以教会人民怎样避祸就福,实现自治。尧舜时期

---

① 乐国安:《社会心理学》,广东高等教育出版社,2006,第155页。
② 王康主编《社会学词典》,山东人民出版社,1988,第207页。
③ 认知技能主要是指个体在扮演角色时,对所任角色的分析能力和推断能力,包括分析推测他人对你所扮演角色的反应,以及他人的角色行为。参见奚从清:《角色论——个人与社会的互动》,浙江大学出版社,2010,第86页。
④ 活动技能是指角色扮演中所需要适当的姿势、动作、面部表情、声态表情、体态表情等额外的语言系统。参见奚从清:《角色论——个人与社会的互动》,浙江大学出版社,2010,第86页。
⑤ 奚从清:《角色论——个人与社会的互动》,浙江大学出版社,2010,第84页。
⑥ 如奚从清从五个方面考察了角色扮演过程:角色定义、角色领悟、角色学习、角色实践和角色评价。参见奚从清:《角色论——个人与社会的互动》,浙江大学出版社,2010,第82页。

的"士"皋陶是我国法官的始祖。之后,夏时的"大理",商时的"司寇",周时的"大司寇",秦时的"廷尉",魏晋南北朝时期的"大理寺卿",隋朝之后的"大理寺卿",都是不断演变的对法官的具体称谓。一直以来,在地方上没有专设的审判机关,法官的工作常常是由地方的行政官员担任,所谓的"行政兼理司法"。直至清末变法修律,将大理寺改为了大理院,才在地方设置了专门的审判厅。因此,在中国传统社会中,法官与行政官员的角色常常是合二为一的,他们既是维护一方平安的"父母官",又是裁断一方是非的"青天大老爷",法官的角色往往缺少一些职业化的特征,取而代之的是比较浓厚的行政官员色彩。

19世纪之后,随着西方社会科学的不断传入,中国的法律制度逐步从传统走向了现代化。清末统治者于1902年开始变法修律,并在近十年的时间里颁布了一系列的宪法、法律,建立了司法与行政分立的现代司法制度。虽然此次变法活动中所确立的原则和制度在实际中没有得到推行,但是通过此次改革,司法制度仍然向前迈进了一步。辛亥革命之后,孙中山主持南京临时政府,并颁布了《中华民国临时约法》,就法院及法官的独立审判问题作出了具体规定。至此,法官角色与行政官员的角色区别开来,其职业化色彩得到了充分强调。之后,中国时局不断变动,司法制度不断修改,法官也一直没有获得稳定的角色形象。

1949年中华人民共和国成立之后,中国进入了一个崭新的历史时期,人民司法制度在中国逐步确立。随着一系列司法制度的完善,当代中国的法官形象逐渐明确起来。1995年通过、2019年重新修订的《中华人民共和国法官法》第二条对我国法官的"角色"作出了明确规定:"法官是依法行使国家审判权的审判人员,包括最高人民法院、地方各级人民法院和军事法院等专门人民法院的院长、副院长、审判委员会委员、庭长、副庭长和审判员。"根据这一界定,我们可以明确当代中国法官角色的几个特点:第一,法官角色的亲民性。在我国,法官是指审判人员。将法官称之为审判人员,主要是源于人人平等的观念。在新中国成立之后,为消除封建社会的等级观念,取消"官""民"之间的分别,我国的法官统称为"审判员"。这种审判员的称谓,也进一步体现了我们司法领域的民主性,这和我国革命时期开始的"群众路线"的传统是密不可分的。当然,因为在实践中"法官"的称谓一直延续着,所以法官法对其予以了法律上的认可。第二,法官角色的行政性。法官不仅包括审判员,还包括法院院长、副院长、审判委员会委员、庭长、副庭长。院长、副院长、审判委员会委员、庭长、副庭长都是行政级别,其与法官级别有着根本的区别。法官法中用这种行政级别来涵盖对法官人员分类的描述,体现了在法院内部行政级别的重要性。在司法实践中,行政级别的晋升比法官级别的晋升对个体的法官更有诱惑力;它不仅象征着法官地位、权力、威望的提升,更关涉到法官的待遇问题,因此也成为对法官重要的激励方式。

2017年7月,历时数年的司法员额制改革全面完成。此后,中国视域下的"法官"一词又有了新的含义——入额法官。他们是经过选任进入审判一线的优秀法官,也是司法职业进程推动下产生的典型代表。随着员额制改革的实现,配套的法官任免、管理、考核、奖惩和保障制度也逐步完善,2019年修订后的法官法明确规定,法官单独序列管理、依据法官等级逐级晋升。至此,从规范层面来看,法官角色的行政性已经从审判角色中剥离,以案件审理为中心,以职业能力为要求的员额法官群体初步形成。当然,在实践中入额法官是否淡化了前员额时期的亲民性、行政性等特征,是否仅凸显法律适用者这一单一角色,尚待进一步的分析和考察。无论如何,从职能上讲,法官应当是代表国家行使裁判权的中立裁判者,其职责是通过审判权的行使来明确权利义务,化解诉争当事人的纠纷,进而重整失范的社会关系,促进社会秩序的稳定。当前实践中的法官角色的特点,与我国特定的政治、经济、文化以及组织关系的现实情境是密不可分的,对法官角色的研究必然要在相应的角色关系中一一展开。

第二节　当代中国法官的角色变迁

"角色"是带有时代特质的语词。中国的法官角色,也是随着社会的发展进步,政治、经济环境的不断变化而逐渐变迁的。第一次法律革命,开启了中国法律的新传统,奠定了法官角色"政治骨干"这一基本色调;第二次法律革命,带来了司法道路的职业化,促使法官角色完成了从"政治骨干"到"审判人员"的逐渐转变;而法官员额制的变革,再次带来了法官角色的全新变革,从法官到员额法官,意味着法官的"精英化"角色已然出现。当前中国的法官角色,已经具备了职业化的特征,同时保持着一定的政治、精英色彩,积极地响应着政策、法律和社会的不断变化。

一、第一次法律革命及法官角色的初步定位

在新中国成立前后,司法机关的首要任务是实现政党的社会治理,因此当时的法官所扮演的主要是"政治骨干"的角色,对其角色资质的基本要求就是

政治上的忠诚。

1949年,中华人民共和国的成立揭开了中国法制现代化进程的新篇章,同时也带动了第一次法律革命的产生。为了争取无产阶级的民主,真正实现人民当家作主,中国共产党决心对国民党政府统治时期的《六法全书》予以彻底废除,推翻封建的旧制度、旧法统,按照马克思和恩格斯的理论重新建立了适合社会主义国家的政治架构。1949年2月,中共中央颁布了《中央关于废除国民党六法全书和确定解放区司法原则的指示》;1949年9月,《中国人民政治协商会议共同纲领》第十七条明确规定了建立"人民司法制度"。至此,代表着当时时代特色的,以马列主义、毛泽东思想为基础的,通过政策、纲领、法律、命令、条例、决议等形式来改造司法干部,教育广大群众的"人民司法"理念确立了。在革命根据地时期形成的马锡五审判方式被作为典型范式得到大力推广,根据其经验总结,审判人员的专业资格要求被定义为:(1)要能够忠实于革命事业;(2)要能够奉公守法;(3)要能够分析问题,判断是非;(4)要能够吃苦耐劳,积极负责;(5)要能够看得懂条文及工作报告。① 当时,一些地区为了加强对司法人员的管理,还颁布了相关的奖惩条例,明确了对司法工作人员艰苦朴素、公正廉洁、实事求是、一心为民的工作作风的肯定。② 在当时的社会背景下,法官的专业素质不是被强调的主要内容,而其政治素质——诸如忠于革命的精神、公正无私的品格、吃苦耐劳的精神是评价法官良善的重要标准。法官的主要工作不是依据法律条文裁处纠纷,而是根据政策的要求帮助人民群众解决问题。

这些关于法官政治素质的要求直接决定了当时的法官选任条件。为了肃清司法队伍,彻底与国民党时期的旧法统决裂,当时的司法人员大多是忠于革

---

① 张培田:《法与司法的演进及改革考论》,中国政法大学出版社,2002,第80页。
② 如关东地区就颁布了《司法工作人员奖惩条例》,规定了奖励的标准和应受惩戒的行为。奖励标准有:能正确掌握政策,坚决执行法令,并遵纪守法,工作积极,廉洁奉公,持久不懈;不仅廉洁自守,见他人有违纪律之行为,贪污受贿舞弊等,能积极劝阻并向主管人员或上级机关秘密报告;服从领导,执法不阿;对上下级均能有良好关系,为群众所爱戴;对业务深入研究、学习努力,而有重大之创造或贡献;尊重人民民主权利,办理案件迅速确实,显著成绩。应受惩处的行为:贪污、舞弊、受贿;违法失职;不执行上级决定,对工作敷衍;生活腐化,行为不检;滥用职权,加害于人,或徇私舞弊;见他人有违纪行为、贪污受贿等,不劝导不报告,或企图通同作弊;犯其他较重的过失。条例还规定了奖励和惩戒的办法、执行权限和申诉等。参见吕芳:《中国法院文化研究》,人民法院出版社,2008,第105页。

命、作风正派的老干部和人民群众中的积极分子①。董必武在《关于改革司法机关及政法干部补充、训练诸问题》一文中就建议:"今天我们应该开辟新的司法干部来源,大体有以下几个方面:(一)骨干干部,应选派一部分较老的同志到法院担任领导骨干;(二)青年知识分子;(三)五反运动中的工人店员积极分子;(四)土改工作队和农民中的积极分子;(五)转业建设的革命军人(包括一部分适于作司法工作的轻残废军人);(六)各种人民法庭的干部,工会、农会、妇联、青年团等人民团体还可帮助选拔一批适宜于做司法工作的干部和群众运动中涌现出并经过一些锻炼的群众积极分子。"②特殊的政治环境对司法提出了特殊的要求,能够贯彻党的政策,积极投身司法事业就成为一个法官的基本追求,对法律专业性的理解并不是作为法官的基本条件。所以说,在这一时期的法官角色拥有强烈的政治色彩,政党对法官角色的期望成为法官的主要动力,法官在努力响应国家政策的同时推动着法律对国家治理的实现。

第一次法律革命时期法官角色的定位奠定了中国当代法官角色的基调:具备良好的政治素质,正确把握党的路线方针,是成为优秀法官的前提条件。这一基本定位对中国司法审判工作产生了深刻的影响,直到今天,政治素质依然是法官选任、考核的重要条件。

二、第二次法律革命与法官角色的逐步完善

第二次法律革命带动了我国法制现代化的进程。在这次法律革命之后,中国的法官逐渐走上了由大众化向职业化转变的道路,法官扮演的角色也逐步从政治骨干转向审判人员。

党的十一届三中全会以来,为适应中国经济和社会的重大变革,加快立法活动,健全司法制度,建设具有中国特色的社会主义法律体系成为改革的重要方向。在随后的二三十年中,我国的司法改革从来没有间断过,司法制度和法官角色也在不断的试错中探索和推进。20世纪70年代末,西方现代性的法律观念和司法制度不断被引入我国,引发了审判方式的重大变革。1991年,

---

① 在人民政权建立之初,对旧司法人员并非一棍子打死。由于司法干部紧缺,普通群众不懂法律,人民政权通过甄别,保留了一批旧司法人员。1952年有6000名,约占法院人员总数28000的21%。人民政权试图对这些职业法官进行改造,使其向人民靠拢。但是,旧司法人员有严重的"脱离人民"的倾向,不符合"人民司法"的要求,最终被淘汰出法院。参见何兵:《司法职业化与民主化》,《法学研究》2005年第4期。

② 董必武:《董必武法学文集》,法律出版社,2001,第123页。

新民事诉讼法出台,"当事人自治"原则得到确认,法官回归其中立裁判者的地位。随后,刑事审判和行政审判领域的审判改革也逐渐展开,人民法院的工作逐步走上正轨,审判工作得到了全面有序的推进。各级人民法院将依法审判、保护公民的合法权益作为审判的重点工作,践行司法工作为社会主义现代化建设服务的宗旨。1997年党的十五大正式确认了"依法治国,建设社会主义法治国家"的基本治国方略,并提出了通过司法改革来保证司法机关独立公正地行使审判权和监督权。司法独立、法官职业化的问题受到了学界和业界的一致关注,针对人民法院的改革活动也逐渐拉开了帷幕。1999年10月,最高人民法院在总结了人民法院50年以来审判工作经验的基础上,颁布了《人民法院五年改革纲要》(以下简称《一五纲要》),提出了从1999年到2003年深化审判方式改革的新举措。《一五纲要》强调了切实落实公开审判原则,强化合议庭和法官的职责;同时改革法院内设机构,深化法院人事管理制度,提高审判工作效率和管理水平;健全各项监督机制,确保法官的公正、廉洁。①《一五纲要》中明确提出"改革法官来源渠道",上级法院法官的选任主要从下级人民法院的优秀法官、律师和高层次的法律人才中选拔。《一五纲要》开启了人民法院职业化的全面变革,初步树立了现代的司法理念,推动了法官队伍的建设。

司法改革的专业化趋势对法官的质量提出了较高的要求。众所周知,"文化大革命"一度使中国的法制建设处于瘫痪状态,"文革"结束之后,法律人才极度匮乏,为充实法院的审判力量,大批只有初高中文化水平的村干部、中小学教师和部队复员转业人员进入人民法院。法院招干并不强调法官的专业素质,只要法官的政治素质高,有一定的社会经验和文化基础就可以了。高素质的法律人才奇缺,培养周期又太过漫长,因此法官的培训就成为提高法官素质的重要方法。就像"炒花生","边炒边卖,三个月为一期或四个月为一期,炒来炒去就炒出来了"。② 当然,对于一些比较简单的基层民事案件,这种"炒花生"的方法确实实用,很多不具备法律知识的人在工作的过程中不断摸索学习就完全可以胜任。这一时期法官角色的大众化特征非常明显,相较于法官的专业素质,法官的政治素质更是其进入法院的决定性因素。然而,随着我国政治、经济、文化建设的飞速发展,社会问题激增,法官处理纠纷能力的要求日益提升,法官队伍的职业化建设显得刻不容缓。1995年2月,第八届全国人民

---

① 参见最高人民法院颁布的《人民法院五年改革纲要》。
② 江华:《江华司法文集》,人民法院出版社,1989,第131页。

代表大会常务委员会第十二次会议通过了《中华人民共和国法官法》,对法官的专业素质和道德要求作出了具体规范;2001年6月,《关于修改〈中华人民共和国法官法〉的决定》由第九届全国人民代表大会常务委员会第二十二次会议讨论通过。国家统一司法考试制度开始确立,建设法官的职业化之路全面开启。法官培训制度实现了规范化,为全面提高法官素质、增强法官的专业技能奠定了基础。恪守法官的职业道德成为法官应履行的义务,法官政治素质、道德素质的提高都成为职业建设的重要方面。至此,法官的角色逐渐完成了从大众化到职业化的转变,法官真正成为专司"审判"的人员。

司法审判制度的改革进一步推动了法官角色朝着专业化方向的完善。2005年10月,最高人民法院印发了《人民法院第二个五年改革纲要》(以下简称《二五纲要》),启动了人民法院的第二轮全面改革。《二五纲要》将改革的重点集中在完善诉讼程序、健全执行机制、实现审判统一、加强法官职业保障、加强内外监督机制等方面。《二五纲要》着重提出了改革和完善司法人事管理制度,具体推出了实行法院人员分类管理体制,制定各级法院法官员额比例方案,完善法官培训并逐步建立适合法官职业特点的任用、晋升、奖励、抚恤、医疗保障和工资、福利、津贴制度。① 这些针对法官职业化特征提出的改革措施,对完善法官的角色建设机制起到了巨大的推动作用。

2009年,《人民法院第三个五年改革纲要》(以下简称《三五纲要》)实施颁行,人民法院的司法体制改革和工作机制完善不断深入。《三五纲要》指出,司法工作应当从满足人民群众司法需求出发,以维护人民利益为根本,以促进社会和谐为主线,以加强权力制约和监督为重点,从人民群众不满意的实际问题入手,紧紧抓住影响和制约司法公正、司法效率、司法能力、司法权威的关键环节,进一步解决人民群众最关心、最期待改进的司法问题和制约人民法院科学发展的体制性、机制性、保障性障碍,充分发挥中国特色社会主义司法制度的优越性,为社会主义市场经济体制的顺利运行,为中国特色社会主义事业提供坚强可靠的司法保障和和谐稳定的社会环境。"群众路线"是司法体制和工作机制改革的基本原则,司法工作应当充分听取人民群众的意见,充分体现人民群众的意愿,着眼于解决人民群众不满意的问题,自觉接受人民群众的监督和检验,真正做到改革为了人民、依靠人民、惠及人民。② 在具体的改革任务中,建立健全多元纠纷解决机制、建立健全民意沟通表达机制、建立健全司法为民

---

① 参见《人民法院第二个五年改革纲要》。

② 参见《人民法院第三个五年改革纲要》。

长效机制等惠民措施也成为此次司法改革的重点工作。法官角色也因时而变、循时而动，一时间，解决民生问题、切实化解纠纷成为法官工作的重点。调解这一"东方经验"再次受到了重视，革命根据地时期的马锡五审判方式被新一代的优秀法官传承下来，重新搬上了历史的舞台。法官角色在经历了初步职业化转变之后，继续沿着立足于中国实践的、更加贴近民众的方向前行。

三、员额制改革与法官角色职业化的实现

第二次法律革命带来了法官角色从大众化到职业化的初步转型，而法官角色职业化的最终实现，是伴随着法官员额制改革的推进才彻底完成的。员额制改革从根本上推动了司法职业的精英化进程，在这次改革之后，中国的法官被明确定义为专业的审判人员。

我国法官职业化的进程并不十分顺利。20 世纪 80 年代以降，最高人民法院发起了数轮司法改革，一方面旨在推动法官由大众化向职业化转变，另一方面也在逐步剥除法院系统在人事管理、行政管理以及审判管理方面存在的诸多弊端。尽管制度层面的改革在稳步推进，但是实践中司法权威不足、法官地位低下等诸多问题仍然存在，体制上的改革迟迟难以收获实效。法官员额制改革的提出，正是制度基于实践中司法顽疾反思的结果。学界和业界普遍认识到，切实实现法官的正规化、职业化和专业化，必须使法官剥离于繁重的行政事务、社会角色，这种剥离不仅是回应法治现代化的时代要求，也是解决当前中国司法弊端的现实需求。因此，必须选出具备较高法律职业技能和专业素养的专任法官，给与其充分的职业激励和保障，让最有能力的审判者走向司法审判的一线。唯有"选对人"，才能打好制度建设的根基，才能彻底消除改革过程中的各种痼疾。至此，完善法官选任制度成为改革的突破口，建立法官员额制势在必行。

回顾员额制改革的基本历程，法官员额制的管理模式可追溯至最高人民法院《二五纲要》时期的法院工作人员的分类管理制度。在《二五纲要》中，最高人民法院将法院工作人员的分类管理制度列为重要的改革举措，从文本层面首次提出了法官员额管理的构想。2009 年，人民法院《三五纲要》颁行，确立编制制度，逐步实现法官的员额管理成为当时司法改革的主要目标。《三五纲要》首提"员额制"这一专业词汇。此时，员额制改革在政策层面已经有了基本规划，但是由于改革涉及的群体较为广泛，相关配套制度如人事、经费、管理等制度并未跟上，实践层面迟迟没有推进。直到 2014 年《人民法院第四个五年改革纲要》（以下简称《四五纲要》）颁行之后，法官员额制改革才真正迎来了

官方层面的系统表达。从制度设计上看,员额制改革是对法院工作人员利益格局的重新"洗牌",这一全局式的变动试图通过组建以入额法官为核心的专业审判团队,健全以审判权为中心的人员管理模式,真正提升司法审判的质量和效率。因此,员额制改革自然成为司法改革中"最难啃的硬骨头"。为了改革顺利推行,最高人民法院采用试点方式,分批次逐步推进员额法官的选任工作。在此背景下,各地因地制宜,根据当地的实际情况,总结经验,摸索改革方案。至2016年上半年,全国近21万法官已经基本完成法官职务套改并确定法官等级,法官的员额制改革已经取得了关键性进展。① 2017年7月,最高人民法院首批367名员额法官举行宪法宣誓仪式,这意味着最高人民法院首批员额法官的选任工作已经完成,也标志着我国法官员额制这一重大改革举措在全国法院已经全面落实。②

法官员额制改革致力于实现司法队伍的专业化、职业化和正规化,它标志着中国司法从传统的管理模式向现代的职业模式转轨。2019年,最高人民法院印发《关于深化人民法院司法体制综合配套改革的意见——人民法院第五个五年改革纲要(2019—2023)》(以下简称《五五纲要》),在该改革文件中,全面推进人民法院队伍的正规化、专业化、职业化建设成为当前司法改革的主要目标。在此背景下,各类人员职能分工明晰、职业保障到位的法院人员分类管理和职业保障制度体系的建立势在必行。随着员额制改革的推进,法官角色的群体规模缩小、职业门槛提升、职业要求增多,精英化逐渐成为员额法官的时代特征。在员额制这一总体框架下延伸出的法官准入、法官遴选、职业保障、司法责任、司法激励等多项机制,也都围绕"让审判者裁判、让裁判者负责"的核心理念,力图构建以审判者为中心的司法人员治理的全新方式。至今,员额制已推行数年,既有成效,亦有问题。在司法职业逐渐精英化的背景设定下,如何理解员额法官的角色定位?如何看待员额法官的出走和"好法官"的缺失?员额制改革是否提升了司法职业的吸引力?这些转型时期关于员额法官角色的观察和反思,都多多少少折射了我国法官群体角色的深层次问题。

当然,随着员额制改革的完成,中国法官扮演的角色更加多元化了:他们

---

① 《我国法院法官员额制改革试点工作基本完成》,新华网2017年2月13日,网址http://www.xinhuanet.com/legal/2017-02/13/c_1120459608.htm,最后访问日期2021年3月。

② 《我国法官员额制改革全面完成》,光明网2017年7月4日,网址https://news.gmw.cn/2017-07/04/content_24968795.htm,最后访问日期2021年3月。

是具有职业特质的,也是具备政治觉悟的,更是贴近群众的。一个复杂立体的法官形象已然出现。至此,西方法治的精英模式所塑造的经典法官形象与我国民间司法经验所推崇的务实法官形象之间的差异逐渐凸显,中国的法官角色在向何处去、应当向何处去,也随之成为学界和业界所共同关注的问题。

第三节 中国法官角色的典型样本

法官群体的榜样为研究中国的法官角色提供了典型样本。作为"榜样"的法官是中国当下法官群体的楷模,他们代表了党和国家、人民大众对法官应然角色的期待。"榜样"法官或者公正无私、廉洁奉公,或者亲民爱民、和蔼可亲,再或者深明大义、忘我奉献。总之,每个法官身上都有可圈可点之处,他们的事迹都有着相似的可敬可爱之处。

一、样本选取:作为"榜样"的法官

对法官群体的角色研究离不开对角色样本的选取和分析。角色样本应具备相当的代表性,能反映当下中国法官的品质特征,具备一定的时代性和权威性。基于此,笔者拟选取"榜样法官"作为法官角色研究的样本。

所谓榜样,应呈现出一种"理想人格",是指在一定历史时期经组织认定,公众舆论认可和公共传媒广泛传播,体现时代精神和人民意愿,代表先进生产力的发展要求,代表先进文化的前进方向,代表最广大人民群众的根本利益,值得公众效仿和学习的先进典型。① 代表当代法官理想类型的"榜样法官",也应当指在当下司法改革的大背景下出现的,具有突出事迹和代表性的优秀法官,也即法官群体的先进典型。

选取"榜样法官"作为法官角色研究的样本,是基于"榜样法官"的代表性和象征性。首先,"榜样法官"反映了一定时期法官群体的理想角色。多数"榜样法官"是经多级推选、舆论认可的杰出审判人员,通过最高人民法院的官方认定和宣传,"榜样法官"可以成为法官群体行为实践活动效仿的对象,对其他法官具有借鉴、激励的作用。"榜样法官"虽为一个个个体,但其榜样品质具有一定的共通性,并且基于榜样文化而产生的激励、示范和教化可以打破特定的时空界限,对后续法官产生持久而深刻的影响。因此,"榜样法官"既具有个体

---

① 彭怀祖、姜朝晖、成云雷:《榜样论》,人民出版社,2002,第8页。

特殊性,又具有群体的普遍性。其次,"榜样法官"是一种角色模型,代表了特定时期司法的独特符号。"榜样法官"彰显了一定历史时期司法环境的需要,符合社会主流文化的价值需求,因此"榜样法官"的人格带有超越一般意义的象征性。基于此,通过对"榜样法官"角色行为的深度分析,可以抽象出特定时期司法职业环境的特点,分析法官群体的职业标准和精神追求,明确社会大众的司法需要。这也是"榜样法官"的社会功能。

因此,本研究以当代中国的"榜样法官"为样本,通过梳理这一特殊群体的角色行为,尝试描绘当下司法职业的大环境和法官的生存现状。

二、数据来源:"榜样"的评选与报道

"榜样法官"需要有一定的典型性、代表性,体现一定时期法官的理想形象,因此,本文所选择的榜样样本,主要来自于官方的"榜样法官"评选活动产生的先进个人和优秀典型。

1986年,《人民法院奖惩暂行办法》颁行,首次提出对于司法系统的先进个人,可以授予"先进工作者""模范"等荣誉称号,开创了我国司法荣誉制度的先河。此后,1995年施行的法官法进一步明确了法官奖励的等级,规定对司法体系的先进个人可记一等功、二等功、三等功,并授予荣誉称号,至此,"榜样法官"的评选活动有了法律依据。最高人民法院、人事部联合印发《人民法院奖励暂行规定》,其中第十六条明确规定,可以授予"全国模范法院""全国模范法官"等荣誉称号,切实推动了司法领域"榜样法官"评选活动的积极性。近年来,"榜样法官"的评选活动日益受到重视和规范,"榜样法官"的各类称号不断增多,评选形式也逐渐多样。

(一)评选活动的类型

从制度层面来看,官方正式制度规定的评选活动主要是"全国模范法官"的评选。当然,除了此类评选活动外,最高人民法院还组织了相当多其他类似的评选活动,据不完全统计,自2000年起,由最高人民法院主办的各级各类评选活动有十余种之多。在这些评选活动中,既包括全国范围、综合性的评选活动,"全国模范法官""全国优秀法官""中国法官十杰""我最喜爱的好法官""人民法院十大亮点人物"等评选活动,也包括针对局部范围的、特殊法官群体的特别荣誉,例如"全国优秀女法官""全国法官先进个人""全国审判业务专家""最美基层法官""全国人民法庭优秀法官""全国十大杰出青年法官""全国十大人民满意的好法官""全国十大杰出女法官""全国法院'基本解决执行难'工作先进个人"等。具体的称号名称、评选周期以及大致的评选人数如表1

显示：

表 1　"榜样法官"评选活动汇总

主办单位	荣誉称号	评选周期	评选人数	最近评选
最高人民法院	"全国优秀法官"	2—3 年	约 100 人/届	2021 年
最高人民法院	"全国法院办案标兵"	2 年	约 200 人/届	2021 年
最高人民法院	"全国模范法官"	3—4 年	约 60 人/届	2020 年
最高人民法院	"全国法院先进个人"	2 年	约 200—260 人/届	2020 年
《人民法院报》编辑部	"人民法院十大亮点人物"	1 年	10 人/届	2020 年
最高人民法院	"全国审判业务专家"	2—3 年	约 50 人/届	2017 年
最高人民法院与中央电视台	"我最喜爱的好法官"	仅 1 届	10 人当选，23 人获提名	2017 年
最高人民法院与新华社	"我最喜欢的执行法官"	仅 1 届	10 人当选，23 人获提名	2017 年
最高人民法院与《人民日报》等	"最美基层法官"	仅 1 届	10 人当选，24 人获提名	2014 年
最高人民法院与全国妇联	"全国优秀女法官"	1—2 年	约 30—50 人	2009 年
最高人民法院与《人民日报》等	"中国法官十杰"	2 年	10 人	2005 年
最高人民法院	"全国人民法庭优秀法官"	仅 1 届	100 人	2005 年
最高人民法院与共青团中央	"全国十大杰出青年法官"	仅 1 届	10 人	2001 年
最高人民法院与《人民日报》等	"全国人民满意的好法官"	仅 1 届	10 人	2000 年

＊以上数据统计均来自最高人民法院官网、中国法院网等官方网站。由于很多评选活动难以查询到最高人民法院的正式通知，因此对于评选周期、评选人数的统计主要基于已有数据的推算；最近一次评选时间以表彰时间为准，如无表彰时间的，以新闻报道所载时间为准。

就上表数据显示，"全国模范法官""全国优秀法官""全国法院办案标兵""全国法院先进个人""全国审判业务专家"和"人民法院十大亮点人物"的评选活动具有一定的规律性和常态性，也是延续至今仍在举办的"榜样"评选活动。由此可见，以上评选活动从评选方向、评选形式和评选结果上都获得了司法体系内的一定认可，是较为有代表性的评选活动。因此，这些活动评选出来的"榜样法官"，可以视为中国当代法官理想形象的代表，而本研究也将以这些"榜样法官"为样本，展开对当前法官角色的深度分析。

（二）评选活动的形式

就评选形式上看，目前"榜样法官"的评选形式主要有逐级推荐和民意投票两种形式，其中，逐级推荐为主要形式。

根据部分法院官方网站上发布的推荐公示信息可知，目前"全国模范法官""全国优秀法官""全国法院办案标兵"的评选活动主要是采用自下而上、逐级推荐、差额评选、民主择优的内部推荐模式。[①] 以"全国模范法官"评选为例，通常，先由最高人民法院下发评选通知，然后由各个基层法院按名额拟定推荐人员，最后经过逐级上报，由最高人民法院最后确定候选人名单。此种推荐方式存在其天然优势：基层法院对候选人较为了解，推荐人员多是政治素质过硬、业务能力较强的审判专家，往往也有较好的群众基础，因此评审结果相对合理、公正，能够服众。但同时，自下而上地逐级上报本身也存在着一些不可避免的问题：例如，上下级之间信息的不对称，上级的审核往往只是书面考察，即使初次推选人员不够公正，也很难在审查过程中得以筛选和矫正。如若基层单位对评选活动组织不力，法官参与不足，极有可能导致推荐名单的确定沦为特殊少数群体的个别决定，丧失应有的公正性。基于此，最高人民法院在《关于开展2015年全国模范法院和全国模范法官评选活动的通知》中明确规定，在必要时最高人民法院与国家公务员局考核奖励司会对各个基层法院上报的推荐对象进行实地考察。[②] 但总体上此考察仅设定在最高人民法院层面，全面考察既无效率也难以实现。

除了自下而上的官方推荐方式以外，部分"榜样法官"的评选活动还采取了民意投票的方式。较为有代表性的是2003年、2005年的"中国法官十杰"评选活动和2017年的"我最喜爱的好法官"评选活动。"中国法官十杰"至今共评选过两次，均采用了公开投票的方式：社会各界人士可以通过填写报纸选票、登录互联网站和发送手机短信的方式参与投票，最终由国家统计局根据三项选票的结果对数据进行综合处理，评选出10名优秀法官。为了保证选举程序的公正，主办方还通过一定的技术手段保证同一个IP地址30分钟内只能

[①] 例如，四川省人力资源和社会保障厅、江西法院网、天津法院网、辽宁长安网、云南法治网、河北法院网等官方网站都有关于评选推荐公示的新闻，在新闻正文中多描述了推荐方式：自上而下的逐级择优推荐。

[②] 孟高飞、俞硒：《司法荣誉制度的检视、审思与展望——以司法荣誉称号为研究切入点》，载贺荣主编《尊重司法规律与刑事法律适用研究——全国法院第27届学术讨论会获奖论文集》，人民法院出版社，2016，第329-338页。

投票一次,而且每次最多只能选择 10 名候选人,最少必须选择 6 名,否则投票无效。① 2003 年的榜样评选活动共收到选票 600 多万张②,2005 年的评选活动共收到选票 1250 余万张③。2017 年举办的"我最喜爱的好法官"评选活动延续了"中国法官十杰"的评选方式,鼓励公众参与网络投票,同时还结合时代发展开辟了微信二维码投票,设立了专门的论坛互动、微博互动专栏。此次评选活动历时三个多月,分为高院遴选推荐、媒体集中展示、推选确定人选、发布推选结果四个阶段,共推荐出 33 名候选人,并将他们的个人风采和办案故事在最高人民法院官网、央视信息平台和其他承办、协办的媒体平台上进行集中展示,通过网络投票和组织评审相结合的方式,从候选人中评出了 10 名"我最喜爱的好法官"。④

无论是官方推荐还是民意评选,都意在实现评选形式的公开、公平和公正,希望通过评优活动,推举出充分代表民意的、体现时代特点的司法审判工作者。两种形式各有优劣,但是总体上看,民意评选的次数、比重都在逐渐减少。究其原因,在社会各界的广泛关注下展开的"榜样评选",质疑声往往伴随着赞誉一并涌现。例如,在"十杰"法官的评选过程中,一些网友提出了自己的忧虑:这会不会是一场政治"作秀"? 还有网友指出,网络上披露出来的候选人拉票行为使整个评选活动看起来就是一场"闹剧"。⑤ 民意评选有其不可避免的缺陷:候选人宣传、媒体报道、社会关系乃至是外在形象都可能影响票选数目的高低,诸多因素之下,业务能力反而成为难以考证的方面,因此结果的公正性也不得不使人存疑。近年来,评选形式从社会层面向系统内部的回归,也侧面印证了上述问题。

(三)相关权威报道

以上述评选活动产生的"榜样法官"为样本,笔者收集整理了关于这些法

---

① 参见《人民法院报》2006 年 3 月 3 日第 1 版。
② 参见《法制日报》2004 年 1 月 20 日。
③ 参见《人民法院报》2006 年 3 月 3 日第 1 版。
④ 《"我最喜爱的好法官"推选活动启动》,中国新闻网 2017 年 3 月 2 日,网址 http://www.chinanews.com/gn/2017/03-02/8164079.shtml,最后访问日期 2021 年 3 月 1 日。
⑤ 在汉网社区 BBS 上可以看到数篇与榜样评选有关的帖子,网友对评选活动的态度并不乐观。具体参看网址 http://bbs.cnhan.com/thread-193308-1-1.html,最后访问日期 2021 年 3 月 1 日。

官的宣传报道资料,共计2504篇,涉及各类先进典型、优秀法官共计1634人。① 这些宣传报道主要来自于最高人民法院网、中国法院网、《人民法院报》、《法制日报》等官方网站和媒体,具有一定的权威性,因此其报道内容也相对详实、真实可信。

就报道数量来看,官方对"榜样法官"的宣传具有一定的规律性(见图1)。一方面,报道数量与官方评选活动呈现较强的相关性。在举办大型评选活动的年份,特别是需要群众票选——如"中国法官十杰""我最喜爱的好法官"等活动——的年份,报道数量明显攀升。当然,这也是配合官方宣传、为活动造势的需要。另一方面,从报道数量总体趋势来看,呈一定的下降趋势。就近12年的数据来看,官方报道的峰值数出现在2010年,此后曾在2012年、2018年出现过两个小高峰,但总体报道数量不及2010年。据此分析,关于"榜样法官"的"宣传热"已经逐渐退去,虽然主流媒体在大型评选活动之后仍会有相关推送,但是评论日趋冷静,被过度宣传乃至追捧的榜样已不多见。而且,近年来的宣传报道主要集中在法院系统内部的官方网站,联合其他媒体报道、制造热点效应的情形越来越少。

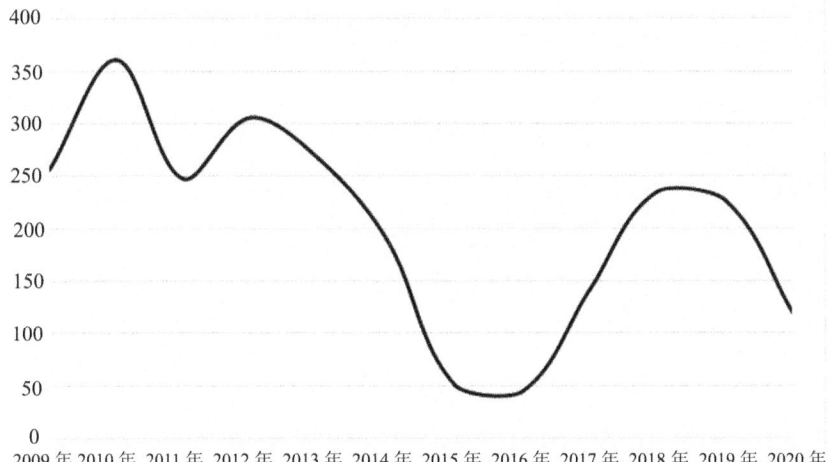

图1 近12年榜样法官的权威报道数

就报道内容来看,多数"榜样法官"带有当代中国民众心中期待的优秀法

---

① 以上数据是笔者对最高人民法院网、中国法院网、《人民法院报》、《法制日报》等官方媒体报道统计的结果。因时效原因,早年一些"榜样法官"的报道相对较少,有些链接也已失效,实际数据有限;而截至本文截稿日2021年3月,2021年数据尚未完全统计,不具备参考意义。因此,本文所依据的样本数据主要集中在2009—2020年这12年之间。

官的特质:公正廉洁、亲民爱民。"榜样法官"设立的初衷是值得肯定的:希望能够通过择优推选、民意投票的方式,充分尊重群众的意愿,选出群众心中的好法官。同时通过树立榜样的方式,激发法官们工作的热情,引导法官们向着人民群众期望的角色靠近。但是,这些法官是否能够代表中国法官的整体形象,是否会对今后的法官素质建设实现正确的引导,还是一件值得商榷的事情。根据当前的权威报道看,各类评先评优活动推选出来的典型较少体现法官职业精英化的色彩,而更像是人们身边的"道德模范"。那么,是当前社会需要这样的"榜样法官",还是舆论宣传塑造了这样的"榜样法官"?这种模糊了角色特性的榜样教育能否实现它的价值?这些问题值得我们不断深思。苏力在分析了中国模范法官陈燕萍的事迹之后提出:"我们不仅需要'法官妈妈'这样的亲民形象,感人形象,而且需要智慧并有远见卓识的法官形象。不仅作为法院的公关形象,面对广大民众,而且作为法院的职业形象,面对众多的法官。"[①]其实,结合报道数量的下降趋势分析,我们也可大致推断:尽管官方希望通过树立正面典型,对法官形成正向激励,但是过度宣传带来的角色模糊、社会质疑等问题,也不得不引起足够重视。因此,如何以更加理性、合理的方式进行"榜样教育",形成对法官角色的正确指引,是当前司法领域必须正视的课题。

三、样本特点:"榜样"的总体分布

"榜样法官"在性别分布、层级分布上呈现以下具体特征:

(一)层级分布:基层法官比重较大

根据现有"榜样法官"的数据统计,多数"榜样"来自于基层,来自区法院、派出法庭等基层法院的法官占比 65.4%。具体各年的统计情况见图 2:

---

① 苏力:《中国法官的形象塑造——关于"陈燕萍工作法"的思考》,《清华法学》2010年第 3 期。

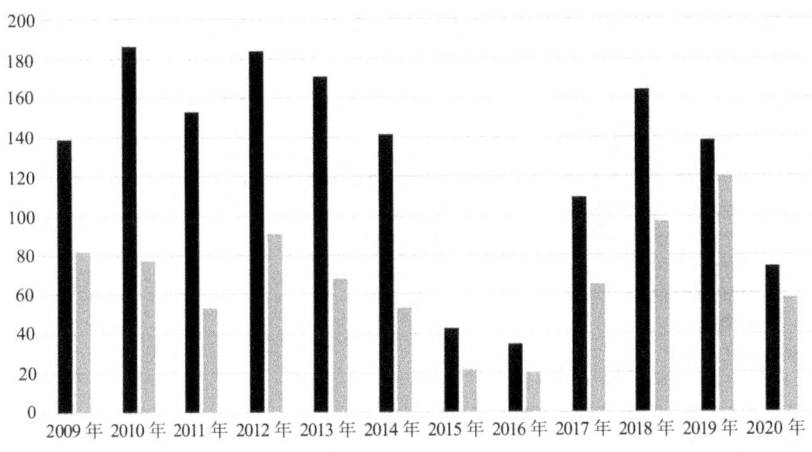

图 2　权威报道中"榜样法官"的层级分布

基层法官在各级各类评奖活动中比例占优的原因有很多。一方面，当前全国的司法审判工作主要集中于基层法院，基层法官承担着90%以上案件的审理和执行，"榜样法官"多出自于基层应属正常；另一方面，一线法官办案多、压力大，有些派出法庭地处偏远、环境恶劣，在此条件下能够办出好案，让当事人满意、群众满意实属不易，也应当受到上级司法机关的肯定。正因为如此，在全国各类评奖评优活动中，基层法院、基层法庭是最容易出"办案劳模"的司法机构。

（二）性别分布：女性法官相对占优

从权威报道中的"榜样法官"性别分布（见图3）来看，女性法官占了相当的比例，而且，在2017年前后这一比例甚至超过了男性法官。当然，这一"超越"的原因，不仅仅是女性法官数量的增加，也有权威媒体推送偏好的作用。但是，即使忽略这一特殊数据，从样本法官的总体数据上看，女性法官占比依然达到了所有法官总数的39.5%。

从绝对比例上看，当前"榜样"中女法官的数量尚未过半。但是，如果将全国女法官总人数、男女法官性别比一并纳入考量，就可以发现这一比例已显示出女法官优秀比的相对优势。根据国家统计局社会科技和文化产业统计司的统计数据显示,目前全国法院系统共有女法官 4.3 万人,占法官总数的 33.7%。① 因此,女性法官在总体占比较低的情况下,可以获得将近半数的"榜样"席位,应该说已充分体现了其群体优势。

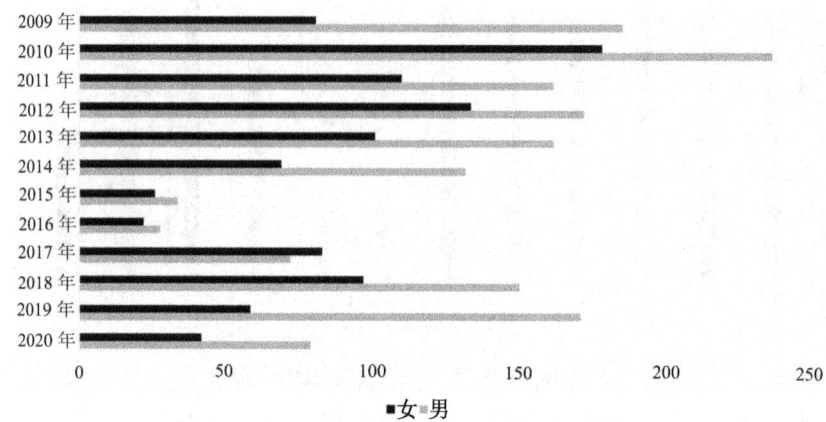

图 3　权威报道中"榜样法官"的性别分布

这一比例优势,客观反映了当前"榜样法官"的评选标准,与女性法官群体的职业特质相对更加契合。一方面,女性法官较为平易近人,能够耐心解答群众问题,因此也较容易获得群众的信赖;另一方面,法官职业相对稳定且较为体面,女性群体基于风险厌恶的倾向,更愿意从事这类职业,也更容易在职业过程中投入更多心力,赢得职业尊重。

(三)职务分布:行政领导数量较多

根据样本数据显示(见图 4),具有行政领导职务,例如院长、副院长、庭长、副庭长等职务的法官在所有"榜样法官"中占有相当的比例,总体比重达 39.48%。

究其原因,从评选标准上看,多数奖项对参评法官有一定荣誉基础的要求,这使得很多普通法官可能难以获得评选资格。例如,在"全国模范法官"的评选通知中明确要求,参评法官应"曾经荣立个人一等功或获得过全国优秀法

---

① 数据来源于国家统计局社会科技和文化产业统计司发布的《中国社会中的女人和男人——事实和数据(2019)》参见林丹燕、赵凯旋:《中国社会中的女人和男人:"数"说进步与发展》,澎湃新闻 2020 年 12 月 4 日,网址:https://m.thepaper.cn/baijiahao_10264906,最后访问日期 2021 年 3 月

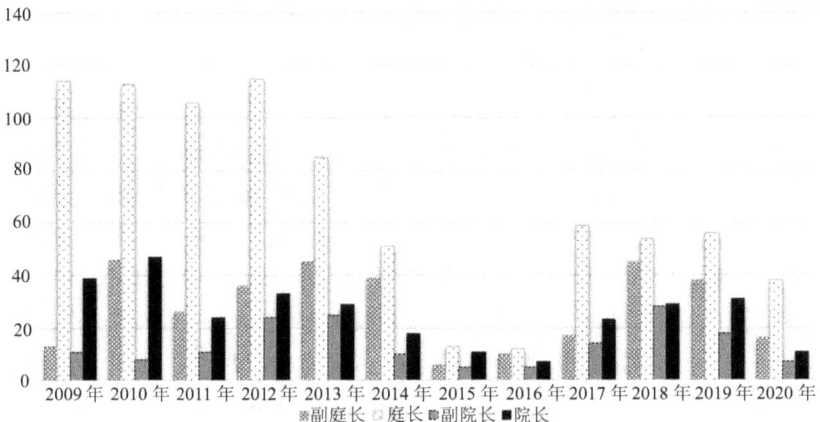

图 4　权威报道中"榜样法官"的职务分布

官等荣誉,其先进事迹在本地区有重大影响,堪称楷模[①]。类似条件的约束,必然使很多普通法官难以挤进赛道。当然,从另一方面来看,这也反映了当前业务骨干担任行政职务的现象较为普遍。多数法院中层干部原本就是本院的审判能手,办案数量多,办案水平高,办案效果好,在担任行政职务后更多了身份带来的额外收益,因此更易获得此类殊荣。近年来,最高人民法院为了改善行政领导职务占比较高的情况,在"全国模范法官评选"的通知中明确要求,处级以上领导干部的占比不得超过20%。[②] 此要求有其进步意义,但是由于实践中行政领导职务占比最重的基层法院中层领导干部尚达不到处级这一级别,这一限制并无太大实际效用,无法从根本上降低行政领导职务占比较重的倾向。因此,如何改革完善当前的优秀法官评选制度,使"榜样法官"的遴选适度下沉,对普通

[①] 由于最高人民法院并未发布评选细则,笔者主要是通过搜索地方法院的通知发现评选的标准和细则。参见四川省人力资源保障厅官方网站2019年8月22日发布的《四川省高级人民法院关于推荐评选全国模范法院和全国模范法官的通知》,网址 http://rst.sc.gov.cn/rst/gsgg/2019/8/22/c739cc0366eb4b8b8bba96ae93eee137.shtml,最后访问日期2021年3月。

[②] 据考证,此规定在2015年时已经出现,至今的评选要求中仍有此限制。具体参见孟高飞、俞硒:《司法荣誉制度的检视、审思与展望——以司法荣誉称号为研究切入点》,载贺荣主编《尊重司法规律与刑事法律适用研究——全国法院第27届学术讨论会获奖论文集》,人民法院出版社,2016,第329-338页;四川省人力资源保障厅官方网站2019年8月22日发布的《四川省高级人民法院关于推荐评选全国模范法院和全国模范法官的通知》,网址 http://rst.sc.gov.cn/rst/gsgg/2019/8/22/c739cc0366eb4b8b8bba96ae93eee137.shtml,最后访问日期2021年3月。

法官形成有效激励,是当前司法荣誉制度改革的一个主要方向。

(四)部门分布:民庭法官的总体优势

在样本法官中,民事审判庭的法官总体数量最多。统计数据显示,民庭法官的数量占全体"榜样法官"数量的58.2%。民事案件涉及的多是日常生活中的琐碎纠纷,此类案件与民众的生活最近,因此民庭也成为最容易与群众打交道、获得群众认可的审判部门。而且,在倡导多元纠纷解决机制的大背景下,法院调解工作的重要性被反复重申,能调解、会调解,善于案结事了的法官更容易被推举为"榜样法官"。职是之故,民事法庭的法官具有与司法改革政策相契合的天然优势,在法官总体数量中占优亦在意料之中。

从"榜样法官"部门分布图上看(见图5),刑事审判庭的法官数量仅次于民事审判庭,占了相当的比重。而且,逐年对比分析的话,可以发现刑事审判庭的"榜样法官"在2019年达到了峰值比例,占所有"榜样法官"总数的24.9%。结合同年度的最高人民法院工作报告分析,即可发现当年是扫黑除恶专项斗争年,刑庭法官在此政策背景下多有亮眼表现,"榜样法官"的数量也有明显攀升。因此,"榜样法官"的部门分布也一定程度折射了其时中国司法政策的主要方向。

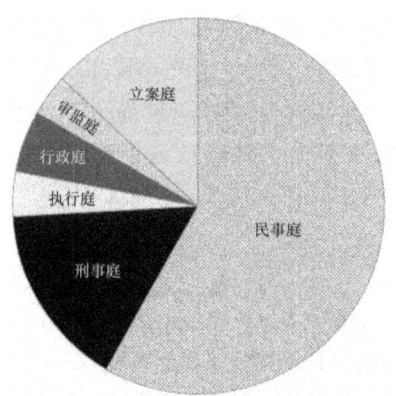

图5 权威报道中"模范法官"的部门分布

"榜样法官"是在中国特殊的背景下提出的特殊的角色样本,他们并不代表中国法官的全部,也不应当代表中国法官的全部。但是,从对这些特殊的角色样本的分析中,我们可以发觉一些在中国法治发展过程中可能存在的经验抑或问题,这使得对"榜样"的特殊研究具有了普遍性的价值和意义。

第二章　政策"剧本"中的法官角色

> 所有宪典的规则,在他们的终局,均是务要使法律主权的权力,与政治主权的权力,得以和谐一致。①
>
> ——戴雪

"剧本"也称脚本,原本是指戏剧文学创作的文本基础,在拟剧理论中,剧本是指个体在角色扮演的过程中应当遵守的行为准则,它体现为一种角色规范的要求。法官在角色扮演的过程中,对法律、法规、政策的遵守是其作为法官的基本要求,可以说是"剧本期望"。为了回应这种"剧本期望",获得党和国家对其角色的积极评价,法官往往会采取各种策略,以相应政策变化,顺应形势发展。"剧本"本身是多元的,法律"剧本"、政策"剧本"都是约束法官行为的角色规范。在我国,政策"剧本"的作用相对于法律"剧本"来说更为明显,他们可以直接促成对法官行为的激励;同时,政策"剧本"向法律"剧本"的转化也相对容易,很多政党政策都通过法律的形式实现了它们向个案审判的渗透。因此在本章中仅涉及法官角色的政策"剧本"。这里的政策"剧本"是指规范法官行为的各种政策性规定,或者是虽然以法律形式表现但具有明显政策性质的法律、法规的规定。

第一节　政策"剧本"中的角色样本

一、样本的宏观梳理:以"政策"为中心的角色特质

通过对权威报道中的"榜样法官"进行宏观梳理,可以发现政治意识、大局意识是多数法官都具备的角色特质。通过关键词筛选,可以发现大量与政策相关的词汇,例如"调解""执行""信访""破产""拆迁安置""扶贫""扫黑除

---

① 戴雪:《英宪精义》,雷宾南译,中国法制出版社,2001,第421页。

恶"等。

以"调解"为例(见图1)。当前"政策"剧本中角色形象最突出的特质就是"调解"。样本法官中,"调解"型法官占全体"榜样法官"总数的56.7%。其中,"调解"型法官出现最多的年份是2016年,在当年报道的"榜样法官"中,70%以上的法官都是"调解能手";"调解"型法官出现最少的年份是2019年,"调解"型法官占比没有超过全体"榜样法官"的一半。总体来看,历年来"调解"型法官的比例较为稳定,大致在40%—70%之间浮动;从大趋势上看,总体占比逐年下降。随着法官职业化进程的推进,调解行为将逐渐纳入多元纠纷解决机制的范畴并予以规制,"调解"型法官在优秀法官中的占比也将趋于平稳。

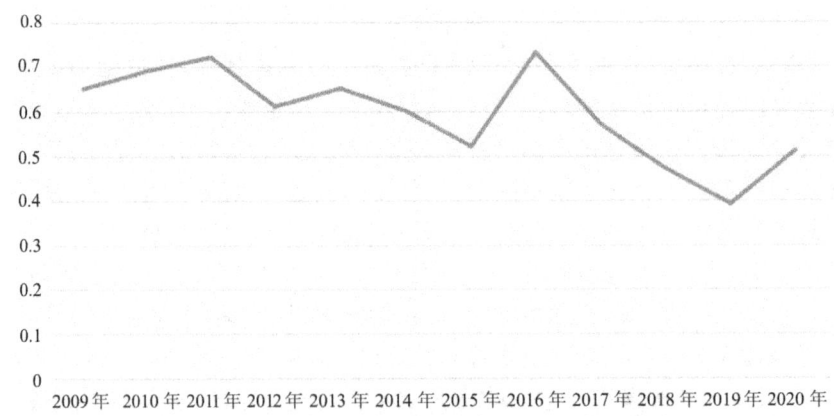

图1 "榜样法官"中"调解"型法官的比例

相对于"调解"型法官,"信访"化解型法官的出现频率总体较为稳定,每年均维持在"榜样法官"总数的20%—30%。这大致反映了"榜样法官"对于"案结事了"这一司法目标的追求,也一定程度反映了维护社会稳定这一政策的长期性。

"执行"型法官也是出现频率较高的优秀法官类型。执行型法官出现的峰值带有明显的政策色彩,集中在2018年和2019年,峰值年份比例占同年样本法官总数的60%以上。此数据变化与党的十四届四中全会关于"切实解决执行难"的工作部署基本同步,这批"榜样法官"也是在解决"执行难"这一阶段性工作中涌现出来的先进典型。与此类似的,还有"扫黑除恶"型法官、"扶贫"型法官、"抗疫"型法官。例如,关于"扫黑除恶"型法官的报道主要集中在2019年、2020年,这类法官的报道虽然总体数量不多,①但是其在当前刑庭法官的

---

① 根据样本数量统计,2019年相关报道共计11篇,2020年相关报道共计12篇。

报道总数中占比较大,特别是 2020 年,"榜样法官"中刑庭法官 80%以上的工作业绩均提及了"扫黑除恶"工作。再如"扶贫"型法官,其报道峰值出现在 2019 年,2018 年是扶贫攻坚工作的关键年,2019 年表彰的法官中,涌现了很多扶贫攻坚岗位上的优秀法官。

此外,"破产专家"型法官、"拆迁安置"型法官的数量也有一定的比例(见图 2)。根据样本统计,关于"破产专家"型法官的报道占年度法官报道总数的 2%—4%左右,关于"拆迁安置"型法官的报道占年度法官报道总数的 3%—4%左右。其中,《中华人民共和国征地拆迁补偿暂行条例》(2011)颁行之后,"拆迁安置"型法官的报道在 2012 年出现了一个峰值。在营商环境持续优化的大背景下,解决破产债务纠纷、缓解拆迁安置矛盾,也是"榜样法官"展现出的较有特色的角色群像。

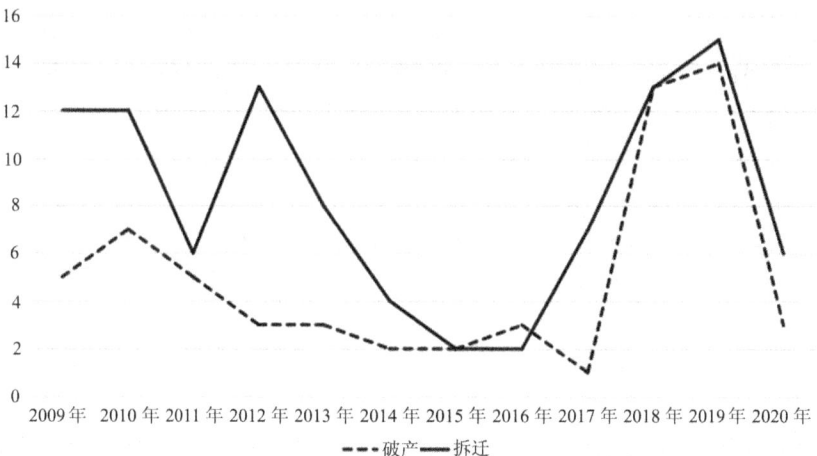

图 2 "破产专家"型、"拆迁安置"型法官的数量

二、样本的微观描绘:以"政策"为中心的角色呈现

前面通过数据整理,呈现了"榜样法官"在政策剧本中的角色群像,下面笔者将结合这些法官的具体事例,描绘个体法官在政策要求下的角色行为。总体上看,政策"剧本"的变化指引法官的行为,服务社会大局、积极调处纠纷成为当前法官必备的角色素质。作为中国法官的杰出代表,"榜样法官"都能够严格按照政策"剧本"要求,做到积极回应国家政策,善用纠纷调解技术,维护社会稳定团结。

(一)回应政策

"榜样法官"的类型很多,所处部门也各不相同,但是绝大多数法官都具有较强的政治敏感性,能够积极回应国家政策。

一方面,在矛盾突出的领域能够顾全大局政策。以"全国模范法官"黄登林为例,黄登林是少数民族聚集地的德峨法庭的法官,这里少数民族占 70% 以上,案子多、难度大,案件调解率偏低,如何处理好民族关系是黄登林工作的重要方面。在面对因为民族关系及民族习惯带来的问题时,黄登林都去耐心请教当地居民,在尊重法律的同时,充分尊重各民族同胞的风俗习惯,妥善处理民族关系,得到了当地人民的一致肯定。① 黄登林正确领悟"剧本"中关于民族政策的规定,并落实在其司法实践中,成为维护民族稳定的典型样本。类似的角色特质在"信访化解"型法官、"破产专家"型法官和"拆迁安置"型法官中都有体现。

另一方面,在司法审判中做到法理、政策与情理并用。"上海法院百篇优秀裁判文书"获奖者、上海金融法院立案庭法官周荃认为,金融司法完全不必排斥金融监管的政策和规则。在她审理的金融案件中,周荃结合金融监管政策分析市场规则、洞悉法律关系的本质,并借力金融监管政策实现了法律适用的灵活性和针对性,提升了金融市场的稳定性。② 创造性地运用法律规则,结合政策与情理促进实体公正,在很多专家型法官的身上都有体现。在"榜样法官"中,多数刑事审判专家、商事审判专家,都能很好做到法律适用与政策规制的平衡。

最后,在职权范围内积极推进扶贫、环保、防疫等国家政策的贯彻落实。例如,重庆市万州区人民法院环资庭副庭长王翔,就在审好案件的同时,参与促成了当地两项环资审判的创新项目——"长江三峡库区生态修复司法保护示范林"项目和环境保护禁止令项目。"长江三峡库区生态修复司法保护示范林"项目推动了万州区大周镇铺垭村及五土村长江沿岸 4 公里、面积达 500 亩的中山杉种植项目,成功带动当地群众脱贫;环境保护禁止令项目,运用行为保全法律原理,对正在发生不立即制止将产生严重后果的环境污染行为采取

---

① 参见徐顺东、莫彩花:《在法律与"村规民约"间寻找平衡点——记"全国模范法官"黄登林的 8 年乡村实践》,广西新闻网 2012 年 08 月 28 日,网址 http://www.gxnews.com.cn/staticpages/20120828/newgx503bf485-5942944.shtml,最后访问日期 2021 年 3 月。

② 参见廖丽君、倪璐窈:《始于微末,臻于至善,计之深远——优秀裁判文书炼成记》,中国法院网 2020 年 11 月 26 日,网址 https://www.chinacourt.org/index.php/article/detail/2020/12/id/5640687.shtml,最后访问日期 2021 年 3 月。

司法强制措施,受到了当地群众的一致好评。① 在2020年疫情防控期间,"全国法院先进个人"段莉萍法官,创新办案方法,坚持通过电话沟通、线上调解等方式,最大限度消除了疫情隔离对当事人造成的不便,传递人民司法的速度和温度。② 这些"榜样法官"的事迹是对当下中国的政策"剧本"作出的完美诠释,是为法官角色的政策响应性提供的生动范例。

(二)积极调解

调解技术是"榜样法官"都深谙的裁判艺术,宋鱼水、黄学军、金桂兰、钟蔚莉等法官都有着自己的调解技巧。尤其是针对离婚、抚养等涉及婚姻家庭的诉讼,法官们都希望能够通过调解达到定纷止争的效果。

首先,在婚姻、继承等民事案件中利用调解化解纠纷,实现当事人利益的最大化。黄学军法官曾在审理一起离婚案时历经了五次调解,双方当事人的不配合使得调解过程非常辛苦。但是考虑到当事人离婚后孩子的健康成长,黄学军顶住压力,耐心劝说,希望能够使双方当事人达成一致的抚养意见。然而经历五次调解,男方依然不愿放弃抚养权,并明确表示要求黄法官判决。五次的调解都没有成功,黄学军法官花费的时间和精力远远大于直接审判,使她倍感疲惫。但是,黄学军法官始终觉得,这五次调解并非没有意义。"调解其实是一个感化当事人的重要过程。通过五次调解,使双方当事人对面前的事实和即将作出的判决从无法接受到心底认可、慢慢接受,这与直接判决的效果大不相同。案子不能越审越大,要对当事人负责。正因为如此,我才坚持案件从有益于孩子身心成长来考虑,应尽最大力量调解此案。"③

其次,通过调解释明法理,缓解矛盾,促使当事人息诉服判。为了能够调解结案,法官们想尽各种办法,讲道理、明利弊,并通过自己的行为感化双方当事人。黑土地上的乡村法官翟树全甚至办起了"离婚前学校",将其多年的调解经验总结为"十大调解法",成为镇上知名的"劝和专业户"。在吉林省农安县人民法院哈拉海人民法庭工作期间,翟树全审结了2000余起民事案件,调撤率达90%以上,无一错案、无一超审限、无一引发上访。而且,经他诉前调

---

① 沈圆圆、艾朝辉:《"老黄牛"与"外交官"——记重庆市万州区人民法院环资庭副庭长王翔》,《人民法院报》2020年12月14日,第五版。
② 茶莹、赵赢:《平凡岗位上的"最美"法官——记云南楚雄市人民法院民事审判第一庭庭长段莉萍》,《人民法院报》2020年12月21日,第五版。
③ 武唯:《铁面柔情女包公——记全国优秀公务员、中国"法官十杰"黄学军》,《中国劳动保障报》2009年10月16日,第1版。

解、没立案就解决的纠纷更是不计其数,深受当地老百姓的信赖和爱戴。①

最后,以法律为尺度,以调解为手段,调判结合以达到最好的社会效果。通过调解结案,可以很好地化解当事人之间的纠纷,避免矛盾的激化。但是,为了避免对调解结案的盲目追求,调解应当建立在当事人合意的基础之上,建立在法律规定的基础之上。正如"榜样法官"钟蔚莉所说:"我觉得调解工作就像盖房子一样,一颗为当事人着想的心是地基,没有基础的调解就是无本之木、无源之水;法律法规是房子的主体框架,没有法律的支撑,调解就经不起检验;良好的沟通技巧、丰富的社会阅历、对双方当事人不偏不倚的态度就是房子的砖瓦和水泥,具备了所有这些材料才能建成一座好房子。"②

第二节 政策"剧本"的期望

"剧本"对法官的期望,是法官角色扮演要遵循的基本要求。当下中国的法官角色,往往随着政策"剧本"的变化而变化。通过对角色样本的考察,我们也可以窥见司法对政治步伐的追随,这种追随已经充分体现在了对法官素质的要求上。当前,法官角色扮演的重要依据——政策"剧本"——对法官的期望,主要表现在对法官政治素质的要求和调解能力的强调上。

一、政策回应能力

法官角色的政治素质是政策"剧本"的首要期望。一直以来,为政治中心服务是我国司法工作的传统,司法工作重心的转移都是围绕着政治工作展开的。

在新中国成立之初,司法作为政治的工具,完全围绕政治中心开展工作。镇压反革命、土地改革、"三反""五反"运动一直运动到揭批"四人帮",司法工作充分体现了各个时期政治工作的方向。在国家建立的初期,巩固革命政权

---

① 张玉卓、万义玲:《翟树全:黑土地上的乡村法官》,中国法院网 2018 年 10 月 16 日,网址 https://www.chinacourt.org/article/detail/2018/10/id/3529371.shtml,最后访问日期 2021 年 3 月。

② 张国香:《因为热爱 所以付出——"中国法官十杰"钟蔚莉专访》,中国法院网 2016 年 3 月 13 日,网址 https://www.chinacourt.org/article/detail/2006/03/id/199042.shtml,最后访问日期 2020 年 3 月。

是必要的工作任务,司法作为"专政工具",必须执行其阶级斗争的职能。因此,在当时的政治背景下,法官的审判活动必须以镇压反革命、打击其他刑事犯罪、巩固人民内部团结为中心目标,即使是民事纠纷的解决,也必须用"阶级"的观点。① 这一时期的法官肩负着宣传和落实党的路线、方针和政策,教育广大人民群众,实现社会治理的重任,具备坚定的政治信仰是必备的素质要求。改革开放之后,随着党的工作重心转移到经济建设上来,司法工作的重点也转向了为经济建设服务。新经济形势引发了国有企业改制,一时间企业破产重组、下岗职工安置等问题涌现出来,"稳定高于一切"成为司法工作必须考虑的重要因素。因此,法官在处理涉及社会冲突的案件时,必须围绕政治中心工作,在正确适用法律的基础上贯彻党和国家的政策。政治觉悟的高低与法官能否顺利处理改革发展中的个案息息相关,依据政策、运用法律妥善地处理纠纷,维持社会的长治久安是法官政治任务。因此,要成功地扮演法官角色,必须具有"大局意识",在任何时候都应当按照政策"剧本"的要求,服从服务于党和国家的大局。

对政治素质的要求已经从我国的政策"剧本"中渗透至法律"剧本"中,直接体现为对法官的遴选、考核等的具体要求。例如,我国法官法规定了法官的任职资格,除去年龄、身体状况和相关的学历、专业情况之外,"政治、业务素质和良好的品行"作为单列的要求被强调,②而且"政治素质"并行于"业务素质",甚至比"业务素质"更为重要。在法官的遴选资格考核中,政治素质同样被置于重要的地位,是法官考核的重要方面。"人民法院会同同级党委组织部,依据法官任职条件和资格以及选拔职位的职责要求,对考察对象的德、能、

---

① 喻中通过分析最高人民法院历年的工作报告,指出最高人民法院实际承担着政治功能,这种政治功能在 1983 年以前主要体现为"革命"的功能。参见喻中:《论中国最高人民法院实际承担的政治功能——以最高人民法院历年"工作报告"为素材》,《清华法学》2006 年第 1 期。

② 根据现行法官法规定,我国法官的任职资格主要是:(1)具有中华人民共和国国籍;(2)拥护中华人民共和国宪法,拥护中国共产党领导和社会主义制度;(3)具有良好的政治、业务素质和道德品行;(4)具有正常履行职责的身体条件;(5)具备普通高等学校法学类本科学历并获得学士及以上学位;或者普通高等学校非法学类本科以上学历并获得法律硕士、法学硕士及以上学位;或者普通高等学校非法学类本科及以上学历,获得其他相应学位,并具有法律专业知识;(6)从事法律工作满五年。其中获得法律硕士、法学硕士学位,或者获得法学博士学位的,从事法律工作的年限可以分别放宽至四年、三年;(7)初任法官应当通过国家统一法律职业资格考试取得法律职业资格。

勤、绩、廉进行全面考察,对是否适合和胜任选拔职位作出评价。考察可以采取个别谈话、发放征求意见表、民主测评、实地考察、查阅资料、专项调查、同考察对象面谈等方法进行。"① 被考察的"德、能、勤、绩、廉"五项素质,可以说就是政治素质的主要表现方面,能否成为一名合格的法官,也主要决定于这五个方面表现是否突出。在法官的考核制度中,同样有关于法官思想政治方面的要求,即考核法官的"思想品德"是否合格。② 关于"思想品德"的考核主要包括:法官能否模范地遵守宪法和法律、法规以及其他规范性文件;能否真正做到全心全意为人民服务、密切联系群众、自觉接受人民群众监督;能否自觉不断地学习党的路线、方针和政策,不断提高自身的政治素质和政策理论水平;能否忠于职守,服从命令,严守国家秘密和审判工作秘密,秉公执法、不徇私情、办事公道等。③ 对思想品德的考核,是对法官政治素质的一个重要把关方式,每年一考的频率更是保证了法官在政治上的纯洁性。

最高人民法院作为发挥着政治功能的法院,其发布的五个五年纲要都明显体现了不同时代的政治要求。以最近十年的改革来看,从《三五纲要》到《五五纲要》,政策对法官的期待、要求都发生了明显的变化。

《三五纲要》提出了审判工作坚持"群众路线"、实现"司法为民"的要求,在这种政策思想的指导下,法官们都以积极服务的态度对待审判工作。"坐堂问案"的威权法官被"田间炕头"的亲民法官替代了,下来访一访,说些贴心话,争取和和气气地解决纠纷成为法官角色新的追求。在这个过程中,政策"剧本"对法官的政治素质的期望逐渐推演出了在人格、道德、品行等各方面对法官的要求,法官角色的扮演日益多元、复杂化了。

《四五纲要》期间,"司法为民"的路线方针被具体化了,"司法公开"成为改革的主要目标。《四五纲要》提出,要让人民群众在每一个司法案件中感受到公平正义,通过健全审判管理、审判监督机制,构建开放、动态、透明、便民的阳光司法机制,增进公众对司法的了解、信赖和监督,成为人民法院在 2014—2018 年期间的主要改革方向。在此目标的推动下,我国已经形成了体系完备、信息齐全、使用便捷的人民法院审判流程公开、裁判文书公开和执行信息公开三大平台,建立起了覆盖全面、系统科学、便民利民的司法为民机制。"司法为民"的宗旨没有变,但法官角色的要求已经发生了些许变化:法官不仅要

---

① 谭世贵等:《中国法官制度研究》,法律出版社,2009,第 75 页。
② 可参考法官法第二十条、第四十一条等关于法官考核的规定。
③ 谭世贵等:《中国法官制度研究》,法律出版社,2009,第 249-250 页。

解决纠纷、化解矛盾,还需在公众和舆论的监督下释法析理,获得群众的尊重和信任。

2019年,最高人民法院《五五纲要》颁行。《五五纲要》明确提出,应坚持"司法为民"的方针,构建以人民为中心的诉讼服务制度体系。面对司法领域案多人少的矛盾,深化多元化纠纷解决机制改革,把非诉讼纠纷解决机制放在前面,通过改革满足人民不断增长的司法需求,努力实现司法更加亲民、诉讼更加便民、改革更加惠民成为新的方向。此外,随着信息化时代的全面到来,智慧法院建设、跨部门的大数据办案平台建设等也被写入"政策"剧本,法官需适应时代要求,促进并实现审判方式、诉讼制度与互联网技术的深度结合。可以预见的是,"政策"剧本的改变必然带来法官角色形象的再次更新。

二、纠纷化解能力

从"榜样法官"的事迹中,我们可以发现当下的政策"剧本"对法官纠纷化解能力的高度要求。特别是在案多人少的当下,推进多元纠纷解决机制,促进诉前、诉中调解是近二十年来"政策"剧本的一贯要求。可以说,调解能力本身也是法官政治素质落实到实践中的一个重要方面,但是因为它在当前被提到了一个相当的高度,因此单独研究这个问题也显得更为必要。

调解制度一贯被称为"东方经验",早在革命根据地时期,调解就被广泛地运用于各种民事案件的审理中。强世功在考察了边区的司法审判制度之后,指出调解是消除国家法和民间法隔阂的重要途径。调解可以避免依据法律判决产生的非此即彼的结果,使法律实践可以适应当时当地的社会情况。据此,最高人民法院下达了"调解为主,审判为辅"的指示,强调"调解是诉讼的必经程序",开创了结合民间调解与审判调解多种形式,范围涉及民事案件甚至刑事案件的空前的调解局面,并由此产生了著名的马锡五审判方式。①

直至20世纪80年代,"调解为主"的审判方式还占据着主要地位。1982年,《中华人民共和国民事诉讼法(试行)》将调解作为审判的基本原则,调解率的高低成为政策"剧本"对法官工作衡量的重要指标。为了追求高调解率,很多法官甚至违背当事人的自愿原则进行强制调解,因为调解所带来的社会问题也逐渐浮出水面。80年代后期,随着社会矛盾增多,案件数量激增,调解程序的低效率使之难以适应新的社会形势。在各种压力之下,法院开始推进审

---

① 强世功:《权力的组织网络与法律的治理化——马锡五审判方式与中国法律的新传统》,《北大法律评论》2000年第3卷第2辑,第45-53页。

判方式改革,"和稀泥"式的调解方式渐显式微。审判效率得到了充分强调,法院系统提倡法官们做到开庭审理、当庭判决,能调则调、当判则判,将调解作为审判的辅助手段而非主要手段。这一时期,当庭宣判率代替了调解结案率成为法官新一轮的竞争指标。

审判效率的提升并没有带来审判效果上的巨变,法官的中立裁判也没有预期的那么公正高效。反之,社会矛盾激化的程度超出了法院系统的预期,涉诉信访案件频频攀升。面对法院内忧外患的局面,社会纠纷解决机制的构建受到了国家相关部门的重视,调解制度作为消解社会纠纷的有效手段重新登上了历史舞台。2002年9月,最高人民法院发布《关于审理涉及人民调解协议的民事案件的若干规定》,以司法解释的形式确认了人民调解协议的合同性质和约束力;①随后不久,中共中央办公厅、国务院办公厅联合转发《最高人民法院、司法部关于进一步加强新时期人民调解工作的意见》,对发展多种形式的人民调解组织、规范人民调解委员会的工作、提高人民调解员的性质等问题作出了明确规定;司法部紧接着发布了《人民调解工作若干规定》,对人民调解委员会的设立形式、人民调解员的组成、民间纠纷的受理、调解以及调解协议等作出了详细规范。在这样的历史背景下,2003年4月,江苏省南通市率先创立并完善发展了社会矛盾纠纷的"大调解"机制,将人民调解、行政调解、司法调解、专业调解等调解机制进行有机结合,创建了从市到村、组的六级大调解网络,②掀起了全国范围内的调解热潮。大调解以一种运动的方式席卷全国,各地都结合自己的地方特色,制定各种行动办法以及奖惩机制。至此,政策"剧本"对法官调解能力的期望空前高涨,顺应时代的要求,宋鱼水、翟树全等"榜样法官"的调解能力在这一时期得到了充分肯定。

在大调解的背景下,各地政府充分整合资源,多项联动,在定分止争上形成合力,共同致力于社会纠纷矛盾的化解。从效果上来看,也确实降低了涉诉信访的数量,缓解了法院在诉讼方面的压力。2005年10月26日,最高人民法院发布《二五纲要》,并在该改革方案中,第一次明确提及多元化纠纷解决机

---

① 《关于审理涉及人民调解协议的民事案件的若干规定》第一条明确规定:经人民调解委员会调解达成的、有民事权利义务内容,并由双方当事人签字或者盖章的调解协议,具有民事合同性质。当事人应当按照约定履行自己的义务,不得擅自变更或者解除调解协议。

② 陈旭、王志高:《"大调解"促大和谐——江苏探索发展大调解机制助推社会管理创新》,《江苏法制报》2012年1月6日,第001版。

制这一概念。2006年10月,中共中央颁布《中共中央关于构建社会主义和谐社会若干重大问题的决定》,初步规划了多元化纠纷解决机制的实现步骤。2007年,最高人民法院发布《关于进一步发挥诉讼调解在构建社会主义和谐社会中积极作用的若干意见》,并确立了第一批多元纠纷解决机制改革试点,多元化纠纷解决机制开始逐渐成形。2009年3月,最高人民法院发布《三五纲要》,提出建立健全诉讼与非诉之间的协调对接,建立健全多元化纠纷解决机制。2009年7月,《关于建立健全诉讼与非诉讼相衔接的矛盾纠纷解决机制的若干意见》出台,这标志着我国多元纠纷解决机制的改革进入了新的阶段。

多元纠纷解决机制的全面落实在2010年前后。2010年,最高人民法院发布了《关于进一步贯彻"调解优先、调判结合"工作原则的若干意见》,积极引导诉前调解机制的设立;2011年,《中华人民共和国人民调解法》正式实施,实现了调解制度的法律化。此后,最高人民法院扩大了多元纠纷解决机制的试点范围,并对前期试点法院做了评估和总结。2014年12月,最高人民法院发布了《关于确定多元化纠纷解决机制改革示范法院的决定》,并在全国确定了50家示范性法院,以更好地带动全国法院深化多元纠纷解决机制的改革。至此,多元纠纷解决机制的改革进入了全面深化阶段。

通过对"政策"剧本中大调解运动和多元纠纷解决机制的梳理,可以发现剧本对法官纠纷解决能力有着一以贯之的要求。如果说"政策回应能力"是带有时代特色的角色期望,那么"纠纷解决能力"就是超越时代特色的角色期望——是已经融入中国司法血脉的、带有中国印记的持久期望。

第三节　政策"剧本"中的角色学习

在角色扮演的过程中,角色学习是非常重要的环节。角色学习伴随着角色领悟和角色技能学习展开,个体通过了解他所扮演的社会角色应有之权利、义务以及行为准则,进行准确的角色定位,掌握相关的角色技能,使之表演行为逐渐趋近于理想角色。

在对政策"剧本"熟悉之后,法官们就在其实践经验的基础上展开了对角色扮演技能的摸索和改进。针对政策"剧本"中的角色期望,法官们进行角色学习的重点就在于响应政策,不断地探索多元纠纷解决的方法。在实践中,许多法官在调解技术方面颇有心得。"榜样法官"中的诸位"调解高手",各自都有自己的一套调解方法。这些调解方法被大力推广,基层法官在学习和模仿的过程中结合当地的实际情况,又进一步作出了改进和创新。吴英姿在考察了基层法院的调解现状之后,总结出了基层法官常用的几种调解手段:"背靠背"调解,抓"麻筋"方法①,利用人情、面子促成和解等。高其才等人在调查了杨村法庭的调解手法之后,总结出了法官常用的数十种技术:预判术、隔离摸底术、拖延术、借力术、施压术、疏导术、给脸术、转换术、弥补术、制导术等。②这些调解技巧对于成功地促成调解是非常重要的,通过调解技术的运用,当事人往往自愿接受调解结果,达到息事宁人的效果。

依据戈夫曼的戏剧表演理论,这些调解的技术其实都是表演者采取的角色扮演策略。表演者通过调整自己的策略,控制着观众对自己的印象,以实现角色扮演的预期效果。

一、隔离观众

戈夫曼认为,在戏剧表演中,为了投射出表演者所期望的情境定义③,表演者必须与观众保持一定的距离,使观众产生对表演者神秘感的敬畏。这是表演者必备的前台控制措施,通过隔离观众,表演者可以使看到他这一角色的观众,看不到他所表演的另一角色,从而对他维持始终如一的印象。只要当下的表演与以前的表演有出入,他就应当把看到他不一致表演的人排斥在外,使观众不会对他表演的真实性有所怀疑。同时,面对不同的观众表演者必须有不同的常规程序④,而且,观看同一常规程序的观众必须被相互隔离。唯有这

---

① 即抓住弱点、切中要害,指出当事人最担心的问题。

② 高其才、周伟平、姜振业:《乡土司法——社会变迁中的杨村人民法庭实证分析》,法律出版社,2009,第288页。

③ 情境是指以某个特殊事件为中心而存在的各种内部和外部的因素。社会学经常以某个特殊事件为焦点来观察和分析某一社会问题,这种方法被称为情境分析方法。情境定义(the definition of the situation)主要是指人对其所处环境的解释,是人在作出决断的时候,审视和考虑的阶段。托夫勒认为任何一种情境都可以用五个组成部分来加以分析,它们包括"物品"——由天然或人造物体构成的物质背景;"场合"——行动发生的舞台或地点;一批角色,这就是人;社会组织系统的场所;概念和信息的来龙去脉。参见陈国强主编《简明文化人类学词典》,浙江人民出版社,1990,第456页;芮必峰:《人类理解与人际传播——从"情境定义"看托马斯的传播思想》,《新闻与传播研究》1997年第2期。

④ 常规程序是指在表演期间可以展开,并可以在其他场合呈现或表演的预先确定的行为模式,也可以称之为"角色"。欧文·戈夫曼:《日常生活中的自我呈现》,冯钢译,北京大学出版社,2008,第12页。

样,"每个观众才能感到,尽管在观看这一常规程序的还有许多其他观众,但只有他看到的才是最好的表演"①。

"背靠背"的调解技术正是法官隔离观众这一表演技术的运用。法官在调解的过程中,往往会分别向双方当事人询问,获得他们关于纠纷案件的真实想法,试探他们的心理底线,以提出双方可以接受的调解方案。

我们可以通过对一个具体个案的分析来理解法官的这种角色技巧。这是一个普通的离婚纠纷②,被告尚某某(男)因为脾气暴躁,经常殴打原告王某某(女),原告无奈,只得诉诸法庭请求离婚。庭长在接到案件之后,首先询问了原、被告双方的争议所在,在查明案情之后,主动征求双方当事人关于调解的意见,待其认可之后便开始其调解工作。首先,庭长告知被告:"你先到外边待一会儿,我和你媳妇谈一谈。叫你,你再进来,不准走远。"③法官和原告谈话完毕,会和被告进行单独谈话。在这次谈话中,法官基本上可以摸清双方当事人的底线,以便下一步与他们"讨价还价"。之后,法官还会亲自甚至动员身边所有的人去分别做原告和被告的工作,不时传唤双方当事人或者单独一方当事人进行谈话,掌握他们对案件态度的变化。

在调解中,法官作为表演者,首先与其观众之一——一方当事人进行沟通,在他面前呈现出积极为其解决问题的形象。如在上述离婚案中,法官在了解了男方家庭暴力的情况后,向女方及其家人表示:"我们再到被告家里去一趟,让他的父母好好管管自己的儿子。我们一定要让他给法庭立一个保证,看他以后还敢不敢打你。"④当然,法官的初衷是为了发现纠纷的关键点,以便提出当事人可以接受的解决方案。在此案中,法官就在探访原告父母之后发现原告最难做的工作其实在原告父亲身上,正是被告对原告父亲作出的人身伤害行为使得原告的家人对其难以原谅。在完成此次角色扮演——摸清一方当事的情况之后,法官会转而进入到另一方当事人的情境中与其沟通,并扮演与之前完全不同的角色。他理解、体谅当事人的苦恼,并且表现出愿意为其提供

---

① 欧文·戈夫曼:《日常生活中的自我呈现》,冯钢译,北京大学出版社,2008,第116页。
② 该案件选取自高其才、周伟平、姜振业的《乡土司法——社会变迁中的杨村人民法庭实证分析》一书,案件描述在第160至164页。
③ 高其才、周伟平、姜振业:《乡土司法——社会变迁中的杨村人民法庭实证分析》,法律出版社,2009,第160页。
④ 高其才、周伟平、姜振业:《乡土司法——社会变迁中的杨村人民法庭实证分析》,法律出版社,2009,第162页。

帮助态度。在离婚案中,庭长积极地为被告创造机会,让他可以单独和原告相处,并背着原告对被告说:抓住这个难得的机会!① 这次表演的内容当然是不能为之前的观众——如此案原告——所知悉的。通过前台的转换,法官在不同的情境定义下完成了两次不同的表演,然而这两次表演的指导思想是一致的:使观众相信其表演,并相信法官是为他们着想的——法官给予他们的,是不同于别人的最好的表演。

只要完成了这一步,调解工作的进行就会顺利很多。法官通过与当事人的单独谈话,可以向其晓以利弊,使当事人觉得法官提出的调解方案是解决问题的最佳途径,虽然这个方案可能会使他损失一定应得的利益。当然,他不可能知道,法官在与另一方当事人沟通时,采用的是类似的表演技术,通过夸大对方的有利证据来削弱此时台下观众对胜诉的期待。这时,如果法官提出一个较为折中的方案,且并没有突破当事人的心理底线时,双方当事人都会倾向于接受,而且在心里认为法官是在"为我好"。

法官这种隔离观众的技术增加了表演的神秘性,使法官可以很好地控制他给双方当事人留下的印象。通常,演员前台的表演所呈现给观众的印象往往与其后台表现并不一致。为了平息当事人的怨气,法官可能会采用哄、骗、瞒的方法,使当事人能够依照法官的预期而行动;但是到了后台,法官会卸下面具,表露他对当事人的真正想法。上述离婚案件,在法官的多次调解之下双方依然没有达成和解,法官最终宣判离婚。在判决下达之后,庭长对法庭的工作人员表达了他对案件的看法:这对夫妻的文化水平很低,不懂得感情交流;男方对女方父亲造成的伤害太大;女方品质不好,打人骂人,确实让人难以接受;他们的婚姻早已名存实亡。这些对案件及当事人的评价只能是在法庭内部说说的,是法官在后台的表现。后台的行为只能是"剧班之间的共谋"②,这种共谋观众不得而知,而且也不能让观众知道——否则前台的表演必将无法进行。观众所看到的,只能是一个真诚的、值得他信任的法官。所有的表演者都会保守其后台的秘密,而且他们知道,"神秘事物背后的真正秘密是:实际上

---

① 高其才、周伟平、姜振业:《乡土司法——社会变迁中的杨村人民法庭实证分析》,法律出版社,2009,第162页。

② 剧班共谋,是指剧班成员之间的秘密沟通,在这种沟通中,他们会承认自己所维持的真诚的表演,实际上是他们设计角色的呈现,那只是一种表演。所以,这种沟通会呈现他们对之前表演及观众的真实看法,当然也是不能为观众所知的。参见欧文·戈夫曼:《日常生活中的自我呈现》,冯钢译,北京大学出版社,2008,第151页。

根本就没有什么秘密;真正的问题是如何防止观众知道这件事"。①

二、再合作行为

再合作行为是指在社会互动行为中,当存在两个地位不同的表演者时,社会声望较低的表演者会努力改变互动基础,减少与拥有较高声望表演者的社会距离;而社会声望较高的表演者则会提供方便,允许对方亲近并且建立起密切和平等的关系。② 这种拉近与较弱者关系的行为,往往是地位较高的表演者的角色技巧,是为了更为长远的利益而暂时与地位较低者建立起一种合作关系。"这种距离感上的缩小,会在互动中产生一种自发的涉入感"③,这时表演者的互动行为中包含着某种程度上的让步。当然,这种合作和让步都是暂时的,如果一个表演者长久地脱离自己的所在群体的社会地位,则可能会威胁社会互动中的某一地位群体所努力维持的印象。

在法官的调解行为中,"给面子"往往可以促成法官和当事人之间的暂时合作。"面子"在中国人的文化中是一个特殊的符号,如果他人尤其是地位高于自己的人肯给"面子",那就是天大的恩情。因此,在法官和当事人的互动中,处于高位的法官常常会说,"就当是给我一个面子",使双方当事人不好继续坚持自己的要求,退而达成和解协议。在具体实践中,法官给"面子"的方法是多种多样的:可以亲自到当事人的家中恳谈,使当事人感受到法官的亲切热情;可以发动周围的群众帮助劝说,以众人的力量感化当事人;可以不时地表现出对当事人案件的关心,使其意识到法官对自己案子的重视。

在前文的离婚案中,杨村法庭的庭长赵辉可以说给足了当事人面子:他亲自带领法官到当事人的家中了解情况,还由书记员配合表演:"现在由我们庭长赵辉亲自出面给你们做工作,要实话实说,配合一下。"④在坐定之后,庭长不是马上谈起离婚纠纷,而是先唠家常,这就立刻拉近了与当事人的距离。法

---

① 欧文·戈夫曼:《日常生活中的自我呈现》,冯钢译,北京大学出版社,2008,第56页。

② 原文中对再合作行为是一种描述性的阐述,并使用的是"剧班"一词来解释再合作关系,笔者在保持原意的情况下使用"表演者"进行了替换,以使概念的引入不显突兀。参见欧文·戈夫曼:《日常生活中的自我呈现》,冯钢译,北京大学出版社,2008,第169页。

③ 欧文·戈夫曼:《日常生活中的自我呈现》,冯钢译,北京大学出版社,2008,第170页。

④ 高其才、周伟平、姜振业:《乡土司法——社会变迁中的杨村人民法庭实证分析》,法律出版社,2009,第298页。

官的这种行为,使得当事人感觉自己似乎欠了法官"人情",在接下来的调解中,当事人会适时地还上这个人情——在接受调解的过程中不那么斤斤计较了。

可见,法官在表演中充分地运用了"再合作"技术:法庭的法官们可以看作是一个剧班,当事人及其家人可以看作是另一个剧班。本来,在剧班之间是存在明显的地位分别的:在普通村民的眼里,法官也是"官",和一般的人是不一样的。而庭长却"亲自"带领"众法官"出面说情,这使得两个剧班之间的距离明显拉近。显然,声望高的剧班希望谋求与声望较低剧班的暂时合作——即接受庭长的调解。声望高的剧班成员还会通过其他表演来强化这种合作的意向:"其实我们根本可以不来,就按照法律规定办,但考虑到你们还有一线和好的希望,我们就做十分的努力,今天我们庭长赵辉亲自开车到你们家里来做工作。"[1]既然声望较高者已经明确地给予了恩惠,声望较低者若还不接受就显得不合情理了。不近人情在熟人社会里是很负面的评价,因此,当事人在这种心理的驱使下更容易同意法官的要求。庭长赵辉的再合作行为发挥了一定作用,原告及其家人坚决离婚的想法开始动摇。

再合作行为是表演者偶尔脱离其原有角色地位的一种表演技巧,在研究法官的调解策略中具有重要意义。当然,这种行为的发生也依赖于我国的现实情境,对人情和面子的重视使得当事人更容易接受这种短暂的合作。

第四节 政策"剧本"中的角色实践

角色实践是角色扮演最为重要的一步,在角色实践的过程中,个体按照自己的角色定位和角色的社会期望,充分运用角色技巧,塑造出独特的角色形象。政策"剧本"中法官在角色扮演的过程中,努力迎合政策方向,充分运用调解技巧,很好地实践了"剧本"对他们的期望。在实际审判工作中,由于过于追求政策"剧本"所要求的效果,法官的一些角色实践很可能带来的是他们在角色扮演中的偏差和错位。

---

[1] 高其才、周伟平、姜振业:《乡土司法——社会变迁中的杨村人民法庭实证分析》,法律出版社,2009,第298页。

一、法官的政策回应

在了解了政策"剧本"对法官角色的期望之后,如何正确地实践这种期望是法官角色扮演的重要问题。在当代中国司法实践中,法官努力迎合党的政策的要求,并随着政策的变化而不断地调整自身的角色行为,为构建有中国特色的社会主义法律体系作出了积极的贡献。

(一)实践现状:政策"剧本"引导下的角色变迁

依照政策"剧本"要求,人民法院的法官们响应政治意识形态、服从服务政治大局是对角色规范顺其自然的遵守。而且在实践中,诸多法官们都摸索出了自己的一些经验,深谙如何将自己对政策"剧本"的领悟外显于实践的方法。从最简单的方面看,诸如各级人民法院、各层人民法官所作的工作报告抑或是汇报文件中都有多多少少的"政治用语",体现他们对政治工作的尽心尽力。"始终在政治上、思想上、行动上与党中央保持高度一致"、"自觉接受和依靠党的领导"、"坚持党的领导与依法行使职权的统一,坚持执行党的政策和执行法律的统一,确保人民法院工作始终沿着正确的政治方向前进"等政治话语在法院系统的工作报告中非常常见。① 例如在周强院长所作的 2020 年最高人民法院的工作报告中就有如下的"政治语言":"始终把党的政治建设摆在首位。深入学习贯彻习近平新时代中国特色社会主义思想,切实用以武装头脑、指导实践、推动工作,牢牢坚持党对司法工作的绝对领导。扎实开展'不忘初心、牢记使命'主题教育,接受深刻思想政治洗礼,引导广大干警牢记初心使命、忠诚履职担当。认真落实《中国共产党政法工作条例》,把党的领导贯彻到人民法院工作各方面和全过程。坚持抓党建带队建促审判,努力创建让党中央放心、让人民群众满意的模范机关。"

当然,对角色的实践不能仅仅体现在文本工作上,一个法官的政治觉悟和素质必须体现在具体的司法实践工作中。法官应当有强烈的政治敏感性,一旦政策有了变动,便循时而动地调整其审判工作的重点。大部分法官都具备这种政治敏感性,这可以从政策与司法的几次互动中得到证明:刑事司法领域的"严打"到"扫黑除恶"专项斗争,民事领域的"大调解"到多元纠纷解决机制,商事领域的"政策性破产"到优化营商环境,政策的变迁都能在司法领域得到

---

① 以上"政治语言"选自《最高人民法院关于为构建社会主义和谐社会提供司法保障的若干意见》。

回应。

　　改革开放以来,为了维护社会稳定,党和国家多次以"严打"的形式对黑恶势力进行集中打击。"严打",即依法从重、从快、从严打击刑事犯罪分子。20世纪80年代初期,社会治安混乱,刑事犯罪增多,为了稳定社会局面,党和国家拟对特定的刑事犯罪进行严惩,以儆效尤,起到对其他社会成员的教育作用。1983年8月,中共中央发出《关于严厉打击严重刑事犯罪活动的决定》,号召各级党委和政府在三年内组织三个战役,在全国范围内展开对严重刑事犯罪的"严打"活动。1983年9月,全国人大常委会通过了《关于修改〈中华人民共和国人民法院组织法〉的决定》,将部分死刑的复核权下发给地方各省高院,①显示了中央对严重犯罪行为惩治的决心。在1983年至1987年的"严打"活动中,全国共逮捕177.2万人,判处174.1万人,送劳动教养321万人,缴获各种枪支3万多支,子弹200多万发;共查获各类犯罪团伙197万个,成员876万人。全国检察机关查处的经济犯罪案件12万起(其中万元以上的大案2.3万起),全国法院系统审理判决的经济犯罪分子206万人,为国家、集体挽回经济损失123亿多元。② 随着严打工作的开展,偷盗抢劫问题、打架斗殴行为和各种流氓活动被"一网打尽",社会治安状况得到明显扭转,社会秩序日趋稳定。随后在党中央的领导下,司法系统于1996年、2000年、2006年又开展了三次声势浩大的"打黑除恶"专项行动,以"从重、从严、从快"为基本价值取向,集中实施了针对卖淫嫖娼、经济犯罪和黑社会性质活动的专项打击。

　　"严打"活动表面上是由司法机关联合办公、依法处理严重刑事犯罪的司法活动,但是其本质上是依据政治决策而开展的政治活动。"严打"政策的倡导者是国家权力机关,这一政策"剧本"的规定赢得了司法机关的积极回应。作为司法系统一分子,法官实践其角色的过程中把政策"剧本"的要求——严惩几大重罪——作为了其主要学习参照的标准,政策"剧本"的期望成为主导法官角色实践的依据。甚至,法官们会为了迎合政策期望而抛弃法律"剧本",拔高认定、过度惩罚,不但没有从根本上消除黑恶势力,还催生了一些不当办案、违法办案、忽视人权等一系列问题。基于对上述历史举措的反思,2018年上半年,党中央、国务院发出了《关于开展扫黑除恶专项斗争的通知》,启动了

---

① 该决定指出:杀人、强奸、抢劫、爆炸以及其他严重危害公共安全和社会治安判处死刑的案件的核准权,最高人民法院在必要的时候,得授权省、自治区、直辖市的高级人民法院行使。
② 何挺:《"严打"刑事政策研究》,博士学位论文,中国政法大学,2008,第89页。

新一轮的"扫黑除恶"专项运动。此次"扫黑除恶"运动以"扫"代替了"打",重预防轻打击,把打击黑恶势力犯罪和反腐败、基层社会治理结合起来,力求从源头上阻断黑恶势力,建立控制黑恶势力犯罪的长效、综合保障机制。这是从"打"到"治"的策略转型,也是政治运动模式到合法治理模式的路径转型。与以往"严打"活动不同的是,政策对法官的角色期望也发生了变化:不仅要遵从"政策"剧本,更遵从"法律"剧本;不仅要有政治站位,更要有法治思维;不仅要当罚则罚,更要宽严相济。因此,近两年关于刑事司法领域"榜样法官"的报道,多会有这样的描述:能够切实贯彻、落实宽严相济的刑事政策,深刻领会贯彻罪刑相适应原则。① 从"政策"剧本到"法律"剧本的转变,使得近两年的扫黑除恶活动取得了令人瞩目的成绩:截至 2020 年,全国法院审结涉黑涉恶犯罪案件12 639件83 912人,并会同有关单位出台办理恶势力、"套路贷"、非法放贷等刑事案件意见,综合运用判处财产刑、追缴、没收违法所得等手段,彻底铲除了黑恶势力经济基础,并依法惩处了一批作恶多端的"沙霸""路霸""菜霸",净化了社会风气。② 而且,这一转变也带给了法官更清晰的角色认知——当然,这一实质性的进步,还是"政策"剧本推动的结果。

80 年代末 90 年代初开展的"政策性破产"事件也印证了法官对政策"剧本"期望的回应。改革开放初期,人们尚未摆脱计划经济的束缚,市场经济关系也尚未完全理顺,立法只能妥协于当时的社会环境,"政策性破产"应运而生。1986 年,《中华人民共和国企业破产法(试行)》施行,该法规定了全民所有制企业破产的条件,只要"企业因经营管理不善造成严重亏损,不能清偿到期债务",就依法宣告破产。但是,由于考虑到国有企业破产案件中破产企业的债务清偿、下岗职工的安置工作等影响社会稳定的因素,国务院先后颁布了《国务院关于在若干城市试行国有企业破产有关问题的通知》(1994 年)、《国务院关于在若干城市试行国有企业兼并破产和职工再就业有关问题的补充通知》(1997 年),制定了一整套针对国有企业的计划破产制度,即所谓的"政策性破产"。从价值理念上看,政策性破产以职工安置为优先目标,政府通过主导破产过程,帮助国有企业实现改革脱困,优化国家的资本结构。在这一思路

---

① 以"宽严相济"和"罪责刑相适应"为关键词,可以发现 2018 年以来相关报道在刑庭法官总报道中的占比逐年增加,2020 年达到了 20% 以上。

② 参见最高人民法院院长周强在第十三届全国人民代表大会第三次会议上作的《最高人民法院工作报告》,发布时间 2020 年 5 月 25 日,最高人民法院官网 http://www.court.gov.cn/zixun-xiangqing-231301.html,最后访问时期 2020 年 3 月。

下,国有企业破产不完全是市场淘汰的产物,更是行政干预的结果;破产程序的推进或实体权益的保障,均有浓厚的行政色彩;政府通过干预破产过程,也将本应由政府或社会承担的部分责任转嫁给债权人,淡化了破产制度的市场选择机制。这一时期的法官,在审理破产案件的时候,主要不是依据破产法的规定,而是依据政策规定——是否有利于稳定民心、服务大局——来决定审判结果。法官的角色定位主要在于努力实践国家政策,积极迎合政策"剧本"的期望——即政策性破产的具体规定——来实践自己的法官角色。能够妥善处理各种破产企业纠纷的法官,例如"法官十杰"石成军,成为这一时期法官角色表演的"最佳表演者",成功地完成了其角色扮演,获得了党和政府以及社会大众的肯定性评价。①

当然,这是特殊时期特殊要求下催生的"榜样法官",随着 2006 年《中华人民共和国企业破产法》的颁布施行,我国的破产制度逐渐从"政策性破产"向"市场化破产""依法破产"过渡,法官的角色也随之不断变化。2015 年以来,供给侧结构性改革成为全国经济工作的重点,国务院要求对持续亏损 3 年以上且不符合结构调整方向的企业破产重组,清理僵尸企业,推动了国内的"破产热"现象的出现。这一时期,法院受理的破产案件显著增多,"破产专家"型法官的数量呈增长趋势。2019 年 2 月,习近平总书记在中央全面依法治国委员会第二次会议上提出"法治是最好的营商环境",这一重要论断厘清了市场、法治和营商环境的关系,引导破产实践进一步朝着市场化、法治化的进程发展。至此,法官的角色朝着更贴近"法律"剧本的方向发展——更加注重知识产权保护,在司法实践中认可对新型权利的保护,完善产权保护的运行机制,减少市场主体的交易顾虑,通过司法裁判鼓励各类主体在法律的框架内签订合同、争取利益、解决争议。"政策"剧本到"法律"剧本的倾斜,推动了大量专家型法官的出现,也实质性推动了我国的破产法治化进程,保障了营商环境建设的可持续发展。

席卷全国的"大调解"运动和近年来不断深化的多元纠纷解决机制,也是响应政策"剧本"的变化而展开的。各种社会矛盾日益激化,法院依法审判却难以定纷止争,各类涉诉信访问题频生,各级政府、法院都不堪重负。是继续沿着西方的法治模式前进,还是摸索中国自己的法治道路?随着最高人民法院重倡纠纷调解经验,大调解运动轰轰烈烈地推广开来。"化解社会矛盾,促

---

① 郭春雨、王伯光、刘万江:《向前 向前 向前——记"中国法官十杰(2003)"之一、长春市二道区法院院长石成军》,《新长征》2004 年第 6 期。

进社会和谐""坚持宽严相济,确保社会稳定"成为法院的政治口号,出现在各级法院的决定、办法和工作报告中。审判工作的目标在于"案结事了",具体来说,就是化解当事人纠纷,防止当事人上诉、缠诉、上访,甚至其他极端非理性行为。发展至今,在法治化规制的视角下,调解活动已经契合到了"构建社会主义和谐社会"的大背景下,构成我国多元纠纷解决机制的一部分,成为促进社会稳定发展、沟通民意与司法的润滑剂。司法工作起到了为政治工作保驾护航的作用。

政策"剧本"的变化直接引导法官们的行为,为了迎合政策的期望,法官们的角色扮演多了一些行政官员的色彩。积极主动响应国家政策,除恶济贫,为民解困,法官的身影越来越多地出现在了平凡人们的生活中去。对人民大众生活的关照使我们的司法少了一些距离感,多了一些人情味。当然,通过对实践法官角色的梳理,我们也能发现近十年来法官角色的转变:"政策"剧本的痕迹渐渐淡去,"法律"剧本逐渐凸显,并开始主导法官的角色行为。

(二) 现实问题:过于依附政策而产生的角色错位

通过对政策"剧本"的变迁与法官角色实践的考察,可以发现当前司法领域的实践与政治领域的活动息息相关。法律与政治有着天然的密切联系,司法制度作为国家的上层建筑,与政治制度本就是密不可分的。法治的实现必须依托于一定的政治制度,法律的发展也只能在与政治的相互作用中协调共生。近代以降,西方的法治发展逐步趋于完善,形成了许多经典的法治理论,在司法制度领域,要求保持司法的独立性和维护法官的绝对中立成为人们普遍认可的真理。法律和政治的距离被刻意拉开,法学家们甚至在探求可以免于政治干预的司法系统。从韦伯的形式理性法,到凯尔森的纯粹法学,再到卢曼的自创生法律,政治权力无涉的法治成为法学家们孜孜不倦的追求。然而,形式理性法的实施却带来了实质上的不理性,韦伯不得不求助于卡里斯马型的政治领袖;等级严格的法律规范体系看上去科学严谨,凯尔森却无法解释"基础规范"的生成;自创生的法律系统虽然可以实现在规范上的封闭,卢曼却无法使它在认知上也自给自足。完全独立于社会政治体制之外的只能是法律的乌托邦。

司法与政治的模糊界限为法官的角色实践增加了一定难度。司法实践所要求的独立、中立的秉性与司法对政治的天然亲和力之间产生了巨大的张力,法官在进行角色定位的时候稍有差错,可能就会丧失其居中裁判者的地位。例如在上述的"严打""政策性破产"等司法实践活动中,法官所扮演的角色就有明显的政治性特征,在个案审判中,维护法律本身的稳定性、可预测性很可能与维护社会的和谐大局发生冲突,法官既需要扮演好"裁判者"的角色又需要兼顾到"行政官"的角色。一旦法官将政策"剧本"作为其角色行为的主要依据,过分地依附于政策"剧本"的期望,就有可能会产生角色错位。例如在"严打"政策实施的过程中,片面强调对刑事罪案"从重"、"从快"的打击力度,可能导致对一些案件的调查取证、事实认定、法律适用方面缺乏慎重的考虑,甚至促成冤假错案的发生。湖北佘祥林杀妻案就是典型的一例。在证据严重不足、供述前后矛盾的情况下,京山县法院依然对佘祥林作出了 15 年有期徒刑的判决,这种牺牲程序正义、无视司法公正的行为引起了学界对当前司法实践反思。司法实践一旦以一种"运动式"的方式展开,各种"量化指标"随即风行,法官角色往往会在各种压力之下发生错位。这种角色错位的过程可以被称为司法的政治化。如果法官过多参与政治生活,过于迎合政党政策,便会使司法权成为权力机关的附属品。司法政治化是一种不正常的社会状态,也是法官没有正确领悟政策"剧本"的要求,过于追逐政策"剧本"的期望所产生的现实问题。

司法权在本质上是判断权,他要求法官作为中立的第三方对发生的纠纷进行决断,这种决断行为是独立的、被动的,任何法律之外的利益因素都不能侵入案件审判,任何司法之外的权力因素都不能影响法官裁判。法官角色扮演最主要的规范"剧本"应当是法律——因为它明确、稳定、可以预见,正如马克思所言,他"除了法律没有别的上司"[①]。只有在法律"剧本"模糊不清难以把握时,法官才可以借以其他"剧本"的规定来帮助其解决纠纷。如果法官将政策"剧本"的要求作为其主要的角色规范,司法舞台中不可避免地会出现其他权力群体,这些权力群体的出现甚至会悄悄替换掉法官在舞台上主角的地位。法官在角色实践的过程中,若不能明确自己的角色定位,消除对政策"剧本"过度依附的心理,就往往会出现角色错位的情况。

角色错位的发生,不仅仅要归因于法官自身角色定位的模糊,更要考察到政策"剧本"对法官角色的激励机制。通过各种选拔、奖惩机制以及评优争先活动,政策"剧本"将自己的期望非常明显地展现给了所有法官——我们需要能够服务大局的表演者。法官看到的、学习到的主要是对政策"剧本"的强调,对法律"剧本"的要求渐渐被淡化了。一个刚入法院系统的法学科班生,具备了法律"剧本"所要求的专业素质,却会发现自己无法对案件"手到擒来",常常需要向他人请教。甚至他会感觉自己唯一的优势,仅仅是翻书翻得比别人快

---

① 《马克思恩格斯全集》第一卷,人民出版社,1964,第 76 页。

些。这时,他会怀疑自己一贯所相信的法律"剧本"的重要性,并开始"依葫芦画瓢"地学习他人的办案方法。这些无法在学校教授的司法经验,用时髦的哲学概念来说,是一种"实践理性"。① 这样传帮带式的实践教学法,使得政策"剧本"的重要作用更加凸显——能够灵活把握政治方向的人总能够快速晋升,进而成为大家争先学习和模仿的对象。众所周知,能够在角色扮演的过程中获得肯定性的评价,这对表演者来说是一个莫大的激励。在这个过程中,源于政策"剧本"的期望对法官的激励作用是不可磨灭的。

因此,对于法官来说,要成功地扮演角色,必须正确地理解角色期望,准确地进行角色定位。法官们不能舍本逐末,过于追求政策"剧本"的积极评价,而应当在严格遵循法律"剧本"要求的基础上落实政策"剧本"的精神。同时,政策"剧本"应当在宏观上对法官的行为进行指引,量化各种政策指标、干预具体个案审理,都容易导致法官对个体角色的错误定位。

(三) 榜样效应:角色样本对政策回应行为的影响

"榜样法官"的先进事迹为当前法官的角色实践提供了有益的参照。"榜样法官"是当代中国法官的优秀代表,他们以角色榜样的形象出现在广大司法审判工作人员面前,成为法官们学习和模仿的对象。作为司法领域的角色榜样,"榜样法官"的行为对其他法官有着感染、激励、带动的榜样效应,并对法官们领悟政策"剧本",把握角色定位提供了积极的参考。在落实国家政策的过程中,采取法制宣讲、便民诉讼的方式可以有效推进司法审判过程中政策的实施,个体法官可以通过观察和学习,在具体的角色实践中引入这些行为策略。如费云龙法官,他对法律规定和民族风俗的恰当把握,为基层法官如何处理法律"剧本"与政策"剧本"之间的关系作出了良好示范。"榜样法官"的事迹行为成为法官在角色实践中可以模仿的对象,法官们可以通过角色榜样获得间接的实践经验,矫正原有的行为模式或者直接接受新的行为模式,更为简便地完成从实践角色到理想角色的转变。

强化"榜样法官"的榜样效应对于促进个体法官进行准确的定位有着积极的意义。当然,仅仅依靠"榜样法官"的榜样效应不能从根本上解决法官在司法实践中出现的角色错位问题,他能够提供的只是一种角色扮演策略上的参考——一种外在化的行为模式。这种外在化的行为模式是否能够转化为内在的价值准则,还需要法官个体的积极努力。要从根本上消除司法实践中法官

---

① 苏力:《送法下乡》,中国政法大学出版社,2000,第327页。

对政策"剧本"的依附,必须在制度上调整政策与司法的关系,矫正司法的政策回应方式,使政策"剧本"成为司法实践的宏观指导方案。

二、法官的调解行为

在当前,调解工作被视为司法实践的一项主要任务,调解能力的高低成为衡量法官素质的重要标准。尤其是在建设社会主义和谐社会的大背景下,调解工作更凸显了其特点和优势,成为司法领域政策所鼓励的实践行为。法官们在角色实践的过程中,充分运用各种技巧,积极促使矛盾化解,为实现案件的圆满解决作出了最大努力。

(一)实践现状:和谐社会背景下的调解实践

在考察政策"剧本"对法官的期望时,大调解运动的兴起已经作为司法政治性的一方面被提出了。但是不同于其他政治政策,调解制度在最近二十年的发展是空前的,在调解过程中出现的经验与问题并存,单独对其阐释也显得必要了。

调解是法官在实践政策"剧本"的角色时使用技巧最多的领域了。前文在研究法官的角色学习时,主要针对的就是法官调解技巧的分析。大调解运动开展以来,各地因地制宜,纷纷总结了自己的调解经验。既有"背对背",又有"面对面",调解方式因时因事因人而异。如江西省信丰县大塘埠人民法庭的"望闻问切"调解法:"望"即观察当事人的表情和言谈举止,把握好调解的时机;"闻"即多听取当事人陈述案情和意见,了解当事人的心理状态;"问"即询问当事人有关案情,以及指出各自责任过错;"切"是提出可行的调解方案。①再如新疆生产建设兵团芳草湖垦区新湖人民法庭提出的"说法型""疏导型""特殊型"等分类调解的方法。可见,在开发各种调解技术上,法官们是八仙过海大显身手,甚至不惜劳心劳力地做各种说服动员工作。可见,法官们对调解政策的领悟是非常深刻的,这种领悟不仅仅局限在他们对政策本身的理解上,而且已经融入他们的日常工作——审判活动中,他们对调解经验的探索是一种创造性的学习,这种学习的成果反过来又为政策的宣传提供了鲜活的样本。

在调解领域,法官的角色实践没有辜负政策"剧本"的期望,甚至可以说,已经高出了"剧本"的预期。以最近十年已经公布的数据为例(见表1):

---

① 高其才、黄宇宁、赵彩凤:《基层司法——社会转型时期的三十二个先进人民法庭实证研究》,法律出版社,2009,第381页。

表 1　最近十年调解结案率

年份	民事一审结案数	调解结案数	调解率
2011	6 558 621	2 665 178	40.64%
2012	7 206 331	3 004 979	41.70%
2013	7 510 584	2 847 990	37.92%
2014	8 010 342	2 672 956	33.37%
2015	9 575 152	2 754 843	28.77%
2016	10 763 889	2 787 475	25.90%
2017	11 651 363	2 885 318	25.20%
2018	12 434 826	3 133 015	38.79%
2019	13 930 000	4 731 000	33.96%

* 以上数据来自最高人民法院公报。

从调解结案年年攀升的数量和比例可以看出，法官对调解政策的实践是积极、认真的，而且是富有成效的。虽然数据存在波动，但总体调解率均能保持在30%左右。在"榜样法官"的事迹中，我们能找到更出色的数据：金桂兰法官主审案件的调解结案率达90%，刘晓金法官主审案件的调解结案率和主动撤诉率达87%，韩经荣法官主审案件的和解、调解、撤诉率达77.8%，钟蔚莉法官主审案件的调解撤诉率达70%以上。"宋鱼水工作法""袁月全工作法"等都因其在实践中收到了良好的调解效果而被大力推广。

可以看到，当前的调解工作无论是在技巧还是实效上都取得了较大的进展，成为构建社会主义和谐社会建设必不可少的助推力。在司法实践中，法官们充分运用各种调解手段，平息双方怨气，化解社会矛盾，以一种更为灵活的、适应现实的方式解决纠纷，彰显了司法实践的人文关怀气息。

（二）现实问题：过于强调调解导致的角色错位

调解政策是顺应当前社会形势提出的，也确实解决了大量的社会问题。但是，在实务界对调解政策大加赞赏的同时，法学界的学者们忧心忡忡。在重重的数字光环掩盖之下，调解中出现的低效率、和稀泥、强制调解等问题似乎被掩盖了。法官们为了追求高调解率，可能以牺牲司法正义和当事人的合法利益为代价。正如一名基层法官所言："等案子上来了就得压着调，就像一个大抹子（工具，平板状，用来把墙面抹平），哪里鼓起来，就抹一下，在不违反原则的情况下就得这么干，你看咱们的案件标的都不大，老百姓手里都没钱，你这儿给他减二百,那儿让他少要点,还剩下什么了？我们心里都明白这没有什么公道可言,真就得这么干。"①语气之中,尽是无奈。

调解为当事人提供的是一个较为模糊的法律产品,当事人在达成调解协议时可以跳出法律的条条框框,在双方当事人的利益之间寻求一个平衡点。同时,法官通过自己调解技巧的运用,可以很好地控制当事人对眼前情境的判断,使之因为不好意思或者畏惧权威的心理,不得不做出退让,"自愿"牺牲掉自己的一些利益。所以在调解中,当事人的"合意"往往不是明朗的,很多时候这种"合意"仅仅是法官的"一厢情愿"。有学者认为,调解制度事实上造成了"程序法与实体法约束的双重软化":在程序方面,调解结案的案件不可上诉,申请再审的可能性也不大,这就使得程序上对法官的监督制约就显得十分无力;在实体方面,当事人达成的调解协议往往并非是依据实体法规定作出的决断,而是双方互相妥协退让达成的结果,所以实体法的规定对法官来说也无从约束。② 正因为如此,法官都乐于采用调解的方式结案;通过调解方式结案的案件,不需要再担心案件被发回、改判或者被追究为错案,它意味着一个案件真正的终结。而且调解结案的过程中,通过法官反复的劝说、说服,当事人之间的矛盾已经不是那么尖锐,当事人事后上访、缠诉的可能性也就很小了。这就可以解释为什么调解花费的时间、精力比判决更大,而法官依然选择调解结案的原因。

在强制调解的过程中,法官的角色已经错位了——他不再是中立的裁判者,而是积极追求自身利益的理性经济人。在与双方当事人周旋的过程中,他采用各种技巧甚至哄、瞒、压当事人,使他们尽快撤诉或者达成调解协议,以实现自己的利益最大化。调解的初衷——解决当事人纠纷,消解社会矛盾——已经被法官的自身利益替代了。法官的角色相较于当事人又存在一定的优势:法官可以利用当事人对法律的陌生感,暗示当事人依法裁判可能出现的不利后果;法官也可以利用其所掌握的案件信息与当事人所知信息的不对称性,造成当事人对他方当事人所掌握证据的错误判断;法官甚至可以利用他所拥有的其他社会资源,给不合作的当事人施加压力。所以,"'强制性合意'之所

---

① 高其才、周伟平、姜振业:《乡土司法——社会变迁中的杨村人民法庭实证分析》,法律出版社,2009,第235页。

② 李浩:《论法院调解中程序法与实体法约束的双重软化——兼析民事诉讼中偏重调解与严肃执法的矛盾》,《法学评论》1996年第4期。

以成为可能,是因为调解者对当事者常常持有事实上的影响力"①。这种事实上的影响力不仅仅来自法官本身,也可能来自当地政府领导、上级法院领导或当事人单位领导等威权角色。作为理性经济人的法官,将司法公正、独立作为其筹码,完成对审判结果的交易:与"领导"部门合作办案,迫使当事人接受调解;遇到适时的机会,再偿付此次交易的"代价"——在"领导"需要帮助的时候予以全力支持。这样,法官和当地权力部门形成了利益"共栖"的关系,你投之以桃,我报之以李,息息相关,荣辱与共。有了这种利益"共栖"关系,法律"剧本"的规范愈加被淡化,政策"剧本"的要求愈加凸显。法官的角色日益被依附于政策"剧本"之上,不得不为各种政策的宣传实施疲于奔命。法律的权威日渐衰落,当事人会发现,原来法律是可以被"解释"的,去法院也不一定就按照法律判决,相比之下,找政府还可靠很多。法律"剧本"中的法官被边缘化了,而政策"剧本"中的法官也受到越来越多的质疑。法官的角色混乱了。

调解政策出台的初衷无疑是好的,在实践过程中也确实解决了许多现实问题。但是,对任何政策的响应都应当有一定的界限,矫枉过正往往会得不偿失。基层法官在善用调解技巧的同时,也会感叹:"主张尽量调解是没错,但不能作为硬性的考核指标。"②一旦对政策"剧本"的追求成为法官审判的全部目的,角色的错位就不可避免了。因此,在制定政策的时候,应当给予法官何种鼓励以及何种程度上的鼓励,都是决策者应当慎重考虑的问题。因为这鼓励将成为法官之后角色扮演的动力,为了获得"剧本"期望的肯定性评价,他往往会对自己的角色定位做出错误的估计。

(三)榜样效应:角色样本对司法调解行为的影响

在"角色学习"一节中,笔者就基层法官的调解策略进行了较为微观的分析,这些调解策略正是"先进典型"行为模式的进一步推广和演进。"榜样法官"作为法官个体的角色榜样,为他们提供了诸多可以付诸实施的"实践经验",并通过自身事迹的感召作用,激起个体法官对角色榜样所体现的价值精神的共鸣。"榜样法官"在调解活动中所采用的各种技巧在基层法院中得到了大力推广,"宋鱼水工作法""袁月全工作法"也在各地法院的实践中逐渐发展成为适应当地需要、具有地方特色的多元化调解策略。同时,角色榜样所体现

---

① 棚濑孝雄:《纠纷的解决与审判制度》,王亚新译,中国政法大学出版社,2004,第13页。
② 高其才、周伟平、姜振业:《乡土司法——社会变迁中的杨村人民法庭实证分析》,法律出版社,2009,第307页。

出来的崇高精神也得到了社会上的普遍认可,耐心讲法、认真说理的法官形象成为个体法官竞相学习模仿的对象。

强调调解,更强调依法调解,绝不为了调解而忽视法律,牺牲当事人的利益,这是"榜样法官"们所遵循的调解原则。以"调解能手"而著称的法官宋鱼水,始终保持着70%以上的调解率,将调解称为"一门艺术"。抛开片面追求调解率的做法,宋鱼水坚守着调解的基本原则——严格按照法律办事,分清责任,明确是非,绝不"和稀泥"。① 这种对调解制度严肃认真的态度是当前法官们应当学习的重要内容。强调调解和尊重法律本来是并行不悖的两个方面,在正确领悟了调解的政策内涵之后,以积极又审慎的姿态处理司法实践中的纠纷,能调则调,当判则判,在任何时候都坚守法官应有的本色,就可以避免司法实践中出现的强制调解的问题,防止角色错位的发生。

榜样的效应往往只是有限的,要从根本上解决调解活动中出现的问题,还是要依赖于宏观制度的改进。一旦政策"剧本"能够形成对法官行为的恰当指引,法官们角色定位混乱的情况必将大大改善。

---

① 参见《人民信任的好法官宋鱼水》,北京法院网 2003 年 12 月 15 日,网址 http://bjgy.chinacourt.gov.cn/article/detail/2003/12/id/823074.shtml,最后访问日期 2021 年 3 月。

第三章　司法"剧班"里的法官角色

> 如果一个公务员故意不执行其上司要求他以特定方式处理某一事务的指示,通常这就构成失职。而对法官来说情况恰好相反:如果法官按照院长的指示去判案的话,这种行为就构成(严重)失职。①
>
> ——傅德

"剧班"即"表演剧班",表示在表演同一常规程序时相互协同配合的任何一组人。② "剧班"是相对于个体表演者而存在的,表演同一角色的表演者相互合作,共同维持一个整体的表演,我们称之为"剧班印象"。"剧班"表演对于我们理解同一角色内成员的互动有着积极的意义,"剧班共谋"等行为也为我们分析某一角色群体的印象管理艺术提供了新的视角。在法官这一角色下,"剧班"所指向的是作为群体的法官——生存在同一组织系统内的法官。法官的行为往往受到组织决策的影响,组织对个体法官的期望也成为法官角色扮演的重要决定因素。通过组织规定的各种奖惩条例,法官的行为被"格式化"了,积极追求各种业绩成为法官的主要奋斗目标。

第一节　司法"剧班"里的角色样本

作为剧班的一个成员,法官都在努力扮演剧班分配给他的角色——一个工作高效、毫无差错、认真勤勉的法官形象。因此,在角色扮演的过程中,法官必须证明他足以胜任该角色:出色的工作业绩,证明他有轻松驾驭该角色的能力;勤勉的学习精神,证明他有认真对待该角色的态度。在各个方面都出类拔

---

① 傅德:《德国的司法职业与司法独立——外国法学家在华演讲录》,载宋冰编《程序、正义与现代化》,中国政法大学出版社,1998,第19页。
② 欧文·戈夫曼:《日常生活中的自我呈现》,冯钢译,北京大学出版社,2008,第70页。

萃的"榜样法官",在剧班中的形象也是为人称道的,他们有剧班充分认可的成绩,实践了司法剧班对优秀法官的角色期待。

一、样本的宏观梳理:以"审判能力"为中心的角色特质

在"榜样法官"的权威报道中,法官们的审判绩效多呈现为一系列亮眼的数字:"结案率""调解率""重审率""执行率""改发率""陪审率"等。这种数目字的绩效指标在多数"榜样法官"的报道中都有涉及,这也侧面反映了当前优秀法官评选的一个主要标准:审判业绩。

以"结案率"为例。结案率是评价法官办案能力的重要方面,在近十年评选出的"榜样法官"中,多数法官都有在结案能力上的突出表现,结案率在95%以上的"结案能手"比比皆是,甚至不少法官结案率可以达到100%。①从"结案能手"的数量上看,至少能够在"榜样法官"中占25%以上的比例,在2015年甚至占"榜样法官"总数的50%以上。这一比例趋势也大体符合当前司法改革的情势:随着员额制的全面落实和完善,法官的办案能力大大提升,"结案能手"型法官的数量也会越来越多(见图1)。

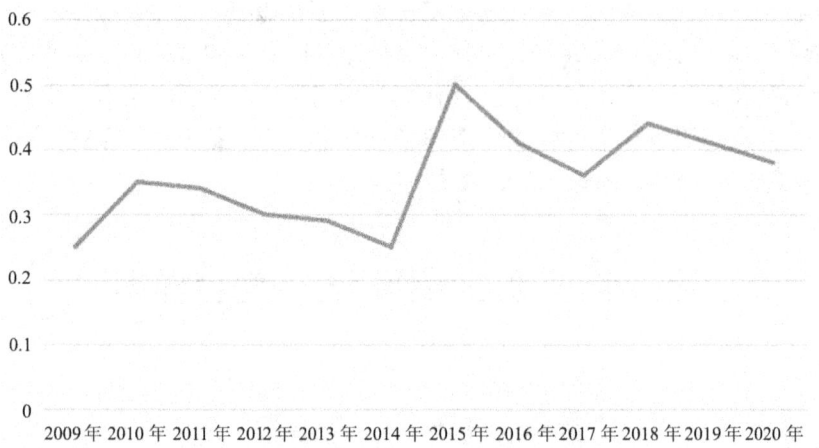

图 1　"榜样法官"中"结案能手"的比例

此外,"执行能手"在"榜样法官"中也占了相当的比例(见图 2)。近十年来,在权威报道中提及"高执行率"的法官占比均在 25%以上,2018、2019 年甚

---

① 经统计,在 2009 年以来的"榜样法官"中,结案率达到 100%的至少有 51 位。以上数据统计来自权威报道的描述,存在不完全可能性,但是大致上也能反映当前优秀法官在此项业务评价上的表现。

至到达了60%的比例。这一数据与近年来开展的"执行攻坚战"有着呼应关系,随着执行攻坚战的全面展开,高执行率也成为考察优秀法官的重要标准。

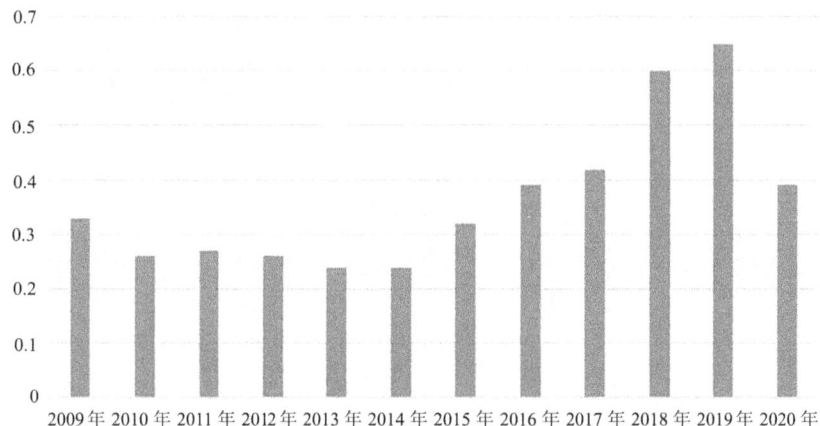

图2 "榜样法官"中"执行能手"的比例

在审判业绩方面,除了数目字的呈现方式以外,近年来越来越多的报道开始凸显"榜样法官"在疑难案件中的审判能力——"专家型法官"的数量逐年增多(见图3)。以年份比例为参照标准,可以发现自2009年以来,专家型法官的占比在逐年攀升。特别是2014年以来,"专家型法官"在年度"榜样法官"中占比均在10%以上,而且很多"专家"展现了精专业、懂政策、善调解,"一专多能"的审判水平。特别是商事审判中,涉及新型权利纠纷、知识产权纠纷、涉外商事纠纷等疑难领域,尤为能体现"专家型法官"的专业能力和优势,在这些领域也涌现了最多的"专家型法官"。

结合以上数据分析,可以发现司法"剧班"对法官们有较高的专业能力期待,例如在审判业绩上的突出表现,以及在专业领域上的能力呈现。而且,这种期待在法官员额制改革后显得更为明显:2017—2018年多次出现的数据峰值一定程度上印证了这种期待。基于此,作为样本的"榜样法官"们也大致呈现了"符合期待"角色群像:在审判业绩和专业能力上的表现都可圈可点。

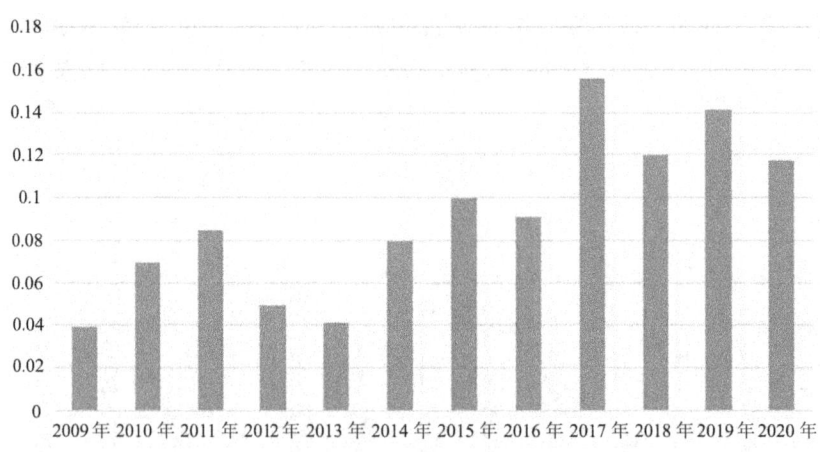

图 3 "榜样法官"中"专家型法官"的比例

二、样本的微观描绘：以"审判能力"为中心的角色呈现

在上文中，笔者分析了"榜样法官"在司法剧班中的角色群像，以大数据的方式呈现了近年来法官角色形象的变迁。在下文中，笔者将结合典型法官的事例，具体分析"榜样法官"在司法剧班中呈现的角色行为。总体来看，"榜样法官"们——特别是"专家型"榜样——都展现出了非常出色的业绩能力，能够按照司法剧班的要求，完美呈现其审判的效率、质量和专业水平。

（一）审判业绩

从一组组的数据中，我们可以感受到"榜样法官"让人惊叹的工作业绩。姚丽青法官仅 1997 年至 2000 年 4 年，就办结各类案件 800 多件，4 年完成了十多年的办案任务，最多的一年审结各类民事案件 219 件，是当年岗位责任制指标的 3.8 倍，创造了莆田市法院系统个人审结案件的最高纪录。① 钟蔚莉法官在独立办案的 10 年里，共审结案件 2900 多件，没有一件超审限案件，结案数量连续 10 年在全院商事审判中名列第一，在北京市法院系统名列前茅；1998 年以来连续 7 年平均每个工作日审结案件达到 1.5 个。② 崔俊杰法官 2016 年一年就受理各类民事案件 633 件，结案 604 件，结案率 95.4%，调解撤

---

① 梅贤明、卢宗光、陈志强：《妈祖故乡好法官——记"中国法官十杰"姚丽青》，《人民法院报》2006 年 3 月 26 日，第 1 版。

② 朝霞：《如水女人，如山力量——记中国法官十杰、朝阳区人民法院审判监督庭庭长钟蔚莉》，《北京支部生活》2006 年第 6 期。

诉率 84.7%，被称为当地的"办案状元"。① 这些数据仅仅是"榜样法官"事迹的一小部分，几乎每位"榜样法官"都有相似的工作业绩：他们办案多，可以做到个人的结案数目多达 1000 多起、2000 多起甚至更多；他们办案快，可以做到"审限最长为 13 天，最短仅 1 天，平均审限为 7 天"；②他们办案好，可以做到"没有重审改判案件，没有超审限案件，没有上访缠诉案件"。③ 为了多办案办好案，"榜样法官"们付出了许多超乎常人的辛苦：姚丽青法官常常利用上班时间接待当事人，下乡送达取证，开庭调解等，利用晚上及双休日的时间完成装订卷宗、拟写法律文书等工作；④黄学军法官自进入法院工作以来，从未休过干部假，算上加班的日子，每年实际工作日超过了 300 天；刘晓金法官在基层法院工作 15 年，走遍了 3 个法庭辖区 8 个乡（镇）、109 个村委会、近千个村民小组。⑤ 正是他们对工作的恪尽职守、热情奉献，才创造了审判史上的一个又一个奇迹。

"榜样法官"的专业素质都十分突出，不仅仅在审理民间的常见纠纷，例如婚姻、继承、赡养、合同、借款等案件上有自己的心得，而且在审理各种新型的专业性案件时，例如知识产权纠纷、商业秘密纠纷等案件上也有自己的方法。"榜样法官"之一牟乃桂法官，就曾经成功地处理了一起复杂的集团诉讼案件——东方电子案。"东方电子案"起因于 2001 年间，东方电子公司原负责人隋元柏、高峰、方跃等人因编制虚假财会报告罪被判刑，该公司也被中国证监会立案调查，根据生效的《刑事判决书》，全国各地遭受损失的投资人纷纷委托律师起诉东方电子公司。一时间，该案件成为起诉原告人数最多、受案数量最多、涉及金额最大、审理时间最长、涉及原告投资者范围最广、参与的原告代理律师最多的一起跨地域的、全国性的共同诉讼侵权纠纷案件。自 2003 年至 2005 年底，青岛中院共立案 2716 件，涉及全国 20 多个省、市、自治区的 6989

---

① 吴倩：《崔俊杰：浉河岸边的一米阳光》，《河南法制报》2017 年 8 月 23 日，第 6 版。
② 这是在韩经荣法官事迹描述中的一段话。陈宗立、周文馨：《用智慧践行"司法为民"——记"中国法官十杰"、甘肃张掖甘州区法院院长韩经荣》，《光明日报》2004 年 3 月 23 日。
③ 这是在金桂兰法官事迹描述中的一段话。《二〇〇五中国法官十杰》，《人民日报》2006 年 3 月 1 日，第 14 版。
④ 事迹参见，陈建平、黄健忠：《人生在"天平"上闪光——记"中国法官十杰"姚丽青》，《福建日报》2006 年 3 月 2 日，第 2 版。
⑤ 刘晓金事迹描述参见《二〇〇五中国法官十杰》，《人民日报》2006 年 3 月 1 日，第 14 版。

名原告(包括自然人、法人或其他经济组织),涉案总标的 4.4242 亿元。对于法官来说,这还不仅仅是 2716 个小案件,每个案件必须要认定的问题都有十几个:被告的虚假陈述行为是否可以确认,责任主体、责任范围是否明确,受益人与受害人是否明确,虚假陈述的揭露日如何认定,系统风险因素可否剔除,操纵股价因素与内幕交易因素是否需要考虑,投资损失如何计算,炒股收益能否归谁所有,法院调取的证券交易所电子数据是否是最终证据等。可见案件审理工作量空前巨大,并且要使诉讼中的所有原告都接受审判结果,这更是难上加难。牟乃桂提出了大胆的构想——为这桩诉讼设计一套专门的应用软件,以分析那些浩如烟海的数据。这样的诉讼服务软件,在我国审判史上还未有先例。经过几番努力,在专门人员的帮助下软件设计成功。2007 年 7 月,青岛中院为"东方电子案"召开了集中调解会议,与会的 60 余家律师事务所律师作为原告代理人,同东方电子签订了框架性的调解协议。调解协议的内容兼顾投资者权益保护和公司可持续发展,与会的原告方律师无一人反对。[①]这一案件的完美处理,使业界和学界都为之瞩目,一个具有专业素质又富有创新精神的当代法官形象展现在世人面前。

可见,"榜样法官"的工作业绩,无论在数量上还是质量上都是实践中法官们学习的榜样。既能够处理好乡里乡亲的小纠纷,又能够担当起专业精深的大案件,充分印证了"榜样法官"是司法剧班中真正的"优秀表演者"。

(二) 学习能力

无论具有怎样的专业素养,只有不断学习,补充新的知识才能够保证工作能力的不断提高。"榜样法官"们就是一班勇于不断学习钻研的人。很多法官学历并不高,但是在他们的法官生涯中,他们凭借自己对工作的热爱,不断地坚持学习,努力提高专业素质。工作在黄河故道的李昆仑法官,努力克服交通闭塞难以买到书籍的困难,用剪报的方法搜集学习资料,补习法学理论知识。她的剪报还有一个雅致的名字——"察纳雅言·追求公正"。[②] 身患绝症的费云龙法官,在审判案件的过程中,一直没有停止过对专业知识的学习,向同事

[①] 刘春雨、于玉平:《天平星光耀齐鲁——记"中国法官十杰"牟乃桂》,《党员风采》2008 年第 1 期。

[②] 事迹参见阎继勇:《黄河故道上的"太阳花"——"中国法官十杰"李昆仑专访》,《人民法院报》2006 年 3 月 6 日,第 4 版。

们学,在实践中学,向书本学。在他看来,学习是他成功的重要原因。① 牟乃桂法官因为自己没有大学学历而深感遗憾,将自己的业余时间全部用来学习,自学完成了法律专科、法律本科和北大法学研究生班的学业,并在《人民司法》《司法理论与实践》等权威期刊上发表了多篇文章,编写了《涉外经济审判中的程序性问题》《破产清算操作规程》等专业材料。② 邹碧华法官在审判业务领域持续钻研,先后在核心期刊上发表 20 余篇论文,还主编了《公司法疑难问题解析》《中国法官助理制度改革研究》《法庭上的心理学》等十多部著作,其撰写的《要件审判九步法》持续畅销,而"要件审判九步法"也被很多一线法官评为"法庭上的独孤九剑"。③

学习是一种对待工作的积极态度,愿意牺牲自己的休息时间补充专业知识,可以窥见法官们对自己本职工作的深深热爱。剧班需要的就是这样的法官:他们扮演着应有的角色,充分发挥自己的表演技能以使角色得到剧本、其他演员以及观众的一致认可;同时,他们深信自己表演的真诚,投入心力地、不断地在表演中融入自己的情感。他不认为自己是在"表演角色",而相信自己是在"上演自我"——"他我"与"自我"逐渐合一了。他们是"虔诚"④的表演者。当然,这种虔诚的投入也会为他们带来硕果累累:在审判技能方面日益精进,有些法官甚至结合自己的实践工作撰写了一些学术论文,并获得了较高的认可。

---

① 事迹参见郭春雨:《坚强与乐观是对孪生兄弟——"中国法官十杰"费云龙专访》,《人民法院报》2006 年 3 月 13 日,第 4 版。

② 事迹参见刘春雨、于玉平:《天平星光耀齐鲁——记"中国法官十杰"牟乃桂》,《党员风采》2008 年第 1 期。

③ 事迹参见《追记邹碧华:"这样的法官百姓需要、法治建设需要"》,新华网 2015 年 2 月 25 日,网址 http://www.xinhuanet.com/politics/2015-02/25/c-1114431554.htm,最后访问日期 2021 年 3 月。

④ 戈夫曼把表演者分为两种,一种是"玩世不恭者"(cynical),另一种是"虔信者"(sincere),前者并没有完全投入自己所扮演的角色之中,他仅仅把表演作为达到其他目的的一种手段,至于观众对他本人或情境会有怎样的看法,他则毫不关心。而后者则可能完全进入了他所扮演的角色之中,他可能真诚地相信,他所呈现的现实印象就是真正的现实,他的观众也很难对表演的"真实性"有所怀疑。参见欧文·戈夫曼:《日常生活中的自我呈现》,冯钢译,北京大学出版社,2008,第 15-16 页。

第二节 司法"剧班"的期望

司法"剧班"作为一个群体有自己的特殊性,这个群体对法官的角色有不同于其他行业的期待,他希望法官们能够上演出代表着司法系统最好的表演——高效审判、公正审判、专业审判。这本来就是法治社会司法的应然状态,法官高效、公正、专业表演的是维持整个司法剧班形象的基础。在我国,这些标准通过一些激励法官的奖惩机制具体化了。例如对结案率、执行率、调解率的要求等,这些客观化的标准构成了剧班对法官最显见的期望。从"榜样法官"的事迹中,我们也可以发现他们被司法"剧班"所认可的诸多表现,其中审判能力、审判效果可以说是最为重要的方面。

一、审判实绩化

在"剧班"里,能够迅速、熟练地完成组织分配的任务,是一个出色的表演者应有的能力。司法"剧班"对其成员——法官——有着同样的期望。审判的数量、质量以及效率的高低直接体现着一个法官的业务素质。尤其是近年来,随着案件数目的不断攀升,案多人少一度成为法院必须解决的难题。为了防止案件积压,久拖不决,扩大矛盾,提高审判数量,加快审判速度且保证审判质量是法院系统对法官们的现实要求。这些在审判实绩上的要求被视为法官业务水平高低的评判标准,它们不但关系到法院系统对法官的印象评价,而且直接决定着法官的考核、晋升等与其自身密切相关的利益。在司法"剧班"中用以规范法官角色的各种法律、法规等规范性文件中,都可以发现一些有关法官"审判实绩"的要求。

司法"剧班"通过对法官考核来强调"审判工作实绩"的重要性。目前,我国法官考核的依据是 2019 年新修的法官法。法官法的第六章对法官的考核制度作了专门性的规定,从考核组织、考核办法、考核内容到考核结果、结果运用、申请复议。对法官考核的内容包括:审判工作实绩、职业道德、专业水平、工作能力、审判作风,其中重点考核审判工作实绩。[①] "审判工作实绩"是指法官从事审判工作所取得的成绩,包括审判工作的质量、数量、效率以及所产生的社会效益、受奖励的情况等。将审判工作实绩作为考核的重点,体现了法官

---

① 法官法第四十一条。

工作的特殊要求和考核的主要方向是适应审判工作的实际需要的。因此,对法官的考核,应当重点是看其审理案件的数量、质量,以及取得的社会效果。①往往,能够做出"审判工作实绩"的法官,"审判业务"能力是不在话下的:最基本的从事审判工作,查明事实和适用法律的能力。所以,看审判业务的熟练程度,往往还是要用审判工作实绩来说话。

"审判工作实绩"也是决定法官晋升与否的重要条件。我国法官法第二十八条规定:"法官等级的确定,以法官德才表现、业务水平、审判工作实绩和工作年限等为依据。"法官"工作年限"与法官所处的地位有着密切的联系,也是法官难以通过努力就立即达到的;法官的"德才表现""业务水平"又是比较模糊的标准,难以采用在实践中衡量比对;只有法官的"审判工作实绩"是较为客观化、具体化的要求,而且法官也可以在较短的时间内取得一定的效果。在审判工作中取得实绩的法官,往往可以在年度考核中被评为"优秀",继而可以据此获得奖励,甚至伴随着等级升迁、工资调整。正因为如此,"审判工作实绩"成为法官们"立功"的捷径。从"榜样法官"的事迹中,我们也可以发现他们个个都是办案高手,结案数量和结案率都超出一般法官。通过这些数字化的"工作实绩",我们也可以想见他们在专业方面的各种能力:逻辑分析能力、领悟理解能力、语言表达能力等。所以说,法官晋升条件中的"业务水平"与"审判工作实绩"是相辅相成的,"业务水平"是"审判工作实绩"的前提,而"审判工作实绩"是"业务水平"的体现。

审判工作的实绩化为考察法官是否符合司法"剧班"的期望提供了一条可行的路径。在"剧班"内部,激励机制可能比其他机制更能促进表演者完美地呈现其角色。司法"剧班"想要给"观众"们留下一个积极工作、高效决断的法官群体印象,采用"实绩化"显现的方式还是卓有成效的。

二、审判实效化

公正地解决纠纷是审判工作的核心价值。审判工作的实绩化,可以很好地解决司法"剧班"对法官审判效率的要求,但是却难以解决司法"剧班"对法官审判质量的要求。相对于审判效率,审判质量显得更重要——如果不能解决纠纷,就难以平息民愤;如果不能平息民愤,就难以维持社会稳定。所以,审判工作必须有"实效"是非常重要的。这里的"实效",是指审判的实际效果,用流行的话来说,就是"政治效果、法律效果和社会效果的统一"。只有在审判中

---

① 谭世贵等:《中国法官制度研究》,法律出版社,2009,第248页。

做到了这三个效果的统一,才能认为法官很好地实践了司法"剧班"对他的角色期望。

为了保证法官的审判质量,有效地控制案件被"误判"的概率,司法"剧班"采取多种途径对法官的行为予以规制。最常规的措施是通过审级制度来矫正可能发生的"误判"行为。案件纠纷当事人可以通过上诉程序请求法院纠正其认为不公的判决。一旦原审中出现了问题——原审事实不清或证据不足,二审法院可以在查清事实之后改判,或者发回原审法院重新审判;原审法律适用错误或者量刑不当的,二审法院应当直接改判,并在判决书中说明改判的理由;原审违反审判程序性规定的,二审法院应当撤销原判,发回重审。审级制度的规定在很大程度上矫正了司法审判可能存在的不公问题,为纠纷当事人获得公正的裁决提供了更有力的保障。

担任司法"剧班"主要组织者的最高人民法院进一步采取了诸多措施来规范法官的审判行为,维护司法审判的实效性。1998年8月,最高人民法院颁布了《人民法院审判人员违法审判责任追究办法(试行)》(以下简称《办法》),对审判人员的违法审判行为及其应当承担的责任作出了具体规定。该《办法》列举了审判人员应予以追究审判责任的17种情况,主要是针对人民法院审判人员在审判、执行工作中故意违反与审判工作有关的法律、法规,或者因过失违反与审判工作有关的法律、法规造成严重后果之行为予以责任追究。在该法的第二章中,明确列举了一系列的"追究范围",包括在立案、回避、取证、执行、强制措施等各个环节的违法行为,并且重点强调了"导致裁判错误"、"造成严重后果"。可见,该《办法》所追究的主要是法官因故意导致的裁判错误——往往是指法官的徇私枉法,和因过失导致的严重实体错误——往往是造成不良的"审判实效"的错误。此外,最高人民法院还规定了法院院长、副院长"引咎辞职"的制度,对在其管辖的范围内,因不履行或者不正确履行职责,导致工作发生重大失误或者造成严重后果,负有直接领导责任的法院院长、副院长,要求其主动辞去现任职务。法院院长、副院长必须"引咎辞职"的案件,主要是本院发生的严重徇私枉法、导致国家利益、公共利益和人民群众生命财产遭受重大损失或者造成恶劣影响的案件,这些案件也是审判效果出现严重问题的案件。最高人民法院对法官审判行为的规制,进一步强化了司法"剧班"对法官"审判实效"的要求。

在地方法院中逐渐推展开来的"错案追究制"是对"审判实效"的纵深要求。"错案追究制"是20世纪80年代在地方法院中试行的一项制度,后在1993年召开的全国法院工作会议上,最高人民法院将其作为一项改革举措提出,在全国范围内予以推广。之后,各地法院纷纷效仿,制定本院系统内部的错案追究办法。"错案"的界定标准也越来越严格:被二审发回重审或者改判,或者通过再审程序被纠正的案件统统被列为"错案"。"错案追究制"成为对法官惩戒的主要手段,被认定为判错案的法官,往往面对的是在物质和精神上的双重惩罚:扣发奖金薪金并剥夺评优资格,甚至转岗待业。法官们不得不绷紧神经,对可能会引发严重后果的案件认真对待,哪怕这个案件本身并不复杂。当事人的上诉、上访、申诉、缠诉,很容易引发对法官的"错案"追究。如此一来,法官可以使当事人满意,使矛盾得以平息才是真正的"本事"。对审判结果的实际效果的强调进一步被强化了。

随着法官员额制的全面落实,完善司法责任制综合配套机制成为深化司法体制改革的关键。2020年3月,中共中央办公厅印发《关于深化司法责任制综合配套改革的意见》(以下简称《意见》),就进一步深化司法责任制综合配套改革作出部署。该《意见》要求各级法院根据不同审判人员的类型职责,制定本院的权责清单,切实有效保障审判权有序进行,强化对审判的监督管理。这一规定对法官的权责一致提出了系统化要求:一方面赋权给审判一线的法官,真正让审理者裁判;另一方面对裁判者提出了更高的责任要求,使裁判行为可提示、可留痕、可倒查、可监督。对于可能引发重大社会影响的案件,例如涉及群体性纠纷、可能影响国家安全和社会稳定的案件、疑难复杂案件、与类案可能发生冲突的案件、反映法官有违法审判行为的案件等,还需要进一步完善识别机制,进一步细化监管举措。与此同时,建立起配套的法官惩戒制度,确立调查发现、审请审查、审议决议、权利救济等程序规则,坚持严肃追责与依法保障的有机统一,提高法官惩戒工作的专业性、透明度和公信力。具体而言,制度的设计既要严格对违法审判的惩戒,又要区分瑕疵办案的责任;既要让法官感到适度的压力,也能给法官足够的保障。至此,司法"剧班"的期待更加明确了:通过向办案者放权到位,对办案权力运行制约监督到位,实现放权与制约监督双向到位;通过对审判监督管理和审判行为倒查,真正让审理者担起责任,使正当履职保障和违法审判责任二者并存;最终,在法治的框架下,构建有机结合、有序衔接、有效协调的审判权力运行新模式、新机制。

审判工作的实效化司法"剧班"对法官们的工作能力提出了更高要求。司法"剧班"为了在观众前留下良好的印象,必须多多警戒自己的成员,通过"实效化"的要求增强法官对审判质量的关注,使法官在追求案件数量的同时能够更加审慎认真。随着司法改革的推进、员额制的全面落实和《关于深化司法责任制综合配套改革的意见》的颁行,司法"剧班"对法官审判实效化的期待也在一步步地细化、完善中。在"榜样法官"的事迹中,我们可以发现没有重审改判、上访缠诉等情况基本上是所有法官的共同点,他们的能力正是司法"剧班""审判实效化"期待的完美展示。

三、审判专业化

法官角色让人尊重的一个很重要的原因就在于它的专业性。法治社会发展得越成熟,法律职业队伍的专业化、同质化就越高。司法"剧班"也会期待法官们拥有丰富的法律知识,以加快司法系统的精英化,提升法官的整体素质,树立司法剧班的权威形象。因此,强调法官参加各种学习培训,提高学历和专业知识,也是司法剧班对法官角色的期待。

司法"剧班"对法官的考核中包括审判断工作实绩和业务水平两项与审判专业素质有关的内容。审判工作实绩是对法官基本工作能力的要求;业务水平是指法官对法学理论的学习、掌握和运用,它包括对在具体审判中需要的法学基础理论、刑事法学、民事法学、经济法学、行政法、诉讼法学等部门法学理论掌握的必要性。审判实绩的提高和业务水平的精进都是推进法官职业化的重要方面,《法官法》的规定明确了司法"剧班"对法官对专业知识的学习的鼓励。法官通过自我学习,提升了对法学专业知识的领悟和对审判业务技巧的掌握,也更能适应法官高度专业化的职业角色。

除了法官的自我学习之外,司法"剧班"有组织地对法官进行职业培训也是迅速提高法官专业知识的方法。我国法官法第五章详细规定了法官培训制度,明确对法官有计划地进行政治培训、理论培训和业务培训,而且,法官在培训期间的学习成绩和鉴定,作为其任职、等级晋升的依据之一。[①]《法官培训条例》颁布实施后,我国法官培训制度日趋规范化。当前,我国的法官培训制度包括职前培训和在职培训。职前培训针对的是拟任法官的人员,在职培训针对的是在任法官。在职培训又包括任职培训、晋级培训和续职培训。法官培训对提高法官的业务素质起到了重要的作用,尤其是在我国法院系统人员专业化程度不高时,理论联系实际的教授方法使专业知识缺乏的法官迅速适应法官角色,审理案件和制作司法文书的能力都得到了大大提高。

对法官职业素质的强调带来了法官职业队伍构成的根本性转变,实现了我国法官队伍从大众化到职业化的迈进。近年来,随着法官员额制的全面实施,建立符合法官职业特点的在职培训制度势在必行。最高人民法院《五五纲

---

① 法官法第三十一条、三十二条。

要》明确提出,建立覆盖法官职业生涯的终身学习制度,确保法官每名法官每年至少参加一次脱产业务培训、每年参加业务培训不少于 10 天。同时,推动法官培训领域的信息化建设,使网络视频培训、"云课堂"逐渐开放化、常态化。这一规划目标符合当前法官队伍职业化的需求,也必将带来我国法治建设的跨越式发展。

审判的专业化与审判的实绩化、实效化相结合,构成了司法剧班对法官角色的多重期待。为了迎合剧班的期待,法官们努力学习各种角色扮演技巧,上演了百态丛生的"司法舞台剧"。

第三节 司法"剧班"里的角色学习

在考察了司法"剧班"对法官角色的期待后,我们就有必要了解法官为了迎合这种期待所做的努力。首先是准确的角色定位:他是剧班的一分子,所以他的演出行为必须要符合这个剧班的规定,否则他将无法在剧班生存下去。因此,法官的表演当然要受制于他所在组织的各种机制的约束,他无法游离于组织之外;然后是充分的角色学习:表演者必须明确剧班对他所扮演角色的期望,并学习如何与剧班的期望保持一致。这时,法官要领会到高效、公正、专业的审判及审判效果的重要性,并不断改进审判技巧以达到组织的要求。角色定位和角色学习的过程往往是交互的,法官在角色扮演的过程中会随着对角色的领悟不断地进行调整自己的角色定位,改进角色扮演技巧。准确的角色定位和娴熟角色扮演技巧是成为优秀法官的必要条件,在"榜样法官"的事迹中,我们也可以看到各种审判策略的运用对成功塑造角色形象起到的重要作用。

法官的角色扮演技巧有些是组织的各种规定传授的,有些是在不断的实践中探索的。例如法庭的合议制审判方式,这是我国诉讼法中明确规定的,它的本意是通过集体审议以提高审判的正确率,但在实践中成了法官们逃避审判责任的方法;再如各种请示汇报制度,它在组织规范中并没有出现过,但是因为实践中法官们常用以规避错案风险,渐渐地也形成了司法系统默认的"潜规则";还有很多角色扮演技巧是法官和组织在互动中共同促成的,例如追求各种审判数字的外显化,这本来在法院系统的组织规范中并没有明确规定,但是因为它能够构成对法官的直接激励,最终组织规范暗示了它的重要性,又进一步推动了法官们对审判数字的狂热。通过戈夫曼提出的维持控制、戏剧实现等理论,我们可以深刻地理解法官角色扮演技巧的形成过程。

一、维持控制

在剧班里,维持控制包括了两个层面:一个是表演者对个体表演的维持控制,一个是导演对剧班协作的维持控制。个体表演者的维持控制表现在表演者对表达控制的维持上,它是指表演者为了给观众建立起一种前后一致、始终如一的印象,就必须控制自己的行为,避免某种细小的行为破坏表演者已经呈现的情境定义。这就是说,"作为一个社会角色,在观众面前表演,我们必须保持相对稳定的状态"。[①] 剧班导演的维持控制是对戏剧前台控制的维持,它是指导演为了使整个剧班的表演和谐一致,具体分配每个表演者应扮演的角色,并且为他们的角色安排适当的前台。剧班成员彼此相互合作,是具有特殊关系的"共谋者",他们知悉彼此在"后台"的秘密,但是在"前台"他们还要维持表演的一致性。对那些表演不当的剧班成员,导演有责任予以纠正。总体来说,这两种维持控制技巧的目的都在于实现整个剧班表演的全体一致。

在法官的角色学习中,一个非常重要的技巧就是表达控制的维持技巧。法官作为司法剧班的一个表演者,他所做的表演应当是前后一致的——他的判决不能够朝令夕改。因此,重审、改判、错案追究等情形的出现,对他的表演来说都是破坏性的,它们可以直接影响他先前给观众呈现的良好印象。所以,在作出判决之前,他会采取一定的方法,例如请示汇报,来控制他在公共场合的表达,以避免出现差错。在司法剧班里,维持一致行为显得更加重要,为了使剧班里的全体法官上演出协调一致的表演,导演会采取各种技术,例如延缓剧班成员在公开场合下的态度,在"后台"先统一口径并隐瞒观众等。这些技巧都可以使整个司法剧班裁处公正的形象得以维持。

我们可以通过一个案例来分析法官在案件审判过程中的维持控制技巧。在卜阳等12名学生诉G市技工学校一案[②]中,法官充分运用了其维持控制的方法来解决案件。在该案中,原告认为被告存在违约行为,没有履行其在招生时承诺的开设课程、保证师资、提供实习、安排分配等义务,要求退还学费并赔偿损失1万元。案件本身并不复杂,12名原告也提供了相关证据证明了被告

[①] 欧文·戈夫曼:《日常生活中的自我呈现》,冯钢译,北京大学出版社,2008,第45页。

[②] 该案的具体案情参见吴英姿:《法官角色与司法行为》,中国大百科全书出版社,2008,第406-413页。

确实存在违约行为。然而,因为案件本身与G市教育局有千丝万缕的联系,而且审判结果很可能会影响到在校学生的情绪,造成不稳定因素,所以法院上下的领导都非常重视。案件被提交审委会讨论,审委会成员都考虑到判决学生胜诉可能会造成的群体模仿效应,因此一致通过裁定驳回起诉。结果不曾想,裁定尚未正式发出,12名原告的家长集体上访,惊动了市委领导。法院方面十分恐慌,马上安排院长、主管法院与被告G市技工学校校长开会"协调"。最终,案件在各方的沟通下达成了一致意见:学校出钱给12名原告每人5000元的补助,说服原告撤诉。

在每次进行前台表演的时候,法官首先要对个人表演有事先的规划,法官要能够控制好自己的表达。在本案中,主审法官虽然在一接手案件时就发现被告G市技工学校证据不足,理应败诉,但是他并没有马上进行判决,因为他意识到了这个案件的重要性,表面简单但是关系复杂——既是关系到教育局的"涉府"案件,又是可能产生社会影响的"维稳"案件。这时,法官对自己的表演行为做到了充分的注意:将案件提交审判委员会集体审议,以防止自己进行表演时可能出现的偏差。虽然审委会的做法法官并不十分认同:他觉得"驳回起诉"断绝了学生和学校谈判的余地,而且学校本身就是违约,学生是"值得同情的";但是,他知道判原告胜诉"我一个小法官不敢这么判","我只能听领导的,听审委会的"。[①] 法官对自己表达控制的维持保证了整个剧班的整体协作,维护了剧班对外形象的统一。在学生家长上访之后,该法院"剧班"对自己的表演更紧张了:只要稍不注意前台控制,可能就会使自己的表演陷入崩溃,剧班形象受到影响。这时,法院"剧班"的"导演"就开始发挥他的作用:纠正剧班成员不合时宜的表演,组织剧班成员在后台达成对表演的一致意见后再向观众公开,使表演看起来和谐一致。法院的孙院长——即导演——"指示"杨院长出面协调,安排法院的主要工作人员与被告校方的主要领导进行会谈。在"导演"的安排下,这次会谈不是庭审,院长和主审法官也不是他们在法庭上的法官角色,G市技工学校的两位校长也不是被告角色——这更像是两个"剧班"之间的"共谋":为了大家共同的利益——不要使事情留下"后遗症"——两个剧班交换了意见,最终达成了一致。在这个阶段,导演的作用就充分显现出来了,他完美的维持控制技巧使整个法院的表演得以顺利进行。最终,表演完美谢幕,被告与原告达成了私下的赔偿协议,原告撤诉。在这一案件的表演中,剧班的演出是让人满意的:在市委领导看来,法院平息上访群众的矛盾纠

---

① 参见吴英姿:《法官角色与司法行为》,中国大百科全书出版社,2008,第407页。

纷；在被告看来，法院帮他们避免了更大规模的学生退款问题；在原告看来，他们的赔偿要求得到了满足。法官们的维持控制技巧在取得对外的全体一致性上起到了关键的作用，使案件得到圆满解决。

角色对表达控制的维持要求表演者在扮演角色的时候融入到角色中去，做出该地位的角色该做的事，维持自己和剧班成员行为的协调一致。如果在此时，表演者本身是不认同如此演出该角色的，就会发生表演者"自我"与"他我"的分离。像在本案中的主审法官，他一方面觉得"学生值得同情"，另一方面又纠结于"不敢这么判"，最终还是听了领导的话，甚至违心地告诉学生"一定败诉"。这个法官作出的内心与外表不一的行为，让我们觉得他真的只是在"扮演"一个角色，只是为了演好组织眼中的好法官角色而采取了角色扮演技巧，这个角色是与他"自我"分离的"他我"。我们可以说，他不是一个虔诚的表演者，但是造成这种虚假表演的原因，在于他所理解的法官角色与剧班要求的法官角色存在巨大差别。然而，人们所期望的某种"精神的科层化"[①]，使得他必须在任何时候都做出完全一致的表演。当然，我们所希望的是，法官能够从扮演角色的"他我"层面走向认同角色的"自我"层面，即相信、认可自己的"表演"，不再是出于某种目的，而是遵从自己内心地去实践自己的角色。这需要法官自身和司法"剧班"的共同努力。

维持控制的技术在司法剧班的表演中非常常见，合议庭对案件的合议、事前向相关政府领导和上级法院的请示汇报，都可以使整个剧班对外口径一致，避免给观众造成前后不一的印象。如果出现对剧班之前作出判决的否定，剧班公正无私的表演就会被观众怀疑，这对整个剧班的影响都是难以估量的。所以，能够成功扮演角色的法官，都会熟练掌握各种维持控制的技术，尽量使自己的表演与剧班协同一致。"榜样法官"们同样将维持控制的技术作为其角色扮演的重要技巧：石成军法官在审理"种子收购纠纷"时，便是在"接到指令"之后迅速立案，依法维护了广大农民的利益。[②] 善用维持控制技巧，对于塑造良好的法官个体和司法"剧班"形象都起着至关重要的作用。

---

① 戈夫曼语，参见欧文·戈夫曼：《日常生活中的自我呈现》，冯钢译，北京大学出版社，2008，第45页。

② 具体案情参见郭春雨、王伯光、刘万江：《向前 向前 向前——记"中国法官十杰"之一、长春市二道区法院院长石成军》，《新长征》2004年第6期。

二、戏剧实现

某个角色在进行戏剧表演的时候,常常会在他的行为中注入各种符号,以此引起他人的注意,表达出他所希望传递的内容。这个过程被戈夫曼称之为"戏剧实现"。表演者为了使他的表演实现戏剧化过程,就必须将表演中的成本外显化,将他足够的精力转移到可以被他人看得到的方面——即"表达性方面"①。尤其是具有某种身份的人,他的一些常规工作常常难以表现出表演者渴望传达的意义,就必须注意他表达性方面的活动,通过这些活动来控制人们对他的印象,哪怕这些活动的要求与他本身扮演的角色有不尽相同的特性。

在剧班中的法官,要学习如何表现自己的能力,就必须学习如何使自己的工作完成戏剧化实现。法官在不断摸索中发现,一些外显化的符号,例如结案数、结案率、发回重审率、改判率等,更容易引起别人的注意。尤为重要的是,这些数字符号还决定了法官在剧班中的地位,它被称为"审判工作实绩"而被司法"剧班"强调。因此,新进法院系统的法官,要想在几年内迅速升迁,得到领导的重视,就必须为追求这些数字符号而努力。学者吴英姿在她的田野调查中就记录了这样一个个案:"办案能手"杨鹏,1989 年进入 G 市法院,他从书记员干起,由于一直努力多办案,到 1993 年下半年就升为助理审判员,1994 年办案数目达到 218 件,1995 年办案 518 件,1996 年被任命为 H 法庭庭长,1997 年全庭办案 1440 件,他当选为全国首届百名"中国优秀青年卫士"。1998 年全庭办案多达 1762 件,他被最高法院评为"全国法院青年法官标兵",并在 1999 年获得了"十大杰出青年卫士"的称号,成为全国法院系统唯一获此殊荣的法官。那一年他还获得 O 市法院"首届十佳法官"、G 市"人民满意政法干警"称号,立三等功。2000 年获省法院"人民满意法官""文明法官"称号,立二等功。② 从一名普通的书记员成长为一名法庭庭长,杨鹏在角色扮演的过程中最成功的地方就在于他将自己的成绩都转化为了数字符号,实现了角色扮演的戏剧化。"在法院,评价一个人成绩的指标最直观的是办案数字"③,

---

① 戈夫曼在文中使用的词汇,结合上下文可以理解为:能够有利于其表现自我角色的方面,常常是那些容易被他人理解其含义的行为。参见欧文•戈夫曼:《日常生活中的自我呈现》,冯钢译,北京大学出版社,2008,第 27 页。

② 具体个案描述参见吴英姿:《法官角色与司法行为》,中国大百科全书出版社,2008,第 38-48 页。

③ 吴英姿:《法官角色与司法行为》,中国大百科全书出版社,2008,第 39 页。

正是领悟了剧班的这一期望,杨鹏才能迅速地完成角色学习,通过他的"审判工作实绩"证明了他的能力。而杨鹏的助手苏国炜,模仿杨鹏的做法——多办案,也很快在评优中被发现,当上了执行局的副局长。① 对法官角色扮演戏剧实现的研究更印证了角色期望的理论:表演者总是在迎合各种期望,来自剧本的、剧班的、观众的期望。哪种期望更强烈,他的行为就会愈符合那种期望。

作为个体的法官可以将自己的成绩数字化,以实现其表演的戏剧化;作为剧班的司法系统也可以将各种成绩符号化,以整饰人们对整个剧班的印象。这种戏剧实现的技巧可以解释法院系统的工作报告中为什么总是充斥着各种数字:从收案数、结案数再到结案率、重审率、改判率、执行率,再包括法院系统的人员构成、学历水平、所获奖项等。当看到满眼的数字时,观众们会相信法院是公正高效的。也正因为如此,剧班把精力更倾注于外显化的表演,而对观众难以发现的后台不太重视。其实,所有这些数字符号是怎样被完成的,人们无法看到。可能是法官每天通宵达旦的工作,也可能是一群法官合谋拆分案件,至于过程是怎么样,已经被这些数字符号掩盖了。外显化的成绩就是能够达到这样的"戏剧"效果:他可以吸引你注意到应该注意的方面,忽略那些不愿为人所知的方面。

在"榜样法官"的事迹报告中各种数字符号也在装点着法官们的能力。他们作为榜样出现在其他法官面前,也提醒了还没有领悟到剧班期望的法官:必须掌握各种角色实践的技巧才能成为政府、组织和人民都满意的好法官。

第四节 司法"剧班"里的角色实践

在司法"剧班"中能够顺利完成角色扮演的法官,都拥有自己的一套角色扮演技巧,以很好地实践司法"剧班"的期望。通过正式或非正式的集体决策机制,法官可以将自己的决策风险降到最低,最大限度地与"剧班"中的其他成员保持一致;通过完成各种工作任务,创造突出的工作业绩,法官可以实现"戏剧化"的角色表演,获得"剧班"对他的充分认可。在角色实践的过程中,法官们会将自己领悟到、学习到的角色扮演技巧运用到实践中去,努力地成为司法"剧班"表演中的"主角"。

---

① 关于苏国炜的描述参见吴英姿:《法官角色与司法行为》,中国大百科全书出版社,2008,第272页。

一、对审判实效的控制

司法"剧班"为了控制司法审判的实效,采用"群策群力"的集体决策机制来保证司法裁决的审慎与稳定。法官们为了维护自身的形象,也积极配合司法"剧班"的要求,认真地对待每一个个案,尽可能通过集体的智慧化解各种重大疑难案件。集体决策机制既是司法"剧班"控制审判实效的重要手段,也是法官角色在具体实践中防止司法武断的基本保障。

(一)实践现状:审判决策机制的发展完善

为了保证法官呈现在观众面前协调一致的形象,法院系统采取了一系列办法来保证法官判决的正确性。合议制、审判委员会制度是对法官正式的决策规制机制,除此之外,案件审批和请示汇报制度也构成了对法官的非正式决策规制机制。这些机制为法官设置了重重保障,对防止法官武断决策起到了重要作用。"群策群力"是保证司法"剧班"协调统一表演的重要策略。集体决策作为司法实践中的印象粉饰艺术,为的是实现对整个剧班表演的控制,使剧班维持某种情境定义的稳定性。剧班中的表演者是相互依赖的,他们共同保守关于剧班的秘密,因为他们的表演需要剧班其他成员的协作。因此维护剧班的形象是每个表演者的责任。通过集体决策机构对案件的审议,全体法官可以形成对外的一致言辞,维持司法剧班始终言行一致的印象。我国的集体决策机制主要包括合议制审判方式和审判委员会的集体讨论机制。

合议制审判方式在我国三大诉讼法中都有明确规定,《人民法院组织法》第二十九条明确指出"人民法院审判案件,由合议庭或法官一人独任审判"。合议制审判采取少数服从多数的民主决策方式,合议庭的每个审判员都有独立、平等行使表决权的权利,合议庭最终依据多数意见作出判决。合议制审判方式能够集思广益,全面考虑案件所涉及到的各方利益,最大限度地防止法官个人因素对案件审判的影响。整合合议庭成员的不同意见,有利于形成对案件事实的客观认识,进而有利于合理判决的生成。

与合议制并存的审判委员会制度也是一种集体决策机制。审判委员会制度是对疑难案件使用的一种集体合议制度,它实行的是民主集中制原则。审判委员会成员由具有丰富审判经验的审判员担任,因此在事实确认上和法律适用上能够做出准确判断,有利于形成对复杂案件的正确判决。审判委员会制度始于革命根据地时期,最初被称为"裁判委员会",是集司法和行政于一体的机构。由于我国最初学习的是苏联的司法制度,强调党对司法工作的领导,因此司法独立的观念在当时不被接受,这促成了审判委员会制度的形成。最早出现"审判委员会"的规定是1948年1月1日颁布的《东北解放区人民法庭条例》,该条例指出:村、区人民法庭组织审判委员会,由农民代表大会选举的若干人、上级政府委派一人组成,进行审判。① 此时,审判委员会虽然已经形成,但是其职能和性质与当前的审判委员会有着根本区别,它仍然是采取的行政兼理司法的模式。新中国成立以后,1951年通过的《中华人民共和国人民法院暂行组织条例》第15条规定了在县级人民法院设审判委员会,负责处理刑事、民事的重要或者疑难案件,并作为政策上和审判原则上的指导机构;之后,全国人大于1954年通过的《中华人民共和国人民法院组织法》第十条规定,各级人民法院设立审判委员会,任务是总结审判经验,讨论重大的或疑难的案件和其他有关审判工作的问题。1955年3月,最高人民法院召开了审判委员会第一次会议,宣告了最高人民法院审判委员会的成立。此后,审判委员会成为一种法定制度在全国人民各级法院确立了起来,一直延续至今。审判委员会决策制度对正确审判的形成起到了积极的作用,尤其是在疑难案件中,审判委员会的集体智慧更是得到了充分体现。往往审判员一人不能决定的案件,审委会在经过讨论之后,都能迅速给出意见,使得审判的效率得到了很大提升。另外,审判委员会还负责审判经验总结的工作,通过对实践中各类案件审判方法的总结,为法官们的实际审判工作提供了有益的参考。所以,从制度规定上讲,审判委员会的存在对正确开展审判工作十分有利。

除了合议制审判方式和审判委员会制度之外,一些非正式的决策机制也不断形成,因为它们可以使法官们预先把握审判的方向,避免司法"剧班"陷入突如其来的混乱。这些非正式决策机制的主体有上级法院、人大、当地政府等,决策的内容包括案件审批、请示汇报等。这些非正式决策也可以看作是一种"集体决策机制",而且这个"集体"的范围更大,可能包括了与有案件利害关系的所有权力机构。案件审批、请示汇报的主要目的在于对案件作出高瞻远瞩的判决,意在维护社会稳定,服务政治大局。对于涉及尖锐社会问题的案件,法官可以通过诉求非正式的集体决策机制,把握正确的政治方向,作出政治效果、法律效果和社会效果三者统一的判决。

(二)现实问题:被集体决策掩盖的角色错位

各种正式的和非正式的集体决策机制对于恰当判决的形成起到了积极的

---

① 钱卫清:《法官决策论——影响司法过程的力量》,北京大学出版社,2008,第24-25页。

作用。通过集体决策机制的制约,大大降低了法官的个人专断,形成了司法"剧班"内部对法官行为的有效监督。但是,在实际运行当中,由于集体决策机制本身的不尽完善,法官可能会在"集体"的掩护之下实施与法治意旨相背离的角色行为。

首先,合议制审判方式往往没有发挥它应有的效果。合议制审判方式的运行模式意在采用分权的方式避免集权造成的专断问题,它在正确审理案件以及对法官的监督方面发挥了积极的作用。合议制审判方式的本质在于少数服从多数的集体决策方式,每个合议庭成员拥有的表决权应当平等。但是在实际审判过程中,关于案件的决断权往往集中在少数人的手中。他可能是拥有行政职务的领导,也可能是对某类案件熟知的专家,还有可能是始终坚持自己意见的主审法官。对于拥有行政职务的领导,法官们可能出于考评晋升依赖于他的原因而放弃自己的意见;对熟知某类案件的专家,法官们可能因为担心自己专业水平不足而不敢发表意见;对于始终坚持自己意见的主审法官,法官们可能考虑到无须为与己关系不大的个别案件得罪他人而做出让步。波斯纳在研究司法行为时也提出了合议制存在的这个问题:合议庭成员"异议厌恶"的情况。异议是经常会出现的:可能由于意识形态或与之关联的原因,或由于个人背景或经验、情感或任何其他要素。如果合议庭成员之一强烈感到应如此决定此案,另两位法官倾向于另一方式投票,但感受不强烈,那么这两人之一,可能会因为把第三者的强烈视为其信念正确的强有力证据,或者为避免冲突,或是他有意无意地希望未来在自己感受强烈但其他法官感受不强烈案件中得到回报,他也许会决定顺着第三者——这位持异议的法官(特别是如果此案作为先例不可能有很大影响的话)。一旦一位法官的观点摆向这位异议法官,出于类似的缘由或是因为异议厌恶,余下的那位法官也可能这样做。① 而且,通常对案件有强烈感觉——希望自己的意见能够被合议庭采纳的法官,是可以在这个案件中获得最大利益的法官,因此他愿意付出更多的代价来实现自己的意见,例如说服其他法官,撰写判决书等。而对于案件感觉不那么强烈的法官则不愿在这个案件上支付过多代价——例如对同事关系的影响,他就会倾向于接受对案件感觉强烈法官的意见。因此,在合议庭中的平等表决常常是不存在的,总有或多或少的核心人物左右最终意见的形成。实质上丧失了表决权的法官,往往会沦为合议庭的附庸,他并不在意要表达自己对案件的真实意见;同时,主导最终表决意见形成的法官,则成为合议庭的独裁

---

① 理查德·波斯纳:《法官如何思考》,苏力译,北京大学出版社,2009,第30页。

者,他努力通过自己拥有的各种权力来影响案件的裁决结果。在这种情形下,法官们都丧失了其角色应有的基本特质:一种独立的、中立的司法精神。

同样的,审判委员会也面临着很多现实的问题。首先,审判委员会的组成人员行政化倾向严重。审判委员会从本质上讲应该是审判组织,所以其组成人员必须是审判人员,而且应当是具有丰富审判经验和良好专业基础的审判人员。但是目前,我国审判委员会成员的选拔主要是从法院内部具有行政职务的人员中选拔,例如院长、副院长等等,这些人员身兼数职,往往对行政工作的倚重多于对审判工作的倚重,经常无暇分身去从事审判业务。而且这部分人员多是法院中资历较老的人员,他们普遍年龄偏大,对新型案件十分陌生,接受新知识的能力也较低。审判委员会成员的身份是以一种荣誉的形式授予给法官的,在实践中它渐渐演化成为一种"政治待遇",丧失了它原本应有的作用。其次,审判委员会的讨论机制不够规范。案件审理的亲历性要求法官必须亲自参加案件审判,经历庭审的质证、辩论,才能对案件性质形成正确的判断。然而,在实际审判工作中,审判委员会的成员往往只是听取案件承办人的汇报就作出决定,难以抓住案件的主要矛盾。在现实中还存在一些承办法官为了使审判委员会作出他所期望的判决,故意在案件汇报的过程中进行倾向性的描述,致使没有亲历审判的审委会成员做出错误判断。① 而且一旦审委会得出一致意见,错判的风险自然转嫁到了集体身上,承办法官可以利用审委会的决策漏洞蒙混过关。最后,审判委员会决策的民主集中制特征。民主集中制要求先"民主"后"集中",在"民主"的过程中,各位审判委员会的成员尚能发表自己的意见,但是"集中"工作一般是由审判委员会中的权威者进行的。虽然审委会制度规定,鼓励委员们在讨论中发表不同意见,并且要求把不同意见记入审判委员会的讨论笔录,但是在现实生活中,很少有审判委员会不能达成一致意见的情况,绝大多数的讨论都以委员们达成一致意见而告终。即使在讨论的过程中出现过意见不一致的情况,权威者的意见也能说服他人占据主导地位。在一个存在明显行政性的组织里,权力大小的等级决定了多数意

---

① 周宁县法院阮经钟在担任周宁县公安局原副局长陈长春奸、妨害作证一案审判长时,在认定陈长春强奸、妨害作证罪名成立的前提下,因徇私情,在量刑时提出轻判刑,在向审判委员会报告该案时,阮经钟反复强调可以轻判,误导了审判委员会委员。由于该院审判委员会在讨论该案时,未正确履行职责,作出了同意合议庭定罪量刑意见的结论。参见万茵、陈强:《本报报道追踪 公安局副局长强暴少女案为何重罪轻判 分管院长:媒体法律水平比法院高》,《中国青年报》2004 年 4 月 7 日,网址:http://29b.cuol.con/content/2004-04/07/content_851172.htm,最后访问日期 2021 年 3 月。

见形成的倾向性。

非正式的决策机制导致的现实问题则更为突出,因为其操作的隐秘性和不规范性逐渐演化成为助长司法腐败的重要因素。各种案件批示、请示汇报使审级制度逐渐虚置,司法的行政干预性进一步加强,并为各种以权谋私的行为提供了操作上的便利。

司法实践中的集体决策机制本来意欲对法官的审判行为予以监督,维持审判的正确性,但是在现实中,集体决策机制往往丧失了其"群策群力"的作用,集体讨论的结果往往掩盖了不同意见。这一问题可以用社会心理学中群体规范的形成理论来解释。美国社会心理学家谢里夫通过实验证明,在群体决策形成的初期,群体观点之间的差异性是非常大的,但是随着时间的推移,群体成员之间的观点差异逐渐消失,一致性会显现出来。群体成员之间的暗示、模仿和顺从等心理行为,都促使群体成员的意见趋于统一化。当然,如果在群体中存在权威者,那么群体一致意见的形成会更加迅速。更为危险的是,在群体意见形成的过程中,因为个人本该承担的风险转移到了集体之上,因此个人可能会提出更加极端的决策来影响群体的判断。这种现象被称为"群体极化"。而且在群体决策形成时,很少人会怀疑决策的正确性,即使对此有所怀疑,也往往选择保持沉默。这就导致了群体决策产生比个人决策更大的风险。在司法审判中,集体决策机制也可能会产生集体冒险的行为,这就不仅仅违背了制度创设的初衷,而且在背离审判公正的道路上越走越远。"错案追究制"的设立更强化了法官们的风险规避意识,遇到拿捏不准的案件就提交审判委员会集体审议,个人的风险就被大大降低了。从制度上讲,审判委员会主要负责的是对重大疑难案件的审理,但是在实践中,很多法律关系清楚的简单个案都被提交审判委员会审理了,只因为这个案件可能涉及政府利益或者重大社会问题。法官的独立性在这种集体审议的制度下逐渐丧失,善于请示汇报、依赖集体讨论成为审理案件中的常态。事实上,对于案件事实的认定本来就不可能与过去完全一致,对法律条文的理解也不可能做到整齐划一。更何况法官们要徘徊在事实与法律之间去寻找它们之间的联系,所以很多情况下法官只能根据一种盖然性来作出审判。审判的差异性是不可避免的,如果这种差异也要作为被追究的"错案",法官们只有缩手缩脚,不断寻求集体的庇护。

集体决策机制的设立为维护法院上下的统一形象起到了关键作用,但是同时它也带来了实践中的一系列问题。司法"剧班"对外在统一印象的关注使其忽略了很多其他重要的方面,例如法官角色的独立性。丧失独立性的法官只能越来越依附于司法"剧班"的期望,而这种依附也使得法官角色的独立性愈加弱化了。

近年来,上述问题日益受到重视,最高人民法院在《五五纲要》中明确提出,新一轮司法改革的重要方面就在于完善审判委员会制度。审判委员会的指导将主要集中于"宏观领域",例如总结审判经验、统一法律适用、研究讨论审判工作等重大事项,因此对个案的裁决判断不应是审判委员会的主要职能。一方面,对于拟提交审判委员会讨论的案件,应当预先设立审查、筛选机制,非重大、疑难、复杂案件不宜进入讨论范围;另一方面,对于审判委员会参与讨论的案件,其讨论的决定及其理由应在裁判文书中依法公开,同时深化审判委员会事务公开,建立委员履职情况和讨论事项在办公内网公开机制。根据《五五纲要》要求,可以发现司法"剧班"对表演一致性的"维持"开始从幕后走向台前,这必将使法官更容易理解角色意义,保持"自我"与"他我"的一致。

(三)榜样效应:角色样本对法官审判实效的影响

"榜样法官"的工作业绩为法官们树立了新的标杆,没有重审改判案件、没有上访缠诉案件等彰显了"榜样"们高超的审判技巧和对审判实效的良好控制。在社会矛盾日益增多的形势下,强调判决的政治效果、法律效果与社会效果的统一对维护社会的稳定起到了不可估量的作用。因此,在各种集体决策机制的约束下,对个案作出谨慎判决,尽量避免引发新的社会问题,是每个法官在实践中都应当遵循的基本规则。"榜样法官"的事迹是对法官角色实践行为的指引和激励,通过角色榜样的示范作用,个体法官学习、追赶、超越的心理需求被有效激发出来,进而对审判工作的实效性给予更充分的关注和重视。

重视审判工作的实效并不等于千方百计地"处理"掉案件。司法审判工作有其特有的专业性,法官们在关注审判工作实效的同时必须将法律知识和技巧的运用放在首位。"榜样法官"个个都是办案能手,他们在积累了丰富审判经验的同时,依然不忘时时为自己"充电",不断学习补充专业法律知识。宋鱼水、牟乃桂、李昆仑等法官,都在繁忙的审判工作之余努力自学专业知识,并且在学术研究方面取得了一定的成绩。他们对实践经验和专业知识的不懈追求对个体法官的角色实践行为起到了指引的作用,司法审判工作的实效不仅仅来自于对审判技巧的掌握,更来自于对专业知识的灵活运用。法官们必须具备良好的专业素养,各种决策机制、审判技巧的运用都是围绕着法官的法律专业素质展开的。一旦脱离对法律职业基本道德和专业素质的崇敬,法官的角色就很容易丧失其应有的独立性。

在当前审判工作中出现的诸种问题,例如法官的各种不规范的角色实践,主要是由于决策机制本身的不完善造成的。法官们容易受到系统内部制度规范的影响,在审判中丧失自己的独立性。因此,完善当前的集体决策机制以及法院系统内部的管理模式是解决法官角色错位问题的根本途径。目前,新一轮的司法改革在完善审判委员会管理机制方面作出了全面、细致的规划,而这一顶层设计必将改善既有决策机制带来的问题,推动法官角色行为的规范化、法治化。

二、对审判实绩的追求

法官的工作实绩主要依赖各种数字符号来展现,因此在角色实践中,各级法官都努力将自己的工作业绩以数字化的形式显示出来,以获得司法"剧班"的肯定性评价。同时,司法"剧班"也会通过各种方式激励法官,以实现司法审判实绩的最大化。

（一）实践现状:司法审判实绩的显著提升

将审判工作的实绩以数字化的方式强调是"剧班"采用的使其表演实现戏剧化的方式。在实践中,这种戏剧化的方式刺激了法官们之间的相互模仿和学习,审判效率和审判质量确实有了明显提高。以"结案率"为例,我们可以通过下表,清楚地看到近十年来案件数目和结案数目的增长和变化(见表1)。

表 1　最近十年收案数与结案数增长与变化

年份	收案数	民事一审结案数	结案率
2011	6 614 049	6 558 621	0.9916
2012	7 316 463	7 206 331	0.9849
2013	7 781 972	7 510 584	0.9651
2014	8 307 450	8 010 342	0.9642
2015	10 097 884	9 575 152	0.9482
2016	10 762 124	10 763 889	1.0002
2017	11 373 753	11 651 363	1.0244
2018	12 449 685	12 434 826	0.9988
2019		13 930 000	

＊以上数据均来自最高人民法院年度公报。2019年收案数在公报上未提及,因此数据有部分缺失。

通过观察上表,可以发现近十年来全国法院的结案率均在95%以上,甚至部分年份超过100%。在员额制改革之后,随着审判团队的建设和完善,司法审判的效率又有了进一步提高,结案率也达到了历史峰值。审判效率的提升体现我国法治建设的显著成效——法官的职业素质与审判能力正在大幅提升。改革开放以来,我国的法官素质从"大众化"向"职业化"逐步迈进,法官的任职条件愈渐严格。不断提高的法官素质为司法审判效率的提升带来了广阔前景。审判效率的提升降低了当事人的诉讼成本,节约了大量的司法资源,解决了司法系统长久面临的案件积压问题。同时,案件的快速审结也是司法正义的一种体现——迟到的正义是非正义。高效审判防止了社会矛盾的进一步激化,法官们通过对纠纷的迅速化解,匡扶社会正义,树立司法权威。

审判效率的变化是法官对审判实绩追求的一个缩影。当前,司法"剧班"将审判实绩作为衡量法官业务素质的重要标准,进一步激励了法官们对各种审判业绩的追求。各种评优争先活动中,各式各样的数字比较成为最为显见的评比方式。至此,对审判实绩的追求已经成为法官角色实践最为重要的内容之一了。

(二)现实问题:被数字指标掩饰的角色错位

对审判实绩的追求可以促使司法正义的进一步实现。提高审判工作的效率可以使司法公正尽快实现,有利于社会和谐稳定的大局。但不容忽视的是,对立案率、结案率等指标的符号化容易促使法官对各类数字的畸形追求。开发案源、强行调撤,甚至发明出一整套的非正式的办案策略,都是法官们用来应对"上边"要求的各种办案指标的手段。从立案到结案,这种非正式的运作模式都堂而皇之地存在。

在立案阶段,为了能够多立案,一些法官深入群众生活,主动开发案源。吴英姿在田野调查中记录的一个"办案能手"的经验充分地展示了法官的"拉案能力"。他专门在该乡司法所设了自己的办公室,经常在那里"蹲点"。他自己掏钱印制名片发给当事人及来咨询的群众;在闹市区张贴开庭公告,就地开庭;对被执行人实施拘留的时候,特意拉响警笛,从乡集市热闹地区穿过,引起人们的注意。他经常深入信用社、银行、企业中,这些单位大多都有债权没有实现,经他的宣传也到法庭起诉。他主动地与乡政府沟通,向党委、政府负责人介绍法庭工作,使领导们认识法庭和诉讼,争取他们的支持。同时他通过司法所对社会宣传通过诉讼解决纠纷的好处。因为仅靠口头宣传效用有限,所以他很重视抓典型案件,搞示范效应。① 可见,为了开发案源,法官采用了多

---

① 吴英姿:《法官角色与司法行为》,中国大百科全书出版社,2008,第40页。

方宣传的方式,既包括张贴公告、印发名片等书面宣传,还包括就地开庭、闹市鸣笛等活动宣传,甚至还亲自与可能的诉讼当事人沟通,使潜在纠纷转化为法庭诉讼。同时,法官还特别注意维持好与当地党委、政府之间的关系,寻求支持。这位"办案能手"通过自己的努力使法庭一年内收案数超过了1300件。"拆分案件"也是法官们为了提高收案率而想出来的应对办法。将同一个案件按照当事人的多少拆分为一个个小案件,不仅可以迅速提高收案率,而且在审理的时候依然可以共同审理,共同结案,可谓是一举多得的好办法。

  在立案阶段,法官们关注的不仅仅在于多收案,还在于多收能够顺利解决的案子,对于法院感觉无法解决或者不愿解决的纠纷,法官们会想办法在立案的阶段就"处理掉"。应星在研究行政案件的立案时将其称之为"立案政治学"。"立案政治学"是法院常采用的立案策略,不仅仅在行政诉讼中有所体现,在其他诉讼中也能够发现。法院经常在权衡案件审判难度和效果后来"选择性立案",使一些难以处理的案件被拒之门外,从而不会影响到结案效果和结案率。通常,法院不愿审理的案件有:没有明确法律规定的、案件事实不清的、涉及权力机关的、可能难以执行的、收不到诉讼费的案件等。这些案件的起诉条件即使完全符合法律的规定,法院也会通过解释来自行修改其受案范围。法院之所以放弃对收案数目的考虑拒绝立案,是迫于对结案率的长远打算。如果不能顺利结案,造成当事人的上诉、上访、申诉,那对法院的影响比少立个把案件要大得多。对涉及社会稳定的案件,法院就是迫不得已立了案(如果不立案容易造成社会矛盾激化、当事人上访闹事),也会想办法劝说当事人撤诉。在庭审前,法官就会与相关部门进行沟通,会同各方的力量尽力解决当事人的问题,说服当事人撤诉。撤诉的案件不会留下隐患,当事人无法上诉、申诉,而且经过对当事人的补偿和劝解,当事人上访的可能性也很小。因此,我们会发现这样一种情况的存在:一方面法院的立案数目在不断攀升,另一方面撤诉案件的数目也在不断攀升,这种情况在行政诉讼中尤为明显。多立案,在立完案之后再想办法撤案,是法官们实践中发现的既能完成立案指标又不影响结案率的办案策略。

  在结案阶段,因为受制于结案率的要求,法官会考虑如何尽快将案件审结,完成"剧班"布置的任务。所以,能够多大程度上认真对待一个案件,往往不是取决于法官的职业道德,而是和案件审理期限、本年度的结案指标密切相关。尤其在面对众多相似的案件时,法官早已丧失了审判的耐心和兴趣,会采用"格式化"的审理模式迅速结案。当然,有时候法官会耐心调解,劝解当事人化解矛盾,但这往往是出于对结案后果的考虑,如果出现了重审、改判等情况对法官的负面影响很大的。因此,法官在调解过程中表现出来的耐心,往往是惧于"错案追究制"的威慑力,并不是发自内心地想彻底解决纠纷。所以我们会发现,在一个案件中很有耐心的法官,到另一个案件中显得不是很尽力了。法官们会判断这个案件的当事人是不是矛盾很深,然后根据这个判断决定对当事人"做工作"的多少。"法官审判案件一般是就事论事,只有在当事人矛盾可能激化的时候才考虑怎么样彻底解决纠纷。"①可以说,法官们一心追求的第一个目标是"结案",花费很多精力的案件也是为了"有实效地结案"罢了。正是这种完成任务的心态,使法官在有时候不惜牺牲正义来把案件"混过去"。尤其到年底的时候,能否顺利结案影响着一年的结案率,可能无法快速审结的案件,法官们会拖延立案时间,就是立了案的案件,也会千方百计地使当事人撤诉。可以想见,这样的审判方式对实现司法正义百害而无一利。及至法官们为什么会出现这样追捧结案率的心态,可以从法院系统对法官的要求上找到联系。这是身处在司法"剧班"中的法官,为了迎合"剧班"的期望而作的"努力"。按照"剧班"的要求完成任务,不仅仅关系到法官个人的工资、奖金等物质性利益,还关系到法官的升迁、荣誉等精神利益,法官不得不把结案率当作是其工作的主要内容。"剧班"的肯定性评价对法官的影响是法官追求高结案率的最大动力。

以立案率、结案率等数字符号作为衡量一个法官能力的标准可能会在实践中对法官的行为产生错误的指引。司法的目的在于维护社会的公平正义,以特定利益作为追求目标会使司法成为可以进行交易的产品。法官会利用他手上的司法资源优势,换取权力等非法治利益,这种交易行为损害的正是当事人的合法权利。这与我国"司法为民"的初衷是背离的。因此,过分追求各种数字化符号,不仅不能为我们带来预期中的司法公正,而且还会进一步侵蚀司法独立的领地。更为现实的是,各种数字符号并不能真正地反映一个法官的能力。很多时候,数字是可以"做手脚"的;而有一些审判素质,用数字也无法表现出来。正如波斯纳所说:"排名放大了差别,其寓意就像运动员竞赛那样,重要的不是你在绝对意义上表现有多好,而是你相对于他人表现有多好。这转而会诱使被排名者改变行为以提升自己的排名。这与'玩把戏'(gaming)完全不同,后者的意思是操纵数据,尽管动机很相似。法官一般都争强好胜,因此给他们排名,无论是直接还是通过测度手段把那些量化的东西轻易转换

---

① 一位基层法官语,参见吴英姿:《法官角色与司法行为》,中国大百科全书出版社,2008,第53页。

成排名,可能会损害司法质量,除非是这些测度精确评估了表现;而它们并不精确。"①因此,依赖这种数字符号为法官贴上"标签",并不是激励法官的灵丹妙药。在新一轮的司法改革中,最高人民法院提出了"清理取消不合理、不必要的考评指标"②,为基层法官、干警减负的要求,可以说是对当前"数目字"考核异化的官方回应。强化正向激励,研究制定科学合理、简便易行的审判绩效考核办法,才是引导法官提高审判质效的正确方向。

(三)榜样效应:角色样本对法官审判实绩的影响

"榜样法官"在工作业绩上的表现让人惊叹。通过媒体宣传报道中罗列出的各种数字,我们可以发现"榜样"们超出常人的工作负荷和工作能力。"见贤"而后"思齐",司法"剧班"通过对"榜样法官"的表彰宣传,可以激发个体法官主动效仿榜样的心理。从近十年来飞速增长的结案数字中我们就可以发现法官们为追求审判实绩而付出的努力。

"榜样法官"为提高审判效率而采取的一些新型的审判方式也成为法官在角色实践中的有益参考。例如,牟乃桂法官在审理"东方电子案"时开创的以技术软件分析数据的方法,大大缩短了案件的审理时间,节约了司法资源,提高了审判效率。③ 这种结合司法经验、法律知识和信息技术的审判方式为法官们创造更为高效、便捷的审判方式提供了积极的样本。另外,"诉讼便民车""简易纠纷速裁处"等审判审裁模式也是法官们可以通过角色榜样学习到的、能够提高办案效率的实践方式。

对审判工作实绩的追求不能是片面的,不能仅仅停留在对数字符号的关注上。"榜样法官"提供给个体法官可供模仿和学习的内容不只是各种指标和数字,更是审判的方法和勤勉的精神。只有正确对待角色榜样,才不至于在实践的过程中丧失法官应有的角色定位。当然,要从根本上矫正当前司法实践中对数字符号过于推崇的现状,必须从法院系统内部的管理模式上着手完善。最高人民法院新一轮司法改革的启动,在规划中明确了审判管理制度和监督责任制度的改革,或可从根本上解决法官过于依附期望带来的角色错位问题。

---

① 理查德·波斯纳:《法官如何思考》,苏力译,北京大学出版社,2009,第138-139页。

② 参见最高人民法院《五五纲要》。

③ 具体案情参见刘春雨、于玉平:《天平星光耀齐鲁——记"中国法官十杰"牟乃桂》,《党员风采》2008年第1期。

第四章　社会"观众"前的法官角色

> 给予法律制度生命和真实性的是外面的社会世界。法律制度不是隔绝的、孤立的,它完全依靠外界的输入。没有诉讼当事人就没有法院;没有争论及抓住不放的意识,就没有诉讼当事人。①
>
> ——弗里德曼

戏剧表演中的"观众",是相对于表演者而言,坐在台下观看表演的人。对于司法"剧班"的来说,"观众"的主要群体是社会大众。社会大众既包括一些亲历了司法审判的案件当事人,也包括没有参加过诉讼活动但是关注司法现状的人。在这些社会大众面前,法官扮演的角色要显得立体而丰满,他们不能只是"坐堂问案"的裁判者,还应该是道德高尚、亲民爱民的"父母官"。观众的评价对表演者来说是至关重要的,为了实现观众们对角色的期望,法官们对自己的个人道德提出了更高的要求:爱民如子、清正廉洁。

第一节　社会"观众"前的角色样本

在翻看"榜样法官"的事迹时,一个突出的感觉是,他们不仅仅是"办案能手",还是"道德模范"。每一位"榜样法官"都有自己的人格魅力,而且这种人格魅力往往可以感染与他们打交道的当事人:当事人被"感动"了,即使输也输得很"服气"。"观众"们对表演者的认可度也直接决定了表演者表演的成败。亲民爱民、公正无私、道德高尚的法官更容易得到"观众"们的认可,"榜样法官"们可歌可泣的感人事迹也得到了人民群众的一致肯定。

---

① 劳伦斯·M.弗里德曼:《法律制度》,李琼英、林欣译,中国政法大学出版社,2004,第17页。

一、样本的宏观梳理：以"亲民"为中心的角色特质

在"榜样法官"的事迹报道中，不乏"耐心""奉献""细致""真情""热情"等对法官性情的描述。可见，"榜样法官"多半具备"亲民"的特质，具备自身的人格魅力，即使在法庭之外，也能够热心细致解决当事人的问题，做到以理服人，化解纠纷。这一推断可通过对权威报道的梳理得到印证。经统计发现（见图1），历年评选出的"亲民"型法官，在总体"榜样法官"中的占比波动不大，最低在35%左右，峰值数据在50%左右。如果缩小比较范围，将样本法官限缩至"基层法官"，这一比例又将明显提升——"亲民"型法官在基层"榜样法官"中的总体占比达到了65%以上。

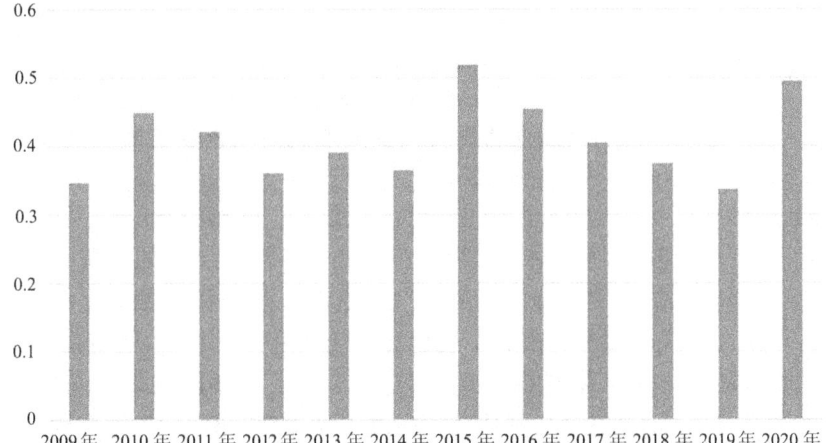

图1 "亲民"型法官在"榜样法官"中的占比

"亲民"型法官的高占比也从侧面反映了当前司法在民众满意度方面的要求（见图2）。"榜样法官"通过自己过硬的专业素质和亲民的角色行为，赢得了社会大众对司法的信任，并在"人民满意度"方面获得了较高评价。以"人民满意""信任"为关键词进行搜索，可以发现"亲民"型法官更容易收获较高的社会评价。

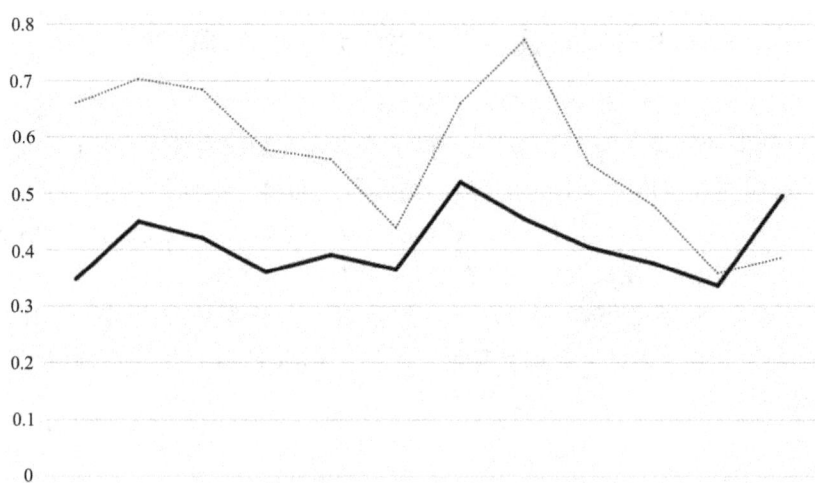

图 2　"亲民"型法官与大众满意度之间的相关关系

＊图片中"大众满意法官"是指在报道中明确说明"群众满意度高"或者"人民信任"的法官。图片中"大众满意法官"占比与"亲民"型法官占比趋势大致一致，可见二者的相关性较高。

除了"亲民"型法官外，"奉献"型法官也是"榜样法官"中的主要类型。在追授的"全国模范法官""全国优秀法官"中，绝大多数法官都是身患重病而依然坚持在审判一线的无私奉献者。这些法官的数量虽然不多，但很有典型性。他们的榜样效应不完全体现在其专业素养上，更主要体现在其职业热情上。除追授法官之外，还有很多样本法官的事迹中均提到"加班""工作到深夜""废寝忘食"等类似描述，可见，"奉献"型法官在"榜样法官"中也属于相对较多的类型。

作为审判者，正直、清廉是司法从业者的基本道德要求。因此，在样本法官的群像中，少不了"清正廉洁""司法公正"之类的标签词汇。笔者统计了权威报道中的上述关键词的出现频次，发现大多数"榜样法官"都具备"清正廉洁"的角色特质。特别是在 2015 年产生的"榜样法官"，90％以上的事迹报道中都提到了法官的清廉品质（见图 3）。

图 3 "廉洁""清廉""公正""正直"等角色特质在权威报道中的出现频次(总体占比)

通过上述数据分析,我们可以大致描绘社会"观众"视野里的优秀法官群像,例如耐心温暖、细致热情,又如大爱无私、勤勉奉献,再如清正廉洁、处事公正。这些角色特质也进一步印证了法官们深刻理解"司法为民"这一政策要求的深意,并能自觉地在实践中切实贯彻、落实这一举措。

二、样本的微观描绘:以"亲民"为中心的角色呈现

上面笔者梳理了样本法官在社会"观众"面前的角色群像,下面将结合法官们的事迹,微观描绘个体法官呈现的角色行为。在"司法为民"大方针的指导下,"榜样法官"们亲民爱民、正直清廉,把"让人民满意"作为自己的职业追求,甚至舍身忘我,用自己的行为展现了当代法官崇高的道德风采。

(一)亲民爱民

亲民爱民是每一位"榜样法官"都具有的品质。人高马大的费云龙法官为人随和,对待领导和群众一视同仁,大家都亲切地叫他"大费"。这位"大费"法官虽然身患绝症,但是依然坚守岗位,认真对待审判工作,积极热心帮助群众。一次,两位山东的女工到法院打司空,衣食无着,"大费"主动做通领导和家人的工作,让当事人住进自己家里,同吃同住。① "草帽法官"刘晓金,经常翻山越岭把法庭开到田间地头或当事人家中,只要是群众需要,无论刮风下雨,不论白天晚上,随叫随到。对孤寡老人和有困难的当事人,他常自己掏钱帮助、

---

① 费云龙事迹参见郭春雨:《以包公的眼光对事 以雷锋的心肠对人——解析"中国法官十杰"费云龙的人生境界》,《人民法院报》2006 年 3 月 29 日,第 1 版。

慰问、接济实施司法救助,当地群众亲切地称他为"母舅"。① 姚丽青法官热心帮助农民工弱势群体,在接管一起交通事故纠纷后,姚丽青得知当事人许志强为外来务工人员,就立即召集庭室领导及有关人员协商,亲自出面与车主投保的保险公司协调,使保险公司先予付了2万元作为许志强的手术费用,并以她个人的名义做担保,让医院先给许志强治病。元宵节前夕,姚丽青带着慰问品亲自到医院看望许志强,许志强夫妻俩流下了感激的泪水。② 金桂兰、黄学军、钟蔚莉、赵爱彬、李昆仑、袁月全等法官的事迹不胜枚举,"榜样法官"们全心全意为人民服务、殚精竭虑为人民谋利益的高尚品德赢得了观众们的衷心赞誉。

耐心地对待当事人是"榜样法官"们亲民形象一个侧面。耐心地倾听当事人的诉说,耐心地劝说当事人,都可以拉近法官与当事人之间的距离。"榜样法官"之一黄学军在审理一起交通事故损害赔偿案件时,上诉人是一个农民工,每次问话都要重复几次他才能听懂。黄学军法官耐心地变换了语气跟他说话,直至案件事实清楚。③ 黄学军法官对待当事人的耐心,让参加庭审的律师都为之钦佩:"此时已是晚上7点多了,经过一下午漫长的庭审,大家都面露疲态,可是黄学军依然自始至终、全神贯注地倾听着双方当事人的陈述……"④黄学军认为,法官必须"不厌其烦",不能剥夺当事人"说话"的权利,不让当事人把话说清楚,他会觉得有冤无处诉,即使审判公正,也难以打消当事人的疑虑。赵爱彬法官在调解一起赔偿案件的过程中,为促成双方当事人达成调解协议,她不顾自己身怀八个月的身孕,耐心地、反复地进行几个小时的疏导工作,以至于过度劳累而虚脱。双方当事人感动于她的言行,当即达成了调解协议。⑤ 在许多案件中,"榜样法官"的真诚态度是促成案件顺利解决的重要原因。

---

① 刘晓金事迹,参见《二〇〇五中国法官十杰》,《人民日报》2006年3月1日,第14版。

② 姚丽青事迹,参见梅贤明、卢宗光、陈志强:《妈祖故乡好法官——记"中国法官十杰"姚丽青》,《人民法院报》2006年3月26日,第1版。

③ 详情参见武唯:《铁面柔情女包公——记全国优秀公务员、"中国法官十杰"黄学军》,《中国劳动保障报》2009年10月16日,第1版。

④ 事迹参见张慧鹏、王华兵、陈笑尘:《南粤法院一枝花——记"中国法官十杰"黄学军》,《人民法院报》2006年2月28日,第1版。

⑤ 事迹参见丁力辛:《对百姓真心,让群众满意——"中国法官十杰"赵爱彬专访》,《人民法院报》2006年3月10日,第4版。

方便群众诉讼,设置便民机制也是法官贴近群众的方式。"榜样法官"之一韩经荣,在甘州区法院速裁庭设立了"周六法庭",专门解决部分当事人平时请假出庭有困难的问题。这个"周六法庭"在半年的时间里就审结了案件77件,占速裁结案数的11%。① 天津军事法院的杜建军,组织开展"为老干部送法"活动,每年都要深入警备区所属9个干休所,开展以"讲一堂法制课、搞一场法律咨询、发一份咨询联系卡、送一本法律书籍"为主要形式的法律服务活动,在法院和老干部之间架起了一座"连心桥",受到老干部的普遍好评。② 黄学忠法官为了让群众少跑路,在辖区内路途较远的3个乡镇司法所设立巡回立案点、审理点,实行巡回立案、就地审理,并和团队的同事们加班加点、想方设法提高审判效率。③ "榜样法官"们用自己的行动,履行了他们"为人民服务"的承诺。

(二)正直清廉

清正廉洁、公正无私的"包青天"形象在人民群众的心中至今仍占有很重的分量。对"青天"法官的期待,是因为他能够不畏权势,伸张正义,能够为老百姓做主。"榜样法官"们都能够不为利益所惑,不为权力所动,在人民心中树立了"青天"法官的形象,得到了人民群众的普遍尊重。姚丽青法官就是这样一位铁面无私的"青天"法官。一次审理行政案件,姚丽青刚刚接手案件,政府相关部门的领导就向她施压。姚丽青经审理认为,政府某局扣留原告林某的8000万意大利里拉的行为事实不清,证据不足,违反了行政执法程序,并坚持判政府某局败诉。姚丽青顶住各方压力,不畏强权、公正司法的态度获得了群众的一致赞许。④ 黄学军法官面对人情关系,同样做到了铁面无私、恪尽职守。一次同学聚会,在餐桌上老同学提出了"关照关照",她正在审理的一个案件的被告就是老同学的老公。黄学军沉吟了一会儿,找个借口出去把账单结了。黄学军告诉老同学,打官司的事情只有法律说了算。最终,黄学军法官依

---

① 事迹参见陈宗立、周文馨:《用智慧践行"司法为民"——记"中国法官十杰"甘肃张掖甘州区法院院长韩经荣》,《光明日报》2004年3月23日。
② 事迹参见《二〇〇五中国法官十杰》,《人民日报》2006年3月1日,第14版。
③ 刘洋、鄢唯:《"为信仰而奋斗!"》,《人民法院报》2019年5月6日,第5版。
④ 事迹参见陈建平、黄健忠:《人生在"天平"上闪光——记"中国法官十杰"姚丽青》,《福建日报》2006年3月2日,第2版。

法判决了老同学的老公败诉。① 在"榜样法官"面前,人情关系大不过社会正义。"全国模范法官"更是始终坚持自己的专业和原则,面对同学兼老乡的请托,多次予以明确拒绝,最终因不徇私情、严格公正司法、拒绝人情干扰而不幸遇害。② 不计付出,不求回报,不为权力驱使,不为利益所动,"榜样法官"在平凡的岗位上恪守了作为一个法官应有的职业操守,也因此更为人民群众所尊敬爱戴。

(三)忘我奉献

"榜样法官"的成功与他们高尚的人格魅力不无关系。他们舍身忘我,爱岗敬业,永远把工作放在第一位。赵爱彬法官在父亲病危期间,仍然每天忙于工作,只能在双休日的时候多陪陪父亲。从父亲病危到逝世的十多天里,赵爱彬白天办案,晚上陪床。父亲生活不能自理,甚至不能说话,赵爱彬却在此期间没有耽误一件案件,没有耽误一次开庭。因为那段时间正是全年审判工作的"冲刺"阶段,如果自己的案件办不好,会影响整个法院的进度。③ 在关键时刻舍小家顾大家,面对家庭的困难,她想得更多的是不能放下的工作,不能耽误的当事人。法官李庆军更是忘我奉献的典型代表。他身患尿毒症依然坚持工作,为了节省时间、不影响办案,选择自己在家进行腹膜透析,其间多次伤口发炎,还依然坚守在审判岗位上。为了不受特殊照顾,李庆军向单位的领导、同事隐瞒病情,即使在生病期间,也要把案卷带到医院。4 年来,就是在每天至少 4 次腹膜透析的情况下,他每周至少接待 10 个案件的当事人,一天审查案件最多时达几十件,办案数量在全庭名列前茅。④ 他坚强的意志和乐观的精神,感动了周围所有的人,这种以生命来为工作负责的态度让人深深敬佩。

在"榜样法官"中,有奔走于黄沙漫天的黄河故道上的法官;有坚守在乡下法庭田间地头的法官;有不辞劳苦无私奉献舍小家为大家的法官;有乐观坚强

---

① 事迹参见武唯:《铁面柔情女包公——记全国优秀公务员、"中国法官十杰"黄学军》,《中国劳动保障报》2009 年 10 月 16 日,第 1 版。

② 事迹参见姜佩杉:《柔肩担道义 忠诚铸法魂——周春梅、魏晶晶先进事迹引发全国女法官热烈反响》,《人民法院报》2021 年 3 月 4 日,第 2 版。

③ 详细事迹参见丁力辛:《"我只想做一名无愧于百姓的法官"——记"中国法官十杰"赵爱彬》,《人民法院报》2006 年 3 月 30 日,第 1 版。

④ 王淑静:《一位乡亲口中"不办事"的法官为何去世后逾百人自发为他追悼?》,中国法院网 2019 年 9 月 2 日,网址 https://www.chinacourt.org/article/detail/2019/09/id/4419530.shtml,最后访问日期 2021 年 3 月。

忘我工作与病魔抗争的法官。在他们身上,中华民族传统的高尚、无私、勤勉的品德都延续了下来,影响和感动了千千万万人。

第二节　社会"观众"的角色期望

"榜样法官"是司法"剧班"评选出的优秀法官,也是社会"观众"们期待的优秀法官,他们的行为代表了社会大众对法官形象的基本设想。社会"观众"们所爱戴的法官,是能够坚持司法为民,将民众的看法和意愿放在第一位的法官;社会"观众"们所尊重的法官,是能够保持公正无私,不受利益所动、不为权力驱使的法官。"榜样"法官的事迹报告,正是社会"观众"所期望之法官角色的形象素描。

一、司法为民的职业宗旨

在很多中国人的印象里,法官也是"官",是"官"就应当"为民做主"。具体到案件审判中去,就是法官应当查明案件事实并提出相应的解决方案。尤其是在基层法院,很多进行诉讼的老百姓没有什么法律知识,便以为交了诉讼费就是把案子交给了法院,之后调查取证、法庭审判都是法院的事,法官只要最后给个"说法"就行。这与中国长久以来的"父母官"传统是密不可分的。长久以来,中国有行政兼理司法的传统,一定区域的行政长官也是该地区的司法官员,负责地方大小事务的处理,因此被百姓称为"父母官"。"父母"负责照料子女的生活,也有训斥子女的权力,家庭内的纠纷也由父母来进行调停。为政者应如父母,应当妥善调停人民之间的矛盾。正因为如此,人民对"父母官"总抱有这样的期望:您要为我做主。这种"为民做主"的心态一直到现在还深刻地影响着法官和当事人的关系。

这种"为民做主"的期望逐渐地融入到中国的司法制度中去,促成了司法审判上"群众路线"的产生。"群众路线"是共产党基于中国的实践对革命工作总结出的一般经验,在我国的立法、司法工作中都有具体的体现。司法工作中的"群众路线"早在革命根据地时期就已经产生,当时马锡五作为边区的审判员,常常携带案卷下乡,深入群众了解案情,就地开庭审判案件,在群众中产生了良好的反响。在当前,"群众路线"已经作为一种司法理念延伸到各种具体规范中去。在《最高人民法院第三个五年改革纲要(2009—2013)》中明确指出,司法体制和工作机制改革必须充分听取人民群众的意见,充分体现人民群众的意愿,着眼于解决人民群众不满意的问题,自觉接受人民群众的监督和检验,真正做到改革为了人民、依靠人民、惠及人民。因此,司法工作必须坚持"群众路线",最终做到"司法为民"。

坚持"司法为民",就要求法官查明案件事实的真相,将调查取证的义务加之于法官身上。"当事人动动嘴,法官跑断腿"一度描述了法官为调查取证而奔波劳碌的景象。虽然在三大诉讼法出台以后,法官的调查取证范围得到了明确规定,但是在现实生活中,很多当事人还是依赖法官对案件进行查证,法官们也并不排斥主动调查取证的义务。因为这是当事人对法官的期望,法官多下基层去走一走、问一问,"司法为民"的形象自然就树立起来了。在"榜样法官"的事迹中,我们也看到了很多为查清事实而奔波的法官,他们的行为起到了榜样的示范作用——愿意以身作则"司法为民"的法官,才是人民群众期待的法官。

观众们"司法为民"的期望,还体现在期待法官能够体恤民情、善解民意,避免做出不合情理的判决。法官们应当循情依理来审判,多倾听当事人的意见,而不是一味地依照法条来专断独行。法官作为调处纠纷的中间人,不能显示出对任何一方当事人的不公平,即使做出了不利一方的判决,也应当"辩法析理",耐心地讲明其中的法理情理,使当事人口服心服。这是对法官提出的更高的要求:我们需要的法官,不是高高在上的冰冷的利益裁决者,而是能走入群众当中的人民父母官;我们需要的判决,不是用法言法语堆砌出来的陌生文本,而是能浅析法理明晰情理的熟悉语言。所以,在"榜样法官"那里,我们也看到了很多努力调处纠纷、耐心说服当事人的角色样本,这些典型样本都回应了观众们"司法为民"的期望。

在当下,"司法为民"的形式更加多样化,人民群众亲身参与司法过程也成为民众与法官互动的一种方式。这就要求法官在审判案件的时候,多倾听和关注"民意"。民意成为一种正当性的资源,法官们通过公开审判的形式允许民意融入到司法过程中来。观众们可以通过自由旁听案件的审判和通过新闻媒体了解案件审判的动态,进而发表自己对案件的态度。这是对司法公正的一种考验,也是对法官行为的一种约束,同时也是司法亲民爱民的一种方式。司法以一种开放的胸怀来接纳民意,鼓励民众站在与法官平等的地位上与之交流。舒国滢将此称为一种"司法的广场化",即"人们在朦胧的'正义'观念的驱动下对司法过程产生积极参与的热情",人们"愿意选择一种人人直接照面的、没有身份和空间间隔、能够自由表达意见和情绪的司法活动方式"。① 这种广场化的司法活动使法律、法官和普通民众之间的距离消融了，对法律一无所知的人也能够感受到司法的正义，对法官心存畏惧的人也能感觉到法官的亲切。这种广场化的司法是符合我国当前"司法为民"的机制理念的，因此民众积极参与司法活动，评判案件审判效果也成为社会认可和鼓励的行为。

二、公正无私的职业品格

公正无私的"青天"形象在民间广为流传，"青天"情结也是观众们对法官普遍抱有的角色期望。古往今来，不畏权贵、不谋私利、大义凛然、明察秋毫的"青天"形象一直是观众们评判法官时所比对的重要标准。

"青天"在中国古已有之，史书上记载的裁判官吏多是清正、廉洁、忠君、爱民的形象。最具代表性的"包青天"的形象，在宋元明清的公案小说中多有记载。如在元杂剧《包待制陈州粜米》中，包拯被刻画为一个刚正不阿、不畏权势、为民除害的父母官。陈州亢旱三年，颗粒无收，朝中欲派两名清廉官员去开仓粜米。权豪刘衙内为图私利，推荐自己的儿子刘得中、女婿杨金吾前去陈州。刘、杨二人依仗权势，损公肥私，抬高米价，并克扣灾民银两。灾民张憋古与二人争执，被刘得中以紫金锤击死。张憋古之子小憋古至开封府告状，控诉刘、杨二人的卑劣行径。包拯在查明案件事实之后，立刻逮捕了知州和刘得中、杨金吾等一干人犯，并设计使小憋古以紫金锤将刘得中砸死。② 包拯清正廉洁、不畏强权的形象清晰地展现在我们面前："我从来不劣方头，恰便似火上浇油，我偏和那有势力的官人每卯酉。"③ 包拯在人民的心目中，成为一个可以为黎民百姓主持公道、伸冤雪恨的"青天"，这是中国民间最传统的法官形象。

公正无私的"青天"形象一直自古延续至今。清正廉洁，不为利益所惑的"青天"形象不仅在坊间剧本中广为传颂，而且在官方文件中也得到了认可。廉洁自律是法官职业道德的基本准则，也是我国法官考核的重要标准。最高人民法院于2001年公布2010年修订的《中华人民共和国法官职业道德基本准则》(以下简称《准则》)，明确规定了法官应当忠诚司法事业、保障司法公正、

---

① 舒国滢：《从司法的广场化到司法的剧场化——一个符号学的视角》，《政法论坛》1999年第3期。

② 参见元杂剧《包待制陈州粜米》，摘自陈云发：《元杂剧选解》，复旦大学出版社，2008，第273页。

③ 《元曲选·陈州粜米》第二折。

确保司法廉洁、坚持司法为民、维护司法形象。该《准则》要求法官要树立正确的权力观、地位观、利益观,严格遵守廉洁司法规定,约束自己的业外活动。2010年,为了进一步规范引导法官的行为,最高人民法院公布《法官行为规范》(以下简称《规范》)。该《规范》从多个方面对法官的行为进行了约束,要求法官做到:忠诚坚定、公正司法、高效办案、清正廉洁、一心为民、严守纪律、敬业奉献、加强修养。可以说,该规范是对法官行为更为全面、系统的指引,为法官们培养公正廉洁的道德情操提出了明确要求。除此之外,在法官的惩戒制度和引咎辞职制度中也多有对法官"徇私枉法"行为的明文禁止。法官法明确规定,对徇私枉法、滥用职权、玩忽职守、谋取私利的法官予以处分,处分的等级从警告、记过、记大过到降级、撤职,甚至到开除。对于法院的主要负责人,还必须接受引咎辞职规定的约束。2001年最高人民法院颁布的《地方各级人民法院及专门人民法院院长、副院长引咎辞职规定(试行)》中指出,在其直接管辖的范围内,因为不履行或者不正确履行职责导致工作发生重大失误或者造成严重后果的,负有直接领导责任的院长、副院长,应主动辞去现有职务。在引起引咎辞职的主要情形中,就包括了"法院发生严重枉法裁判案件"这一情况。可以说,在对法官清正廉洁这一道德标准的要求上,社会各界的期望都是一致的,无论是在民间还是在官方,公正无私的法官形象都是法官的基本角色要求。

第三节 社会"观众"前的角色学习

理想化表演是表演者在表演角色时经常会具有的倾向,它是指个体在他人面前呈现自己时,总是倾向于迎合并体现那些在社会中得到正式承认的价值。① 这种行为有时候是一种"伪饰",因为事实上我们可能不具备甚至不认可我们所表达的那些价值。表演者的理性化行为只是对这个社会普遍认可的价值标准的重申,因为这是一套有效的"符号装备","一旦人们获得了恰当的符号装备并能驾轻就熟,那么人们就能以一种有利的社会方式来运用这种装

---

① 欧文·戈夫曼:《日常生活中的自我呈现》,冯钢译,北京大学出版社,2008,第29页。

备,使自己的日常表演得以美化和彰显"。① 在法官角色扮演的过程中也存在着这样一套"符号装备",它可以帮助法官顺利进入到"观众"们所认可的情境中去,获得社会对他们的积极评价。"榜样法官"在司法审判实践中表现出来的亲切、耐心、无私的品质,以及他们对裁决结果"胜败皆服"的追求,都是在角色扮演的过程中的理想化表演行为。

对法官角色扮演过程中理想化表演的掌握,是法官应学习的获得观众认可的重要技能。法官的这种表演,可以从其对审判行为的理想化整饰和对裁判结果的理想化整饰两个方面展开。

一、审判行为的理想化整饰

表演者都会努力将自己具有的美好品质展现出来,给观众造成一种他们所期待的理想化印象,这是表演者对个人行为的一种理想化整饰。对于法官来说,在审判过程中积极地迎合社会上主流的价值取向,塑造法官亲切、高尚、公正、无私的形象是法官角色扮演的重要方面。对法官这种极力表现其优秀品质的行为,我们可以称之为对"审判行为的理想化整饰"。

我们可以从一个基层案件中分析法官对审判行为的理想化整饰技术。这是一起相邻权纠纷案件,原告刘某某与被告谢某某是邻居,在原告修筑院墙的时候被告百般阻挠,将两家通行之胡同据为己有,不允许原告在西面留门,原告遂与之发生冲突。② 案件诉至法庭,法官在了解了双方当事人的争议焦点之后,决定亲自到现场勘测,随后便主持调解。结果被告态度一直强硬,不肯接受调解。法官只好再次下村上去了解情况,在掌握了被告的宅基地使用状况和批准建房面积之后,再次提出了调解的主张。但是由于被告始终不肯让步,法官最终以判决结案。

在这个案件的审判过程中,法官力图表现出他亲民、公正的一面,给"观众"们留下良好的印象。在案件诉至法庭之后,法官耐心地听取了双方当事人的意见,并且主动要求到争议地去查看,这种"亲力亲为"地为当事人着想的行为使当事人肃然起敬。其实,法官拉上当事人一起去查看现场,当然也有自己的考虑:一方面可以弄清楚具体情况,另一方面还可以让当事人体会到法官的

---

① 欧文·戈夫曼:《日常生活中的自我呈现》,冯钢译,北京大学出版社,2008,第30页。

② 具体案情参见高其才、周伟平、姜振业:《乡土司法——社会变迁中的杨村人民法庭实证分析》,法律出版社,2009,第259-277页。

"辛苦"。在前去查看争议地的路途中,法官有说有笑,并亲切地称原告、被告为"老刘""老谢"。这是一种表演的策略,通过轻松的言谈和亲切的称呼可以瞬间拉近法官与当事人之间的距离——他是一个"亲民爱民"的法官。在勘察争议地点的时候,法官还特意"拍了照片"并用"尺子测量一下",引得附近的村民都前来看热闹,无形中给当事人传递了这样的信息:对这个案子,法官还是很重视的啊!此时,法官"秉公执法"的形象已然树立起来了。原告明显感受到了法官为自己案子所耗费的"耐心"和"精力",为了表达自己的谢意,也为了进一步拉近与法官的距离,在临走时力邀法官们一起出去吃饭。这一行为被书记员"毫不犹豫"地拒绝了,并连说"使不得""会违反纪律的"。① 对请客吃饭的"坚决回绝"更强化了法官"清正廉洁"的形象,法官们明白,一旦与某位"观众"的距离太近,就会引起其他"观众"对他们公正性的怀疑,这对以后自身形象的影响及对以后表演的展开都是不利的。在这个案件中,虽然法官最终没有促成当事人达成调解协议,但是法官之前所做的努力工作:自降身份的亲切谈话、亲自勘测的勤勉行为、拒绝吃请的坚决态度,已经在观众面前展现出了一个"亲民""公正""廉洁"的法官形象,这对于观众最后认可法官的表演——接受最终判决铺平了道路。

在进行理想化表演的过程中,表演者往往通过其语言、表情、动作的表达来促成他人对其品质的印象。这需要表演者对自己情感的控制:法官们即使在厌恶当事人的情况下也还是要表现"亲近",即使在受到利益诱惑的情况下也还是要保持"镇定",即使在并不心甘情愿的情况下也还是要"事必躬亲"。"社会要求每个人都能对自己内心的感想有所抑制,只对情境表示那些他感到至少暂时能被其他人接受的看法。这种表面的、虚饰的一致,之所以能够维持,是因为每个参与者都把自己的欲望藏匿于他维护社会准则的表述之后,在场的每个人都感到不得不对这种冠冕堂皇的表述给予赞赏。"② 所以这种表演行为常常是一种"伪饰",这种"伪饰"使我们获得了安全感:我们是被社会所认可的、有高尚品质的、体面的人。当然,也有许多表演者从内心接受、认可社会上的理想价值,那么他将非常乐于进行这种理想化的"表演"——一种虔诚的、真实的自我展示行为。

---

① 高其才、周伟平、姜振业:《乡土司法——社会变迁中的杨村人民法庭实证分析》,法律出版社,2009,第 263 页。
② 欧文·戈夫曼:《日常生活中的自我呈现》,冯钢译,北京大学出版社,2008,第 7 页。

二、裁判结果的理想化整饰

理性化表演是法官在角色扮演的过程中采取的表演技巧,法官在审理案件的过程中,倾向于使其表演的各个方面都表现出理想化的特质:无论是审判行为还是审判结果,都符合社会的主流价值理念,都能够获得"观众"们的肯定性评价。因此,除了对审判行为的理想化整饰之外,法官往往会对其裁判结果也进行理想化的整饰,以实现表演的良好社会效果。

一个著名的公共舆论参与案件——"药家鑫案"可以作为我们分析法官整饰裁判结果的理想化技巧。药家鑫案之所以成为研究的案例样本,就是因为该案的判决体现了司法审判与社会舆论的互动过程。药家鑫是西安音乐学院大三的学生,在 2010 年 10 月 20 日 23 时许,药家鑫在看望女友后返回的途中,驾驶自家的红色雪佛兰小轿车不慎与张妙相撞,致使张妙连人带车摔倒在地。后药家鑫下车查看,发现张妙依然清醒,并在努力记下汽车的车牌号码。因为害怕承担责任,药家鑫产生了杀人灭口的恶念,从背包里取出一把长二三十厘米的单刃切肉刀,对身倒在地的张妙连捅八刀,致使张妙当场死亡。三天后,在父母的陪同下,药家鑫主动到公安机关投案自首。案件一经媒体爆出,便引发了社会大众的积极讨论。一个承载父母期望、拥有美好前途的大学生,竟然会如此残忍地杀害一个农妇,其行为难以为人们理解和接受。2011 年 3 月 23 日上午 9 点 45 分,药家鑫一案在西安市中级人民法院开庭审理。庭审的过程中,药家鑫的代理律师辩护药家鑫为激情杀人,并提交了药家鑫的校友、同学、邻居拟写的 4 份请愿书,希望法庭给予药家鑫一个改过自新的机会。随后,犯罪心理学专家李玫瑾通过对药家鑫的心理问卷调查,分析药家鑫的行为动机为"弹钢琴杀人法"①,更是引来了社会各界的一片争议和质疑。一时间,对于"药家鑫案"的讨论充斥于各类报刊的版面,甚至在网络上还出现了"药家鑫吧",网友们争相对案件发表自己的见解评论。

在药家鑫案中,审判步步推进都伴随着法官积极配合"观众"意见的努力。

---

① 李玫瑾在分析药家鑫的行为时指出:"心理学上有一个词,叫强迫行为,强迫行为就是:他做的这个动作往往不是他的一种兴趣动作,而是一种机械动作,这个动作往往会变成一个替代行为……所以我现在突然明白,他拿刀扎向这个女孩的动作,和在他心里有委屈,在他有痛苦,在他有不甘的时候,却被摁在钢琴跟前弹琴是一个同样的动作……弹琴本身是来发泄内心的一种愤怒或者情绪。因此,当他再遇到这么一个不愉快的刺激的时候,他看到一个人被撞伤了,而且在记他的车号,这个刺的行为实际上就类似于砸琴。"

在庭审当天,中央电视台等数十家媒体和400余名在校大学生到场旁听,庭审的程序充分做到了公开透明。这是法官对"观众"们表明自己的态度——接受社会大众的监督,做到公平公正审判。其实案件本不是一个复杂的刑事案件,但是出于慎重起见,法庭并没有当庭宣判。随后,关于案件审判的"内幕"甚至药家鑫的家庭背景等都引发了人们的广泛猜测。在"药家鑫吧"里,可以看到在3月23日至4月22日之间,对于"药家鑫案"审判过程以及结果猜测的各种帖子。网友分析了关于药家鑫案件的各个细节,包括药家鑫的自首可否成立、庭审现场的调查问卷、法庭为何择日宣判等问题,连药家鑫在看守所没有穿囚服、药家鑫的父母没有在庭审现场出现的细枝末节都没有放过。甚至有网友得出结论:药家鑫的交通肇事根本就是设计好的行为,是先故意撞伤张妙,继而谋杀的行为。因此,"药家鑫不死,法律死!!!"①在舆论的一片喊杀声中,对药家鑫是否作出宽容判决的讨论已经溢出了法律的界限,成为事关正义和道德的社会问题。2011年4月22日,西安市中级人民法院作出一审判决,宣告被告人药家鑫犯故意杀人罪,被判处死刑,剥夺政治权利终身。法官选择了与多数"观众"一致的价值立场,因为如果对药家鑫免于死刑,将难以平息被害人和社会公众的愤怒。之后,陕西高级人民法院的二审、最高人民法院的死刑复核程序都一致地认可了一审确定的死刑立即执行的判决,认定药家鑫的作案动机极其卑劣,手段特别残忍,情节特别恶劣,不能从轻处罚,并于2011年6月7日对药家鑫依法执行了死刑。至此,"药家鑫案"在众多"观众"的叫好声中落幕了。身处在舆论声中的法官,深谙应当怎样去做出"观众"们接受的判决:在可以自由裁量的范围内,尽量去靠近社会上普遍认可的价值理念,使自己的判决更加"理想化"。其实,在"药家鑫案"一审判决作出之后,西安的数名教授联名呼吁,要求免于对药家鑫的死刑判决。这五名教授认为,在对药家鑫的判决过程中,公众并不是在一种理性的、平和的心态下做出评论的,这是对一个年轻生命的极度不尊重。然而,教授们的观点始终没有改变二审法官们对"药案"的看法——因为,自始至终,他们代表的都不是最主流的观点。

药家鑫案的判决结果赢得了"观众"们的一致好评,印证了法官对主流价值理念选择的正确性——不能取得实际社会效果的判决将不会受到"观众"们的尊重。法官们采用了对案件判决的理想化整饰技巧,获得了观众们对其表演的肯定性评价。从一开始对媒体公开的态度,到最后对大众观点的接纳,都

---

① 以上内容来自"药家鑫吧"内的帖子,网址 http://tieba.baidu.com/f? kw = %D2%A9%BC%D2%F6%CE&fr=ala0#,最后访问日期2020年3月23日。

体现了法官积极迎合"观众"的心理。法官理解了"观众"们对法官角色的期待,并在这种期待的指引下开展他的表演活动。最终,"药家鑫案"因为它较高的社会关注度和良好的审判效果,被评为了最高人民法院 2011 年度全国法院十大精品案例第一名,受到中央政法委表彰。① 可以说,法官对这个案件处理实现了政治效果、社会效果和法律效果的统一。

在作出理想化裁决的过程中,法官不断地贴近社会大众,倾听社会大众对案件的评判意见,并将这种意见作为判决的重要考量因素。法官的理想化表演行为,使他的判决可以实现良好的社会效果,获得"观众"们的赞赏。如果法官认为,这种主流的价值观点并不十分符合法律的要求,那么他就必须在"观众"的观点和法律的规定中作出权衡。通常情况下,选择迎合社会的主流观点是较为明智的选择。但是,作为一个法官必须要明确的是,社会的主流价值观点并不是十分稳定,不断去迎合"观众"进行表演,可能会以牺牲法律"剧本"的权威性为代价。因此,在法律"剧本"的规定和社会"观众"的要求之间寻求一个平衡点,是一个出色的法官必须掌握的角色扮演技巧。

戈夫曼在探讨个体表演的道德性时指出,作为个体的表演者,面对众多的需要遵循的涉及品质和表达行为的标准时,"作为表演者,个体所关心的并不是如何实现这些标准的道德问题,而是如何造成一个令人信服的'正在实现这些标准'的印象的非道德问题"。② 因此,虽然我们的日常生活中会涉及大量的道德性事务,但是这些道德本身与我们并无关系:我们只是在展示我们的"道德商品"而已,我们只是"道德商"③。我们沉溺于自己所展示的"道德商品",但是越是关注这些"道德商品",我们就距离这些商品越远,也距离那些因为对我们信任而"购买"这些商品的人越远。戈夫曼做了一个精彩的比喻:以一贯之的道德模样,完成社会化角色的这种义务,以及由此而获得的利益,迫使人们都成了精通各种舞台表演手法的行家。④

---

① 参考新华网新闻,网址 http://news.xinhuanet.com/legal/2012-02/12/c_122690038.htm,最后访问日期 2021 年 3 月。
② 欧文·戈夫曼:《日常生活中的自我呈现》,冯钢译,北京大学出版社,2008,第 214 页。
③ 道德商,merchantsofmorality,戈夫曼语。参见欧文·戈夫曼:《日常生活中的自我呈现》,冯钢译,北京大学出版社,2008,第 214 页。
④ 欧文·戈夫曼:《日常生活中的自我呈现》,冯钢译,北京大学出版社,2008,第 214 页。

第四节　社会"观众"前的角色实践

法官的角色实践过程,是法官将其所领悟的角色期望、所学习的角色技巧运用到实际审判公正的过程。通常,社会"观众"的认可度是法官角色扮演的重要激励,因此努力实现司法为民的目标,通过民主、公正的司法过程使人民群众对审判结果做出肯定性的评价是每个法官的角色追求。但是,法官在角色扮演时需要把握的是,对"观众"期望的迎合应当有一个适度的标准,否则在实践中容易出现角色错位的情况。

一、坚持司法的亲民路线

"司法为民"是我国革命时期司法"群众路线"的延伸。坚持司法为民,是我国司法工作的一贯传统,也是当前社会形势的现实要求。在实践中,法官们将"司法为民"作为审判工作的出发点,将群众的利益放在首位,努力实现对纠纷的彻底化解。

(一)实践现状:以"司法为民"的宗旨回应社会

为了使观众们满意,法官们一直努力实践着他们"司法为民"的承诺。所以,在"榜样法官"的身上,我们能够找到他们不辞劳苦为群众奔波的忙碌身影,也能够发现他们苦口婆心劝解纠纷的良苦用心。"群众利益无小事",只要涉及与人民群众利益密切相关的纠纷,法官在处理的时候就应当考虑到判决的社会效果,要把人民群众是否满意作为评判司法公正的重要标准。法官从纠纷处理的大局着手,平衡各方当事人的利益,尽量做到定纷止争;同时以人性化的方式开导劝服当事人,平息当事人的愤怒,努力做到胜败皆服。

在"司法为民"理念的指导下,纠纷处理的模式更为多元化。司法调解成为一种重要的纠纷解决方式进入司法实践工作中,并协同司法判决共同为当事人矛盾的化解出谋划策。多元的纠纷解决模式为当事人提供了更多的选择,节省了当事人的诉讼成本,为当事人提供了更易于接受的司法产品。因此,多元纠纷处理模式的出现便是"司法为民"的具体体现。

在个案审判中,法官的推理论证方式也逐渐复杂化。法官在判决时不仅仅需要考虑案件事实和法律依据,还要将裁决结果可能产生的社会影响考虑在内。此时,法官作出判决的行为不再是一个简单的"三段论推理"过程,而是一个非常复杂的论证过程:先结合法律作出对案件的预裁判,再对这个预裁判的社会效果予以预测。如果该预裁判可以实现较好的社会效果,则说服双方当事人依此达成调解协议或接受预裁判;如果该预裁判可能引发更大的矛盾或者被当事人拒绝,则法官重新调整预裁判,直至该裁判可以化解双方当事人的矛盾并被当事人接受。在这个判决生成的过程中,法律规范以及程序正义是辅助实现判决的工具,法官必须在此基础上关心判决结果的合理性;这个判决结果是不是符合当地的风俗习惯、道德伦理,是不是能够消除当事人之间的对立情绪、化解纠纷,是不是能够为双方当事人及其他社会"观众"所认可接受。从审判结果的合理性出发来考虑问题,这是当前的政策"剧本"、司法"剧班"和社会"观众"对法官提出的共同的期望。

通过对案件处理模式和个案推理过程的改进,法官在角色实践中积极地以"司法为民"的心态来回应社会的需求,演绎着主流价值观念所认可的法官角色。"司法为民"的理念融入到法官的角色行为中,也进一步提高了司法判决的合理性,进而促进了司法公正的真正实现。

(二)现实问题:过于重视亲民效果导致的角色错位

正如前文所述,从结果出发展开论证的模式对于回应"司法为民"的宗旨,提高裁判本身的合理性有着重要的意义。法官们将裁决结果可能导致的社会问题纳入案件推理中去,可以避免判决产生之后双方当事人矛盾进一步激化现象的出现。但是,过于强调结果的合理性,可能会导致司法裁决行为的功利主义,使司法审判行为成为一种可交易的活动。

从审判结果出发的论证模式可以称为一种"司法裁决的后果主义论证"。[1] 后果主义最早源于功利主义,它主张一个决策的正当性应当依据特定的相关后果来判断。后果主义论证方式随着实践理性哲学的发展而不断深入,英国学者尼尔·麦考密克在其著作《法律推理与法律理论》中首次提出了"后果主义论证"这一专业术语。麦考密克指出:"在处理案件时,法官理应对摆在其面前的各种可供选择的裁判规则所可能造成的后果予以审慎考量,以权衡利弊。"[2]通过后果主义裁决的方式,法官对裁判的各种可欲后果进行衡量,并通过比对和评价决定作出哪一种判决是正当的。后果主义裁决方式对疑难案件的解决提供了一个途径,尤其在涉及各种利益冲突的时候,考量裁决后果而作出合理判决是十分重要的。司法裁决的可欲后果往往不是单一的,

---

[1] 杨知文:《司法裁决的后果主义论证》,《法律科学(西北政法大学学报)》2009年第3期。

[2] 尼尔·麦考密克:《法律推理与法律理论》,姜峰译,法律出版社,2005,第125页。

选择倾向的不同会带来裁决本身的不同。司法裁决的后果主义论证可以补充实定法本身的不足,对法律没有统一规定或者法律规定模糊、矛盾的案件作出合理的裁判,对于正当性判决的形成非常关键。但是,在实践中,法官们在进行司法裁决的后果主义论证时所表现出来的往往是一种"行为功利主义",而不是后果主义论证本身所欲求的"规则功利主义"。行为功利主义所关注的是司法裁决可能带来的"偶然后果",是针对特定个案和特别当事人的后果;而规则功利主义所关注的是司法裁决的"逻辑后果",是司法判决所蕴含的普遍化后果。法官们在案件审理中"完成任务"的心态,往往会造成他们对于审判的"偶然后果"的追求。只要能够解决当前棘手的案件,对法律的任意解释或者合理逃避都是被允许的。由于我国不存在判例法制度,所以法官也不必担心在个案判决中的法律适用会给他留下"污点",只要判决本身没有引起上诉、再审、改判,那么之后也无人会注意到作出判决结果所依据的法律条文。他们不会有实行判例法制度国家的法官所有的担心——关于案件的判决将会被公之于众,而且会被之后无数的法官所引用和评判。这种"担心"本身也是对法官的一种约束,让他们更加注意在适用法律方面的"逻辑后果",而不是仅仅想着把案件解决掉,甚至以牺牲法律的确定性为代价。

在我国,法官在角色实践的过程中过分地关注案件当事人对审判结果的态度,使得这种"司法为民"的思想在现实中常常受"行为功利主义"的驱使。法官不断地向当事人讲法讲理:在他的判决完全符合法律规定的时候,讲法讲理为的是当事人能够接受判决;在他的判决并不完全依据法律作出的时候,讲法讲理为的是使他的方案获得某种合法性。通过讲法讲理,所有的判决都可以依据其结果来获得法律上的正当性了——只要当事人接受了法官提出的纠纷解决方案,这个案子基本上就是"铁案"了,没有人会去追究法官在适用法律上是否存在问题。因此,讲理讲法是一个双赢的政策。从当事人的角度来看,法官耐心热情的劝说体现的是法官对当事人的尊重,是"看得起我","给我面子";从法官的角度来看,自己不厌其烦地解释是在消除当事人的心结,彻底化解纠纷,达到"一锤定音"的审判效果。所以不难发现,耐心的法官总是更受群众的欢迎,也能得到社会的肯定。"榜样法官"的事迹就是很好的例证。然而我们要警惕的是,亲民爱民本身是值得提倡的,但是,如果法官们都抱着"行为功利主义"的心态进行耐心劝解,那么从长远来看,对于维持法律的确定性和权威性都是十分不利的。

(三)榜样效应:角色样本对法官亲民行为的影响

"榜样法官"在对待案件当事人时所表现出来的亲切、耐心、真诚的态度令人感动和钦佩。在"榜样"们的事迹得到广泛宣传之后,"司法为民"的理念进一步深入到了个体法官的角色实践中去。全国各级法院掀起了践行"司法为民"的热潮,各种司法便民措施的推行带来了司法实务界的新气象。司法工作深入实际、深入基层、深入群众,为广大人民群众参与诉讼带来了诸多便利。

对角色榜样行为的模仿必须逐步上升到对角色榜样思想的认同上。在面对角色榜样的先进事迹时,法官们最初从榜样身上汲取的是一种目标激励——希望能够取得和榜样同样的成绩,获得社会大众的认可。这是基于法官角色自身需要而产生的动机。在这种动机的指引下,法官会主动模仿角色榜样的行为,矫正自身的不恰当表现,并逐渐将这种行为演变为自身的一种习惯。但是,要真正地超越模仿行为本身的功利因素,就要求法官对角色榜样的思想逐渐接受和认同。法官只有从内心认可角色榜样所体现出的亲民爱民、无私奉献的精神,并将之内化为自身的角色实践标准,才能切实地做到"以人民群众的根本利益"为出发点,尊重当事人的权利,慎思裁决的影响。

角色榜样为个体法官的角色实践行为提供了鲜活的样本,为回应当前"司法为民"的社会需求起到了积极的作用。但是要正确对待角色榜样的激励效应,消除角色实践行为中的功利性因素,还需要法官对自身角色定位的正确领悟。

二、倡导司法的民主参与

倡导司法的民主参与,可以实现民众对审判行为的监督,并促使裁决结果对民意的关照。法官们公开审判的过程,并将民意作为裁判时考量的重要内容,通过审判行为与社会"观众"互动,在实现审判公开化的同时促进了对社会大众的法治宣传教育。

(一)实践现状:以"司法民主"的形式贴近群众

司法民主的过程是法官与社会大众互动的过程。为了实现社会"观众"的期望,法官关注"观众"们的看法,并通过一些互动行为来实现与"观众"们的沟通,以使"观众"们肯定法官的前台表演。司法民主就是实现法官角色与"观众"沟通的方式。通过这种沟通,法官们得到了"观众"们对表演的反馈,进而可以根据"观众"们的喜好来改进自己的表演。"司法民主"基于这样的前提:社会大众共享基本的社会价值理念,可以共同参与对案件判决的评判。因此,贴近群众吸取民意成为司法民主的主要途径。

在我国,"司法民主"的基本实现形式是人民陪审员制度。人民陪审员的资格有着极大的广泛性,拥护中华人民共和国宪法,年满二十八周岁,遵纪守法、品行良好、公道正派,且具有正常履行带职责的身体条件的公民都有资格参与人民陪审员的遴选。① 同时,人民陪审员可以参与审判的案件也具有极大的广泛性,大部分的第一审刑事案件、民事案件和行政案件都可以实行人民陪审制度。人民陪审员制度的规定充分肯定了社会大众参与审判的合法性,促进了人民当家作主的积极性。

  网络的发达为更直接的"司法民主"提供了便捷的途径。任何一个涉及群体利益的案件,任何一个可能激起社会共鸣的案件,都可以成为"司法民主"研究的范本。社会大众对司法过程的关注成为司法监督的一种新方式,恰似一个透明的公共领域,每一个参与者都可以清楚地观察到审判的各个细节,并可以对审判结果发表自己独立的看法。这种全敞式的透明领域实现了社会大众参与司法的直接性和普遍性。不需要通过传统媒介作为传声筒,普通民众可以避开具有导向性的宣传报道直接接触案件的事实。权威的话语垄断被打破了,我们可以听到来自社会各界的不同声音,一种多元化的话语格局逐渐形成。这种多元化的话语格局实现了全方位的民意表达,不同阶层、不同利益的代表都可以站在自己的立场上表达对案件的看法,因此这种民主的方式可以关照到社会各个群体的利益。法官对不同话语的倾听为其审判提供了智识性的参考,可以避免因为先入为主的偏见带来的错误判断,也可以防止长期处于专业思维的禁锢下引起的思想僵化。同时,在与社会公众互动、讨论案件的过程中,一些专业的法律词汇进入了公众的视野,一些基本的法律常识逐渐被群众熟识,法律意识随着司法审判的推动潜移默化于社会大众心中。因此,可以说司法民主的过程,也是一个法制宣传教育的过程。正确地引导司法民主行为,推动法官与公众的良性互动是社会主义法治建设的可能途径。

  在实践中,为了促进公众对司法的参与,最高人民法院也分别于1999年与2007年发布了《关于严格执行公开审判制度的若干规定》和《关于加强人民法院审判公开工作的若干意见》,针对公开开庭、公开审判、公开宣判等程序进行了明确规定,并推出了一系列的便民措施,方便公民对审判公开的监督。2013年,最高人民法院启动了审判流程公开、裁判文书公开和执行信息公开三大平台建设。在前期工作基础上,2014年的最高人民法院《四五纲要》对深化司法公开工作提出了更高的要求:一方面,完善庭审公开制度,逐步推进庭审的全程录音录像;另一方面,加强中国裁判文书网网站建设,严格按照"以公开为原则,不公开为例外"的要求,实现四级人民法院依法应当公开的生效裁

---

  ① 参见《中华人民共和国人民陪审员法》第五条规定。

判文书统一在中国裁判文书网公布。至此,地方各级人民法院也相继推出各种信息公开的方案,促使司法民主的全面开展。2019年,最高人民法院发布关于司法改革的《五五纲要》,该纲要明确提出,当前司法改革的重点是进一步深化司法公开,不断完善审判流程公开、庭审活动公开、裁判文书公开、执行信息公开四大平台,全面拓展司法公开的广度和深度,健全司法公开形式,畅通当事人和律师获取司法信息渠道,构建更加开放、动态、透明、便民的阳光司法制度体系。可以预见,至2023年,以司法公开为基础的司法民主机制的建设将全面完成。

司法民主的方式也得到了广大人民群众的积极响应,对于涉及社会群体利益的案件,都会引发整个社会关于法律、政治、道德等各方面的讨论。在案件判决的过程中,法官们也会充分考虑各个群体的意见,将民意作为判决考虑的重要因素。司法审判活动融合了社会上诸种因素的影响,法官的判决体现了对法律、政策、民意的综合权衡。

(二) 现实问题:过于依附民意评价导致的角色错位

倡导司法民主,积极采纳民意对于合理判决结果的形成有着积极的意义。但是,必须明确的是,"司法民主"和"司法大众化"并不是同一的概念,提倡吸纳合理的民意与盲目接受民意的影响不会产生同等的审判效果。"司法民主"要求的是综合性的"民主",它不仅仅体现在司法主体的民主上,还体现在司法制度、司法程序、司法价值导向等各个方面的民主。仅仅强调主体上的民主,而缺乏相应的程序规制,很容易使多数人的、不合理的意见纳入到司法审判中去。一旦过于迎合社会"观众"的要求,法官对案件的看法就会逐渐受到社会"观众"的影响,关于案件判决的作出也不再是法官个人的行为了。过于屈从社会舆论的压力,法官的独立性将会受到威胁,这极易造成实践中法官的角色错位。

民意进入司法程序,在为司法运作过程带来监督的同时,也带来了很多难以预期的社会问题。民众表达自我情绪的行为往往伴随着发泄的成分,因此这种对司法审判意见的表达常常带有非理性的因素。由于对社会不公、司法腐败等问题的不满,借助案件发表言论成为民众发泄情绪的一个出口。当前中国社会正处在矛盾激化的时期,社会利益分配不均、社会等级差距加深,很多人不能从生活、工作中获得满足,生活压力不断加大;加之权力部门存在的一些贪污腐败、徇私枉法的行为,导致弱势群体的利益无法得到保护,引发了人们对政府信任的缺失;同时各种文化不断侵入,中国原有的传统道德体系崩溃,价值理念的冲突和混乱使得很多人感到迷茫。因为长久积聚的矛盾无法得到排遣,所以一旦遇到恰当的时机,本不起眼的案件也会引起社会的骚动。

尤其是在当前的信息时代，网络的发达带来了信息传递的便利，新近发生的事件一经公开便可以迅速传播起来。网络上的一个帖子、一条微博可以促使无数网民积极跟帖，网民们用各种热烈的甚至极端的言论宣泄着自己的感情。不需直面他人地表达自己的看法，每个人就像戴着面具在交谈，既可能表达的是自己最真实的想法，也可能表达的是一种狂热的感情。

就如当初对耶稣的审判，是多数人的暴政将耶稣送上了十字架。民意在有的时候，体现的不仅仅不是理性，而且是极端的非理性。当所有人都高喊着钉死耶稣的时候，那些受过耶稣恩惠的人也身在其中，他们参与并从周围人的呐喊声中汲取了力量。审判者比拉多最终顺从了民意，残酷地将耶稣钉死在了十字架上。① 在这个案子里，民意所体现的是集体的非理智，是一种在从众的压力下作出的"舆论审判"。这种"舆论审判"的形成过程可以用社会心理学中"沉默的螺旋"理论来解释。"沉默的螺旋"理论是德国学者诺埃勒·纽曼（Elisabeth Noelle Neumann）在 1974 年提出的一个关于舆论形成的理论，它的基本内容是指：社会会使背离它的个人产生孤独感；个人是恐惧孤独的；为了避免这种孤独产生的恐惧，个人会不断地估计社会接受的观点是什么；而估计的结果将影响个人在公开场合的行为，具体表现为如果个体发现自己支持的观点在社会上是得到大多数人的支持的，个体就会更乐意在公共场合表达这一观点，而如果感觉自己所持的观点只是少数人的意见，个体往往就会在公众面前保持沉默，而一方意见的沉默又造成另一方意见的增势，如此循环往复，便形成一方的声音越来越强大，另一方越来越沉默下去的螺旋发展过程。② 受过耶稣恩惠的人，在心里并不认为耶稣应该被判死罪；可是当他们发现其他人的呐喊声如此高亢时，他们也不愿再表达自己真实的想法。群体行为导致的多数人的暴政，到今天仍然是我们应当警惕的问题。

民意干预司法可能造成的危害还在于，它的实现与司法权运行的本质相互背离。现代法治社会的基本原则是要求司法独立地作出裁判，审判活动不应当受到来自外界的干扰。而采纳民意的过程实际上就是法官受民意左右的过程，因为注重民众诉求而忽略程序公正，因此法官随着民意的摇摆伺机而动的情况也屡见不鲜。在顺从民意的同时，法律所欲求的正义也被牺牲，司法的权威性受到了很大的损害。司法审判本应该是一种亲历性的活动，只有亲自

---

① 案例参见萧瀚：《耶稣之死与"群众性"司法——评对拿撒勒人耶稣的审判》，载《法槌十七声——西方名案沉思录》，法律出版社，2007，第 78 页。
② 周晓虹主编《社会心理学》，高等教育出版社，2008，第 235 页。

经历庭审,听取双方当事人的辩论,才能够形成对案件事实较为客观的评判。而一时间风起云涌的民意,可能仅仅是被有倾向性的言论诱导出的情绪,没有亲身经历审判的群众也并不了解事实真相。被这样模糊的民意指引审判,对维持司法独立、司法公正和司法权威而言都是十分危险的。

舆论越是一致,司法独立对于维护少数群体的权利就越重要。① 在民意越来越强势的今天,法官坚持自己依据法律和良知形成的独立判决就越来越珍贵。法官在"观众"面前,应当是一个有思想的表演者,他迎合观众的胃口,但又不会成为"观众"手中的牵线木偶。一个成功的表演者,应该随着自己表演经验的积累不断地丰富角色内涵,而不是紧紧依附于观众对他的评价之上,渐渐丧失自我。

(三) 榜样效应:角色样本对司法民主实践的影响

"榜样法官"为司法民主实践的开展树立了角色榜样。"榜样"们以"司法为民"为出发点,在审判的过程中体察民情、善察民意,开创了各种司法民主的形式,听取社会大众的意见。牟乃桂法官在审理一起国有企业破产案件时,召集政府有关领导、全厂中层干部和职工代表开会讨论,听取该厂干部、职工的意见,努力解决困难职工的问题。② 袁月全法官面向社会开通了"袁月全信箱",主动接受社会大众的监督,畅通群众意见表达渠道,并提供免费的法律咨询服务。"榜样法官"们在司法民主方面的探索行为为民意走进司法开创了崭新的途径。

接纳民意并不等于受制于民意的影响,在这一问题上,"榜样法官"们也作出了恰当的诠释。金桂兰法官曾强调,审理案件必须"居中裁判",要"按照法律"进行裁决,不能用法官的个人情感、外界压力来"代替法律"。③ 法官必须坚守自身中立的角色定位,理性对待民意,既要避免武断裁判,又要避免舆论审判。角色榜样的言行为个体法官的角色实践提供了可供参照的样本,这对矫正法官的角色行为,避免法官的角色错位有着积极的意义。

制度的完善永远是问题的根本解决之道。采用一定的民意接纳机制来畅通、完善民意进入司法的过程,将是规制民意的合理表达,防止法官角色错位的可欲途径。

---

① 理查德·波斯纳:《法官如何思考》,苏力译,北京大学出版社,2009,第128页。
② 具体案情参见刘春雨、于玉平:《天平星光耀齐鲁——记"中国法官十杰"牟乃桂》,《党员风采》2008年第1期。
③ 具体内容参见吕爱哲、刘晓波:《美丽动人的金达莱——"中国法官十杰"金桂兰专访》,《人民法院报》2006年3月8日,第4版。

第五章　法官角色的形成分析

> 法律秩序是一种多维事务,只有把多种维度当作变项,才能对法律进行彻底的研究。我们不应该空谈法律与强制、法律与国家、法律与规则或法律与道德之间必要的联系,而应该考虑这些联系在什么程度上和在什么条件下发生。①
>
> ——诺内特、塞尔兹尼克

角色与规定情境(即剧本、剧班、观众)之间存在着互动关系,角色是规定情境下的角色,规定情境影响并反馈着角色的表演。但除了规定情境外,法官角色的形成还受到外部宏观情境的影响——宏观情境决定了法官角色期待的多重性。要完成对法官角色的深层次分析,必须首先完成对角色形成的宏观情境的解读,了解促成法官角色的外部环境和内部动因。当前中国法官角色的塑造,根植于中国复杂的政治、社会、经济、文化以及组织关系之上,并在诸多强激励因素的刺激下逐渐形成。因此,法官角色的偏差,既有来自于复杂多元社会关系的影响,也有存在于群体内外的不当引导和互动。了解当前法官角色形成的深层次原因,有助于纠正法官在角色扮演中出现的各种问题,实现法官角色的重构。

第一节　角色形成的逻辑过程

一、逻辑起点:角色形成的宏观情境

"情境",原是演员表演艺术中的术语。演员扮演角色,需要对所扮演的人物进行体验与表现,概括地说,乃是对情境中的人物进行体验与表现。对演员

---

① 诺内特、塞尔兹尼克:《转变中的法律与社会:迈向回应型法》,张志铭译,中国政法大学出版社,1994,第10页。

来说,情境多是剧本中已经规定、剧班布设完成的,对此类情境,斯坦尼斯拉夫斯基将它称为"规定情境"。其实,演员创造角色所面对的"情境"包含的内容非常广泛,除了剧本的情节、事实、事件等,还有剧情发生的时间和地点,演员的生活环境,所处的社会关系与文化背景,以及基于此演员所产生的剧本理解,自己对它所做的补充等,这也是"情境"。区别于剧场中能看到的"规定情境",影响演员理解、注意力的其他环境因素,可以称之为"宏观情境"。演员创造角色,首先需要解读"规定情境",对它进行判断,对人物进行"设身处境"的体验。同时,通过有机的行动过程和动作体系,展现出"典型环境中的典型性格"。作为旁观者,欲解读角色在"规定情境"中的角色行为,则必须理解放大至"宏观情境"下去考察角色期望,在更大的角色背景下分析多重角色的形成和演员的特定选择。

在本书中,宏观情境是法官角色行为形成的外部环境。宏观情境是角色生成的外部土壤,特定的宏观情境必然催生特定的角色期望。对于法官来说,中国特殊的政治、社会、经济、文化以及组织关系,是促成法官多重角色形成的"宏观情境"。法官无法超脱出宏观情境完成角色,引导法官角色塑造的政策"剧本"、司法"剧班"和社会"观众"也无法超脱出宏观情境表达其角色期待。在当代中国这一"宏观情境"下,写就剧本的人,不过也是"剧中人"罢了。因此,追求超脱于宏观情境的角色期待,只会造就更"水土不服"的角色行为。基于此,对当代中国法官角色的生成过程的解读,必须要建立在当代中国复杂的宏观情境之上。带有"政法传统"烙印的司法制度范式,从"计划经济"演变而来的多元经济结构,由"乡土中国"发展出的二元文化格局,以及体现"科层制"色彩的司法组织形式等,都是当代中国不可忽视的宏观情境。多元、复杂的宏观情境催生了多元、复杂的角色期待,正是在这种背景下,法官必然会成为承载着多方期待的"复杂人"。多元角色必然引发角色紧张,如若未能实现角色的自我调适,角色冲突甚至角色错位的情况将在所难免。

二、角色形成:宏观情境、角色期望与个体选择的互动

宏观情境决定了不同群体的角色期望,而角色期望促成了法官群体多重角色的形成。为了迎合角色期望,法官会从多重角色中作出个体选择——最终群体内外的"核心期望"决定了法官选择扮演的角色。所以,角色形成即是"宏观情境—角色期望—个体选择"的互动过程(见图1)。

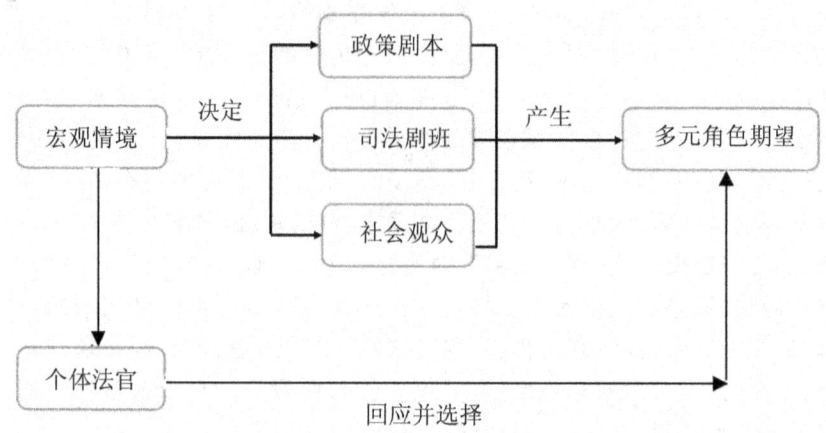

图 1　宏观情境下法官角色形成的互动过程

所有角色错位的深层次原因,均是宏观情境作用下多元角色的"紧张"和"冲突"。角色紧张,即个体所感受到的角色期望与其自身的角色认知不一致,致使个体在角色定位上出现了一定"紧张"或"冲突"感。人的精力是有限的,法官在面临多重角色时,能够予以关注的重点也是有限的。过多的角色身份必将带来角色认知的混乱,如若在行为动因上引导不当,角色错位将不可避免。因此,发现引起法官多重角色形成的外部原因,可以从宏观层面上改善角色情境,协调可能矛盾的角色期待,从而有助于法官统一角色认知的形成;而探寻激励法官角色定位的内在动因,则可进一步从微观层面上矫正不当的情境干预,帮助法官回归本我角色,形成正确的角色定位和选择,避免角色冲突和错位问题。

前面已就法官的多重角色期望进行过深入分析,后面将主要针对多种角色期望形成的宏观情境,以及个体法官角色选择的内在动因展开进一步分析,以法官的角色形成中心脉络,完整法官角色分析的全部过程。

第二节　角色形成的外部情境

对角色宏观范畴的研究将主要围绕角色互动中社会关系的研究展开。社会关系是角色关系产生的背景,对角色关系产生的社会背景的探寻对于理解角色行为有着重要的意义。法官角色的产生也是依赖于特定的社会关系的,多元的政治关系、经济关系、文化关系和组织关系共同塑造了当前复杂的法官角色,而多元角色是法官出现角色冲突、角色错位的重要原因。

一、一般情境:政治、经济与文化关系

(一) 政治关系

政治关系是社会关系的重要方面,也是影响法官角色关系形成的重要因素。因此,要研究法官角色,不仅仅要考察与法官角色密切相关的司法制度,而且必须考察与之相伴相生的政治制度。在中国,法律制度的发展与政治制度相互依存,政治与法律之间的亲密关系可以从"政法"一词中轻易发现。相对于"司法","政法"似乎是一个更为群众所熟知的词汇,譬如我们常常说的政法系统、政法委员会、政法学院等。带有政治色彩的司法也显得更有强势性,它与政治的某种亲缘关系强化了它的权威性。这种政治和司法的亲密关系学者们称之为中国的"政法传统":这是一种制度范式,一套法律实践技术,它要求司法必须服从于政治中心,服务于政治大局,坚持党和政府对司法的绝对领导。

中国的政法传统由来已久。从革命根据地时期开始,司法工作就是政治工作的重要组成部分,法院的作用是镇压敌对阶级反抗,巩固无产阶级政权。因此,执行党的决定是司法机关的首要目标,在法律匮乏的年代,党的政策、决议可以替代法律直接作为案件审判的依据。司法机关在党内组织政法委员会的指导下开展工作,党对司法机关的绝对领导地位得到了确立。直至新民主主义革命以后,封建政治体制被彻底打破,社会各个方面都发生了翻天覆地的变化,司法制度建设也翻开了全新的一页。建基于马克思列宁主义的科学社会主义理论构想上的中国司法,走上了完全不同于西方经典的法治化道路。虽然法律的自治性已经得到了一定程度的认可,但是政治对司法的影响仍然是法制建设过程中的决定性因素。处于百废待兴状态下的中国,面临着生产力落后、人民生活贫困、阶级斗争严峻等复杂的形势,必须通过各方力量来巩固刚刚建立的政权。这时,司法作为推行政治工作的工具被"整合"了,司法审判的过程也成为政党政策大力推行、教育群众的工具。强世功通过研究陕甘宁边区的司法审判工作发现,马锡五审判方式代表的是一种中国法律的新传统——法律的治理化,其典型手段"人民调解制度"的推广为的是实现共产党治理社会、改造群众的目的。调解的过程中渗透着政治功能,以至于调解的目的并不在于定纷止争,而是在于推行政党的意识形态。党的路线、方针、政策在化解纠纷的同时传达给了广大人民群众,司法的作用进而转化为实现法律的治理化。这一法律新传统不同于中国古代的法传统,也不同于苏联社会的

法传统,更不同于西方国家的法传统——它是对各种法律技术的组装——是一个全新的国家治理模式,它具有三个基本特征:司法审判作为直接的政治体现形式;司法审判作为社会改造的工具;以及司法机关的一体化。[①] 这种法律新传统是政治通过司法治理社会的手段,是对我国"政法传统"的一种现实诠释。在很长的一段时间里,法律与政策的界限都十分模糊,司法几乎没有自身独立于政治的领地。

自 20 世纪 70 年代以来,改革开放政策带来了中国全方位的改变,社会主义法治建设也得到了前所未有的发展。依法治国、建设社会主义法治国家、建设有中国特色的社会主义法律体系等方略相继提出,司法制度改革一度成为社会关注的热点问题。法律和政治的关系被重新审视,司法简单依附于政治的工具主义思想受到了学界的一致摒弃。法律必须在一定程度上是自治性的:法律独立于政治、独立于道德而存在。司法机关在人员、机构和职能上都得到了相对独立,法律与政治合一、政策替代法律的现象得到了明显改善。中国在迈向法治化的进程中走得越来越稳健。

然而,我们距离法治社会依然还有着相当的路程。时至今日,"政法传统"在司法机关的工作中还能寻找到踪迹。司法改革的方向随着不断更新的政治目标不断转变,司法机关的工作人员的行政头衔对其晋升依然有着一定的影响力。对政党政策的回应,依然是最高人民法院和地方各级人民法院的目标,从"马锡五审判"到"枫桥经验",从"大调解运动"到"多元纠纷解决机制",这些既是在社会矛盾凸显时期的权宜之计,也是国家重拾司法治理模式的政治考量。由于缺乏自生自发的法律传统,每次司法改革推进的过程,都是一种自上而下的社会治理过程。我们虽然明确了法治建设的方向和模式,但是这些目标在推进过程中,司法仍然欠缺适度"节制"的品格。直到今天,政治对司法工作的影响仍没有明显减弱,带有政治色彩的"榜样法官"事迹的广为宣传就是一个很好的例证。这不能说是司法本身的问题,在特殊的国情下,不受政治的影响而独立发展本来就是不可能的事情。但是,在与政治互动的过程中,明确宏观指导与具体执行之间的界限,赋予司法一定程度的自治性,这必将是我国法治建设发展的方向。在新一轮司法改革开启之时,在确保党的领导和党的建设统领人民法院司法改革的基础之上,明确司法的性质与定位,深化与行政适当分离的司法制度改革,完善司法人员分类管理制度,是推动公正、高效、权

---

① 强世功:《权力的组织网络与法律的治理化——马锡五审判方式与中国法律的新传统》,《北大法律评论》2000 年第 3 卷第 2 辑,第 45-53 页。

威的中国特色社会主义司法制度的必经之路。

（二）经济关系

经济关系对于法律制度及法治理念的形成起到了决定性的作用。法作为上层建筑的一部分，它根源于一定的经济关系，决定于一定的经济关系，并服务于一定的经济关系。正因为如此，经济关系的性质对于法官角色的形成起着至关重要的作用。

商品经济的繁荣直接促进了法律的发展。在古罗马时期，商品经济的发展有力地推动了罗马法的完善，平等的法治理念也随着经济的发达逐渐浸入到当地的法治文化中去。商品经济是一种契约经济，人们之间的关系主要依靠客观、公正的法律来维持。因此，在商品经济较早发展起来的西方国家，平等、自由的理念是法治的核心内容，司法逐渐成为一种独立的力量来制衡权力机关，以实现对公民权利的保护。权利本位的思想进一步促进了人权观念的发展，自由、平等、正义成为法律所最需要关注的价值。在这些价值的指引下，司法独立、程序正义、平等自由的理念成为法律领域的主流文化，经典的西方法治传统逐渐形成。

在中国，法律的产生和推进过程在一种完全不同的情境中展开。最早的"法治"①思想出现在春秋战国时期，是法家的思想家们为加强封建专制统治的建言献策。在之后的两千多年里，"法治"思想和礼治思想在中国的历史上交替出现，逐渐形成了中国"儒法合流"的法律传统。可以说，中国的法律一直没有摆脱政治制度、道德观念而获独立的发展，与此相适应的是，法律发展的路径依赖于中国半封闭的、自给自足的生产方式而存在。落后的农耕方式使中国的资本主义经济发展得很不充分，固守于一方土地而生存的农民信赖的是权威的卡里斯马型②领袖，而不是客观公正的法律。专制主义、义务本位的思想沉重地积淀了两千多年，致使新民主主义革命的发生也未能将其彻底清除。新中国成立以后，我国实行集中统一的计划经济体制，国家通过指令性计划来管理和调节落后的国民经济状况。计划经济体制给刚刚建立的"一穷二

---

① 因为这里的"法治"不是我们现代意义上的法治，而是将法律作为工具的"以法治国"思想，故加引号以区别。

② 卡里斯马型统治的最大特点是这种统治不受法律规范的约束，其统治权威的保持在于个人魅力的不断展现与发挥，一旦个人魅力消失，其权威也随之消失，法律、法规对个人权威的保护不起什么作用。参见吕世伦主编《西方法律思潮源流论》，中国人民大学出版社，2008，第254页。

白"的国家带来了经济上的飞速增长,为我国的社会主义工业化奠定了基础。但是随着经济建设条件的变化,原有的经济体制越来越不适应社会的发展,平均主义的分配原则、单一化的经营模式都压抑了企业的发展,挫伤了人民群众的积极性和创造性。同时,计划经济体制对集权制的强化,再次阻滞了民主平等理念的深入。在这种经济体制下,社会的各个方面都是高度同一的,法律也是如此,它紧紧依附于国家的大政方针,难以获得独立的发展。

直至改革开放以后,社会主义市场经济体制才逐渐取代了计划经济体制。经济体制的变革带来了社会结构的变化,同时掌握政治资本、经济资本和文化资本的"总体性精英"集团逐渐出现。[①] 总体性精英集团垄断着社会各个方面的资源,这种资源的不对称性导致了贫富两极的差距越来越大。同时,总体性精英集团对政治和经济决策存在着相当的影响力,社会利益格局失衡的情形不断加重。不同群体之间的权利分配不均衡,他们表达权利要求的能力也存在差异。一些弱势群体逐渐被边缘化了,社会结构从之前的"铁板一块"逐步发展到现在的多元化、碎片化。而且,随着自由市场的继续推进,财富集中和利益冲突的情况越来越严重。积极调处纠纷,促进社会和谐成为当下经济环境对司法工作的要求。法律作为一种稳定的社会资源,面对不同群体之间多变的冲突,无法为其提供可以沟通的语言和共同认可的规范,因而难以有效地整合各方的利益诉求。而柔性的调解制度恰好可以弥补法律过于刚性的不足,为个案中的当事人提供可行的利益均衡方案。可以说,正是我国自由的市场经济环境引发的问题促成了调解制度的全面复兴。

经济关系的变化在无形中制约着法律发展的方向,也决定着法官群体所扮演的社会角色。从建国初期的政党政策执行官,发展到今天的社会纠纷调解员,法官的社会角色在随着经济关系的调整而不断发生变化。总之,社会关系的变革给社会各个群体角色的定位带来的影响是全面而深刻的。

(三) 文化关系

在中国的司法制度中,最具代表性的是基层司法制度,而对基层司法制度考察应当在其特殊的文化背景下进行。"从基层上看去,中国社会是乡土性的。"[②]费孝通通过对中国传统乡村社会的观察,总结出了传统基层社会的乡土性特质。农民作为乡土社会的主体,世世代代依附于土地之上,依靠土地维

[①] 孙立平:《转型与断裂——改革以来中国社会结构的变迁》,清华大学出版社,2004,第49页。

[②] 费孝通:《乡土中国 生育制度》,北京大学出版社,1998,第6页。

持其生计。这种对土地的依赖决定了乡土社会的低流动性,同一村落中的人具有相当高的同质性。因此,乡土文化在乡土社会中自然生成,熟人之间维持着彼此的信任关系,并且共享着某种默契的行为规范。所以,在这种乡土文化中,法律所发挥作用的领域是极其有限的——群族内威望者的个人权威是高于法律权威的,礼俗习惯等民间法的约束作用是高于国家成文法的。现代性的法律制度在渗入到乡土社会的过程中受到了诸多阻碍。强世功通过对边区的法律实施状况研究指出,国家法与民间法"处于一种陌生的相互隔膜之中,缺乏一种共同信守的理念或文化基础"①。西方移植过来的法律制度和法律理念是与乡土社会的习惯风俗相背离的,生活在乡村社会中的人们并不理解现代法的思想。因此,中国共产党在推行其先进的意识形态的同时,不得不面临着怎样化解国家法和民间法张力的问题,要么改变法律制度,要么改变乡村文化。但是在实践中,这两者都是不可能的。改变法律制度意味着对政党推行的意识形态的否定,改变乡村文化并不是一时半刻所能完成的巨大工程。于是,某种变通的方式,比如调解便成为法律实践中的现实需求。马锡五审判方式就是在当时冲突的知识体系和法律文化下发展起来的。这种审判方式化解了法律在乡土社会中所遭遇的紧张和困难,并作为一种新的法律传统延续了下来。

有学者指出,随着现代化浪潮的推进,中国社会发生了从"乡土"社会到"后乡土"社会的变迁。后乡土社会是指在乡土结构依然留存的情况下,社会经济与文化的观念和行为都已经受到了现代化的渗透,并或多或少具有了现代性特征。② 越来越多的农民脱离了其生长的村落,不再把土地作为其维持生计的唯一途径。随着外出务工人员的增多,村落成员的流动性逐渐增强。熟人关系的范围扩大了,不仅仅在村落内部存在着熟人关系网,在外出打工的人员之间也存在"同乡"熟人关系网。在乡土社会中存在的差序格局③逐渐被农村的双二元格局所替代。所谓的双二元格局是指从农村解放出来的富余劳动力在遭受城乡二元格局的情况下,还要受到体制内和体制外二元格局的排

---

① 强世功:《权力的组织网络与法律的治理化——马锡五审判方式与中国法律的新传统》,《北大法律评论》2000年第3卷第2辑,第10页。
② 陆益龙:《乡土中国的转型与后乡土性特征的形成》,《人文杂志》2010年第5期。
③ 差序格局是指以己身推演出来的社会关系网络,高低贵贱、亲疏远近使人与人之间的关系存在着等级和差别。在这种格局中,"礼"是社会交往的基本规范,个体根据他人与自己的地位关系,选择有差别的行为方式。参见费孝通:《乡土中国 生育制度》,北京大学出版社,1998,第29页。

斥。从农村流向城市的劳动力既非村民又非市民,既非农民又非职工,他们只能游离于各种体制之外,难以对自己进行准确的角色定位。在这种双二元格局的后乡土社会中,随着社会流动性增强、利益格局变迁,以习惯伦理和权威传统为基础的礼治文化逐渐消退。高同质化的村落发生了剧烈分化,曾经以默契为基础的规则难以推行和适用。村民自治制度的发展和完善使乡土社会的权力结构发生了改变,直接选举村干部的形式进一步促成了民主话语的形成。后乡土文化展示了乡土文化和现代文化之间的断裂:家族意识和长老权威日渐衰落了,规则意识和法律权威却还没有完全树立起来。此时,建立良性的法律秩序以弥补文化断层造成的秩序混乱显示出了从未有过的紧迫。

从乡土社会到后乡土社会,基层司法所依存的文化关系发生了巨大变化,催生了基层法律秩序逐步建构。在基层人民法庭里,法官们都在运用各种法律或者非法律技术来处理纠纷,调和着国家法和民间法之间的冲突,弥补着乡土文化和现代文化之间的裂痕。

二、特殊情境:组织关系

法官所身处的法院系统组织关系对法官行为的指引起着重要作用。在中国,法院系统的组织关系呈现出了明显的科层制特征,这使法院的上下级之间呈现出了一种类似于行政机关的垂直隶属关系。正是因为这种组织关系特征,法院系统的工作体现了司法行政化的倾向。

科层制的概念是由德国社会学家马克斯·韦伯(Max Weber)首次提出的。科层制又称理性官僚制或官僚制,其突出特点是组织内部分工明确,呈现等级式的权力关系,所有成员必须服从组织纪律,排除个人行动中的非理性因素。韦伯以"合理性"和"合法性"作为科层制的学理预设,并依据这两个标准对统治类型进行了划分:传统型统治、卡里斯马型统治和法理型统治。韦伯通过分析认为,法理型统治下的科层式结构是最为理想的统治类型。现代科层制的合理性主要表现在其本身的理性化、技术化和非人格化,其合法性表现为一套逻辑体系一致的法律规则。在科层制统治中,组织成员被物化为组织"机器"的各个"零件",他们有自己的职责和地位,并且要严格遵循这种等级序列而不得随便僭越。组织内部的权力来源于法律和制度的规定,而与血缘关系和世袭身份毫不相干。不仅仅组织管理方法完全技术化,组织行为和组织目标也完全技术化,一切都成为客观的、可以预测和算计的量化标准。科层制可以排除传统的统治方式中的非理性因素,提高组织行动的效率,促使组织目标的达成。因此,在韦伯看来,科层制是现代法理型统治的重要手段,代表着进步社会所不可逆转的潮流。

在我国法院系统内部,上下级法院之间以及法院成员之间的权力分层表现出了明显的科层制特征。法院系统是一个金字塔结构,法官们的地位由并存着的三种层级决定:行政职务层级、审判职务层级和法官等级。行政职务主要有院长、副院长、庭长、副庭长,审判职务主要有审判委员会委员、审判员、书记员,法官等级主要有首席大法官、大法官、高级法官、法官。三种层级之间有着错综复杂的关系,共同决定着法官在法院系统中地位的高低。更为重要的是,在这三种层级背后有着类似于公务员系统的行政级别问题,法院系统内的所有工作人员,即使是非法官,也有其相应的行政级别。行政级别可以单独晋升,但是通常的情况是,行政职务和审判职务的晋升伴随着行政级别的晋升,而行政级别的晋升则伴随着法官等级的晋升,四者之间有一定的联动关系。①法官的晋升伴随着其收入、权力和声望的同时提升,因此构成了法官努力工作的最大动力。尤其是行政级别的晋升,往往能带来收入上较为明显的增加,更激发了法官不断晋升的要求。在强烈的晋升欲望的刺激下,法官将各种评比指标看作其司法审判要实现的价值,甚至不惜牺牲司法独立、公正的品格。员额制实施之后,法院系统全面启动了法官单独序列的晋升机制改革,一定程度剥离了法官等级和行政职级之间的关系。但是由于改革刚刚推进不久,成效尚未完全显现,法官身份的行政性特征也并未完全消除。

法院系统科层制的特征,还可以表现在另外一个方面:法院各种工作目标和任务的量化。科层制要求组织通过量化的指标来激励组织成员,以实现组织管理的科学化,提高组织工作的效率。因此,在科层制组织中,所有的工作都是分配给个人的、明确计量过的任务,组织成员的升迁与否就由任务指标完成的情况来决定。这反映在我国的法院系统中,就表现为法官们对各种数字化符号的追求:立案数、结案数、结案率、执结率等。这些数字化符号本意是将司法审判所追求的价值具体化;然而这种具体化扭曲了这些价值本来的意义,而且这种扭曲随着法官们对晋升的追求愈来愈严重。同时,法院系统内的权力层级化加剧了法官对上级命令的服从,这种服从伴随着法官晋升的期望导致了法官独立性的进一步丧失。

当前,法院系统的科层制结构与司法审判所理应追求的价值出现了根本上的背离。韦伯依据科层制所表达的价值倾向性将科层制进一步分为了形式

---

① 翁子明:《司法判决的生产方式——当代法官的制度激励与行为逻辑》,北京大学出版社,2009,第91页。

合理性的科层制和实质合理性的科层制。实质合理性的科层制体现的是一种纯粹客观的合理性，它尽可能量化组织的行为目的、方式和程序，使所有的行为结果以及行为本身都成为可以被预测和计算的内容。实质合理性的科层制统治则追求的是主观的合理性，即组织行为的目的和后果应当符合宗教伦理、道德理想，注重对行为本身的价值判断。因此，在实质合理性的科层制中，对组织成员的评价带有主观性的特征，其标准本身是模糊的，上级对组织成员的主观看法往往就能决定该成员的升迁与否。韦伯以中国古代的官僚制为例，指出在中国古代的行政机关，科层制具有明显的实质合理性的特征。当前，我国法院系统采用的应当是韦伯所赞赏的形式合理性的现代科层制，量化的目标任务决定了组织成员的行为，组织成员只要做到对规则的遵守就相当于实现了组织所追求的目的。但是，作为司法审判机关，维护法律的公平、正义、自由、人权等价值是其基本职责，对法官优秀与否的评价必须考虑到他是否在审判实践中实现了这些价值。科层制的数字化符号是难以替代法律背后所隐含的价值的。用数字化符号去衡量法官的能力，本身就是利用自然科学的指标去检验社会科学的价值，其方法本身就很难说有科学性。

其实，在韦伯大赞现代科层制的同时，也存在着隐隐忧虑，因为管理过于机械化、技术化，科层制组织中的领导往往丧失了决断能力，无力应对突如其来的利益冲突，容易遭遇到形式合理与实质合理的矛盾。同时，过于物化的社会侵蚀了人们的自由和尊严，人们为了追求利益而不择手段，导致社会上权力和财富的分布不均，社会将陷入严重的冲突中。形式合理性的统治带来的可能是实质上的不合理。因此，韦伯在构建了现代的科层制之后，又转而寻求民主选举出的领袖政治家的帮助，回归对政治领导人独立人格的要求。他希望通过国家领导人的努力来恢复社会上早已失落的价值传统，重新唤起人们对道德伦理的关注。形式上极尽客观的现代科层式统治，依然无法脱离主观的实质合理性的窠臼。

我国法院系统的科层制统治方式，已经造成了司法审判实践中的各种问题，强化了司法的行政化色彩，使得法官们依附于上级法院、行政领导而难以实现其审判的客观中立性。因此，建立适合法院系统的组织关系，对于改善目前的司法行政化倾向，增强审判的独立性和公正性都起着非常重要的作用。最高人民法院《五五纲要（2019－2023）》明确指出，在新一轮的司法改革中，深化人民法院内设机构改革是改革的主要方向。一方面，削减当前司法组织中的行政部门，根据政工党务、司法政务、经费管理、辅助事务等职能，综合设置相应机构；另一方面，各级法院结合审级职能、案件数量、人员编制等情况，优化内设机构设置,建立职能划分明确、运行高效顺畅的内设机构体系;最后,稳妥推进省以下地方法院编制、人事管理改革,完善省以下地方法院机构编制由省级机构编制部门管理为主,高级人民法院协同管理的体制。此次改革力图打破传统法院组织行政化、地方化的倾向,对于明确法官的角色定位,推动完善有权必有责、用权必担责、失职必问责、滥权必追责的司法责任制建设有着积极意义。

第三节 角色形成的内在动因

对法官而言,多元社会关系的存在促成了多元角色的形成,在多元角色中如何选择核心角色,如何确定角色定位,则主要取决于各个层面的强激励因素。"强激励"是法官理解的"核心期望",因此也是促成法官角色选择的内在动因。群体内的强激励会促使法官在多重角色中选择最趋近于组织期待的角色,进而以"剧班"拟定的标准来塑造自己的行为;而群体外的激励则从另一层面敦促法官在进行角色行为时符合社会期待,迎合"观众"的期望也成为法官角色定位时必须关注的重点。因此,角色形成中的激励因素,是当前的法官角色形成的直接决定力。

一、群体内激励

群体内激励,即法官所在组织的内部激励制度。科层制组织中的各种激励制度,成为法官角色行为选择时最重要的指挥棒。当前,在司法体系内部,法官激励主要通过绩效、晋升等方式完成。因此,绩效和晋升的合理性,直接决定了法官角色选择的合理性。

(一)绩效激励

司法绩效考核制度产生于20世纪90年代初。最初,一些地方法院推进了岗位责任制的尝试,1999年《人民法院第一个五年改革纲要》将这种尝试搬上了改革日程。随后,2000年最高人民法院编制并实施了《审判质量检查方案》,审判管理出现了质效评估"数字化"的倾向。2008年,《最高人民法院关于开展案件质量评估工作的指导意见(试行)》的正式公布,通过司法数据强化审判管理的思路全面铺开。对于这种"数目字"的考察方式,国内学者有赞同者亦有反思者。有学者认为,数字化评价具有衡量性、行为导向性和培训开发性的功能,从法院实践看,通过建立机制,使得法院能够在短短的时间内得以改变作风、激发工作热情,从而更好地回应了社会需要。① 然而,更多学者认为这种评价模式导致了数字竞赛,无益于司法公正,甚至损害司法独立。具体而言,存在的问题有:行政色彩浓厚,造成司法行政管理权过大;考评主体单一,缺乏合理的考评程序;考评内容不合理,评查标准虚置;过于重视考评结果,忽视了审判的过程性评价。② 针对当前审判质效考评存在的问题,学者们也提出了相应的解决方案,例如完善考评主体,设立独立考评组织;加入问卷调查,弱化数据考评方式;增加法官审判的过程性评价等。

在法官角色形成的过程中,绩效考核存在的问题不仅仅是评价不合理的问题,更重要的是不当的激励极有可能造成法官的角色错位。当前绩效激励存在着激励逻辑困境——"机械激励"——而必然存在天然缺陷。科层制权力组织形式下,法院管理重监督和约束,形成了类似计件工作的简单物质激励,其结果是以数字简化行为,以指标排名代替司法公正。这极易导致法官通过谋求行政职务晋升以获得满足,使审判工作沦为行政竞技的筹码。因此必须认识到,过度的数目字激励必将造成法官角色定位的偏差。"榜样法官"的角色呈现原本就带有激励效应,一旦"榜样法官"的数字化"成绩单"被视为理想的角色目标,必然会给其他法官带来模仿效应。这种角色模仿行为或许能够带来司法审判质量、效率一定程度上的提升,但是从长远来看,容易造成法官对其角色行为的不当整饰——为了达成数目字的"戏剧"效果而忽视自己的核心角色。因此,绩效激励是把"双刃剑":一方面可以提高审判质效,激励法官提升专业能力;另一方面也容易造成角色错位,导致法官核心角色呈现的失败。

实际上,就审判工作的性质来看,绩效考核并非法官激励的最佳路径。审判工作不同于计件工作,是以社会正义为目的的"丰富化工作";而司法审判的执行者法官,也不同于计件工人,是"高成长需求"的知识工作者。丰富化工作难以计量和客观评估;高成长需求的知识工作者除了物质等基本追求外,更重视工作成就、权力、声誉和个人成长。基于工作内容和激励对象的特殊性,单一的绩效激励本质上难以督促法官实现司法公正的目的。因此,关注个体法官的角色成长,构建以内在激励,例如权力、声誉、成就为主的"综合激励"才是可行出路。

---

① 龙宗智:《试论建立健全司法绩效考核制度》,《政法论坛》2018 年第 4 期。
② 已有很多学者针对司法绩效考核存在的问题进行研究,例如李拥军、傅爱竹(2014)、张建(2015、2016、2018、2019)、林娜(2016)等。

（二）晋升激励

在法官的角色选择中，组织的晋升激励也发挥着重要的影响。晋升激励，直接影响法官群体内部的人际关系。法官之间需要工作上的相互合作关系，共同完成组织要求的工作任务。从总体上来看，法官之间的关系是一种促进型的人际关系，即角色群体的成员之间同心同德，团结一致，千方百计提高工作效率，促进群体共同目标的实现。[1] 促进性的人际关系可以发挥法官个体在角色群体中的积极作用，促成法官彼此之间的相互认同，增强个体法官对角色群体的归属感，有利于群体目标利益的实现。人际关系研究中的经典实验——霍桑实验，充分反映了一个群体内部良好人际关系的重要性。例如霍桑的一组群体试验，试图通过改变福利状况来观察人际关系对工人产量的影响。在实验中，6名女工被安排在单独的房间工作，并被提供一些额外的福利条件，例如缩短工作时间、延长休息时间、免费提供点心等。在两个月后，实验者撤销了原有的福利制度，原本以为生产率会下降，不想生产率维持了上升状态。经分析，是和谐融洽的人际关系发挥了重要作用。由此可以得出结论，人际关系的好坏比福利措施的改变更为重要。[2] 和谐的人际关系给群体成员带来心理上的满足感，是福利制度甚至是金钱都不能取代的。在法院系统内部也是如此，良好的同事关系对于法官开展合作是一种积极的动力，容易激发法官对角色的认同感，促成法官角色扮演的顺利完成。

但是因为晋升激励的存在，在法院系统内部，法官之间有彼此合作，也存在彼此竞争。竞争关系在一定的限度内，可以促进角色表演者能力的充分发挥；但是一旦竞争超过了一定的界限，就容易造成角色表演者之间相互阻碍的内耗关系。内耗型人际关系是指群体中人与人、角色与角色之间的关系在心理不相容的基础上所发生的严重对立与冲突，其有用力量相互抵消、共同利益相互耗损的过程与结果。[3] 内耗型人际关系会造成法官之间明争暗斗，损害双方的共同利益，使角色群体的目标难以实现。法官们为了评奖评优，谋求晋升，可能会相互猜忌，相互拆台，为实现自身利益而不择手段。在高其才等人的田野调查中就有这样的个案：杨村的庭长赵辉被调回县里工作，副庭长钱雄成为法庭的主要负责人，他一上任就立马孤立可能对他造成威胁的助理审判

---

[1] 奚从清：《角色论——个人与社会的互动》，浙江大学出版社，2010，第67页。
[2] 奚从清：《角色论——个人与社会的互动》，浙江大学出版社，2010，第68页。
[3] 奚从清：《角色论——个人与社会的互动》，浙江大学出版社，2010，第70页。

员孙强,这一举动直接导致了孙强在酒后大闹钱雄,两人关系破裂。① 钱雄在处理与法庭成员的人际关系时,将竞争放在了首要位置,继而形成了人际内耗;助理审判员孙强很快申请调出法庭,其他工作人员也因此对钱雄的工作能力产生怀疑。可见,人际内耗对于群体成员之间的影响是巨大的,它严重挫伤了群体中成员工作的积极性,导致成员之间的对立、冲突,进而使群体成员丧失对群体的认同感,难以在工作中发挥自己的聪明才智。造成人际内耗的原因往往是多方面的,既包括人为原因,也包括历史原因、文化原因、制度原因等。狭隘的封建小农思想造成了人们自私自利的心理,因循守旧、嫉贤妒能,自己无所作为也希望别人无所作为;组织内部管理机制的不完善导致各种监督机制形同虚设,任人唯亲、论资排辈,技术化、专业化的人才大量流失。长期的人际内耗会带来群体发展全方位的阻滞,历时十年的"文革"就是人际内耗典型的例子。

组织的恰当激励是角色表演者出色完成角色扮演的前提。在法官角色的形成过程中,丰富激励内容,消除不当激励,可以促成法官正当角色的回归;同时,弱化晋升等硬性激励制度,使每个作为个体的法官把握好合作和竞争的界限,才能在积极地与人合作中实现群体目标,在适度的竞争环境中提升个人能力。

二、群体外激励

对于法官角色而言,角色行为的形成除了受群体内激励的影响,还有群体外的激励因素的影响。对于法官而言,当事人、社会大众本是与其角色相隔离的"圈外人"。但是在当下中国,"人际关系"依然是司法审判中无法绕开的特殊情境。法官深谙"民意"在司法中的重要地位,并在多重矛盾角色中选择回应民众需求,迎合"观众"这一主要期待,也是其在遭遇角色冲突时采取的行动策略。

在司法审判中,法官与当事人、社会大众等角色群体之外的人,需要建立的是一种短期的人际关系,因此仅需基于理性实现不同社会资源之间的交换即可。而事实上,在我国,法官与这些"圈外人"之间的关系深受中国传统人际关系的影响,可以说是一种偏向于情感维度的人际关系。中国传统文化中强调"情"和"义",贬低"理"和"利",体现在现实生活中就是一种出于情感需要而

---

① 具体事例参见高其才、周伟平、姜振业:《乡土司法——社会变迁中的杨村人民法庭实证分析》,法律出版社,2009,第 78-80 页。

展开的人际网。生活在乡土熟人社会中的中国人,很难摆脱既定的情感规则处理问题,因此即使在原本应当依据理性需要而建立的人际关系中,也会渗入许多情感的成分。"官司一进门,两边都托人",在现代社会的理性纠纷处理方式面前,大家仍然相信情感的力量高于理性的力量。而事实上也确实如此,法官常常碍于"关系""情面",不得不对一些案件作出特殊的处理,以免伤害到自己的人际关系圈子。不仅仅当事人会利用人际交往中的感情因素,法官在调处纠纷的过程中,也常常会用到各种"情感"手段来使当事人接受调解或者判决。例如,利用请托人的熟人关系,向当事人讲法明理;或者通过自己自降身份的方法,使当事人觉得不好意思。本来应当根据客观理性的法律来居中裁处纠纷的法官,常常要通过感性的方法来拉近与诉讼当事人、社会大众的关系,使其判决具有合理性和正当性。

法官们之所以需要建立情感维度的人际关系,是因为在社会大众看来,判决的合理性比合法性来得更为重要。林语堂指出,中西文化的不同主要表现在:西方人重逻辑,而中国人重人情。"对西方人来讲,一个观点只要逻辑上讲通了,往往就能认可。对中国人来讲,一个观点在逻辑上正确还远远不够,它同时必须合乎人情。实际上,合乎人情,即'近情'比合乎逻辑更重要。"①"情"在中国的人际关系中占据了重要的地位,连法官与当事人之间的关系也难逃"情"字的牵涉。正因为如此,法官判决的可接受性,很大程度上并不取决于判决本身的合法性,而是取决于判决的合理性——是否合乎伦理人情。甚至,判决合法性的获得正是来自于合乎情理:只有合理的判决,才能被当事人所接受,才能化解矛盾纠纷,才能"彻底"地"处理"掉案子。

东西文化的差异决定了两者在人际关系结构上的不同,也决定了法官在处理纠纷时的不同态度。有学者认为,随着我国社会转型带来的各方面的剧变,这种差异会越来越小,中国传统的情感维度的人际关系结构会逐渐被理性维度的人际关系所取代。② 这种趋势将影响法官角色扮演的倾向性,中国的法官角色将越来越体现出理性的特征。以理性型为主的人际关系结构来替代当前以情感型为主的人际关系结构有利于维持法官在审判中独立、中立的地位,将成为法治社会建设发展的趋势。

---

① 林语堂:《中国人》,郝志、沈益洪译,学林出版社,2000,第100-101页。
② 周建国、童星:《社会转型与人际关系结构的变化——由情感型人际关系结构向理性型人际关系结构的转化》,《江南大学学报(人文社会科学版)》2002年第5期。

第四节　情境转换与角色重构

当前中国正处于急速转型期,而传统法官角色面临的宏观情境、激励因素也在发生变化。尤其是员额制实施后,"榜样"法官的标准必将重新定义。在对"榜样法官"的统计分析中,我们也发现近年来"榜样法官"的特质已然发生了一些变化,专家型法官、创新型法官的角色明显增多。可以说,员额制改革这一宏观情境的转换,带来了法官角色的重构。

一、员额制改革与专家型法官角色

随着员额制改革的全面实现,法官角色迎来了新一轮的职业转型,精于审判领域专业技能的专家型法官越来越多。前面曾对"专家型"法官的总体数量和变化趋势作过统计,根据该统计,自 2017 年员额制改革之后,专家型法官在全体"榜样法官"中的占比逐年上升,相较于 2009 年,提升了近十个百分点(见图 2)。

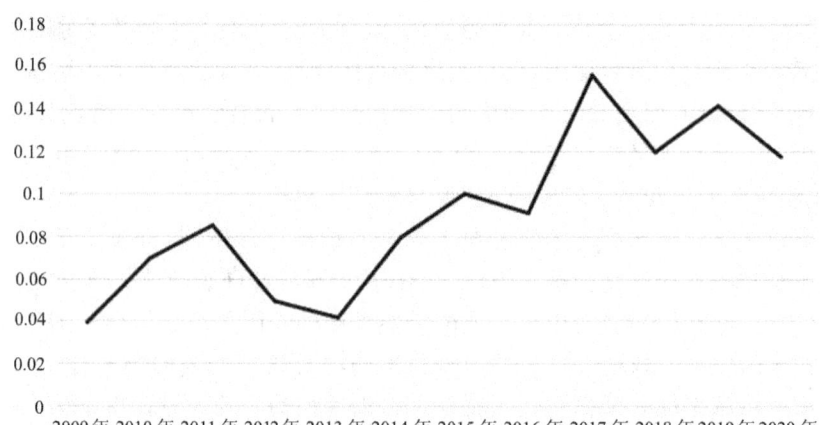

图 2　"榜样法官"中"专家型"法官的比例

专家型法官的增多与员额制推进这一宏观背景有着密切联系。员额法官的数量相对较少,能够经过遴选成为"员额法官"的司法工作人员,本就属于该领域的"专家型"法官。根据《司法体制改革框架意见》《四五纲要》等文件,员额法官的数量是全国各级法院在法院辖区的案件数量、案件类型、人口数量(含暂住人口)等基础之上,结合法院的审级、职能、法官工作量、辅助人员配置等多重因素,科学测算出的比例。根据中央政法委《关于司法体制改革试点中有关问题的意见》的规定,员额法官的具体数量基本控制在中央政法专项编制的39%以下。由此可见,39%是一个政策红线。当然,以上规定仅是一个笼统的原则,从各省(区、市)地方性司法体制改革具体方案来看,各地比例存在一定差异,但总体来看,基本上维持在39%的上限比例以内。

员额比例的上限要求,体现着司法职业化、精英化的转型。当然,随着当今社会的审判需求不断增长,法治中国也在呼唤大批的优秀法官。法官员额制力求打破传统的法院人员管理体制,扭转中国法官大众化的职业倾向,这一改革目标获得了学术界和实务界的普遍肯定。至此,推进法官的职业化建设成为我国司法改革的首要战略安排。在中国司法改革语境之下,法官员额制代表着一种建构性的力量。这种力量是在当前法治中国的背景下针对司法领域存在的人浮于事、权责不配等乱象的一种制度反思,也是为了建构现代化、职业化的司法制度和体系而展开的自上而下的努力和革新。

二、信息化时代与创新型法官角色

随着信息化时代的发展,越来越多的新技术、新权利出现,处于巨大时代变革中的法官,也必将跟随时代的步伐完成其角色转型。通过对样本法官的统计,可以发现近十年来,创新型法官的数量逐年增长。以"大数据""信息技术""智慧法院"为例,近年来获评的"榜样法官"中,涉及以上关键词的法官占比呈显著上升趋势。特别是在2015年、2018年,出现了两个明显的增长拐点,总体增幅将近20%。

在创新型法官中,引入信息技术、大数据解决执行难题,推进审判流程信息化建设的法官占了较大比例(见图3)。当前,加强法院的信息化建设是司法改革的重点方向。《五五纲要》明确了信息化建设的具体目标,鼓励各级法院积极应用各种新型技术手段,优化升级各类执行信息化系统平台,实现案件管理的智能化。在目前统计的创新型法官中,绝大多数都是执行领域的专家,他们都能够积极响应政策目标,充分利用信息化技术提高执行质效。此外,还有一些创新型法官活跃在审判信息化管理领域,着力通过信息化手段提高审判质效。例如,建立网上速裁系统,将法律关系和性质类似的案件集中起来批量处理;①又如,借助信息网络、音频视频传输等技术,创新开庭方式,提高诉讼效率;②再如,利用大数据和信息技术,实现调解协议在线自动生成、裁判文书一键生成等。③

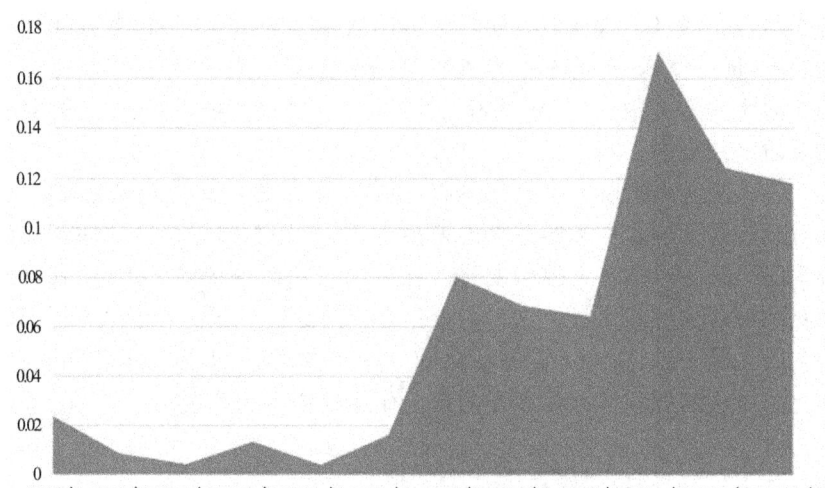

图 3 "榜样法官"中"创新型"法官的占比

通过考察创新型法官的事迹,也可以发现当前创新型法官的"创新"类型主要集中在信息化执行领域、审判管理领域,在司法裁判领域创新型处理疑难、复杂案件的法官数量相对较少。④ 由此可见,目前我国的创新型法官主要集中在"信息化处理"领域,在"创造性审判"领域的创新型法官相对不足。作为一个深受法条主义传统影响的国家,法官"以事实为依据、依法律为准绳"是

---

① 事迹参见北京市海淀区人民法院中关村法庭刘佳欣法官。刘吟秋、周元卿:《首家知产法庭 三位女将和她们眼中的创新》,中国法院网 2018 年 4 月 23 日,网址 https://www.chinacourt.org/article/detail/2018/04/id/3277652.shtml,最后访问日期 2021 年 3 月。

② 事迹参见黑龙江省铁力市人民法院郊区人民法庭副庭长 张淑霞。《司法改革书写新篇章——全国法院先进个人、黑龙江省铁力市人民法院郊区人民法庭副庭长张淑霞》,中国法院网 2018 年 4 月 1 日,网址 https://www.chinacourt.org/article/detail/2018/04/id/3253909.shtml,最后访问日期 2021 年 3 月。

③ 事迹参见重庆市丰都县人民法院院长龚海南。刘洋、郭金生、周鹏程:《43 岁,这位基层院长的生命终点》,《人民法院报》2019 年 1 月 22 日,第 5 版。

④ 目前统计的样本法官中,事迹里明确提到积极应对新型、复杂、疑难案件的法官仅有 13 名,对比其他类型的创新型法官,数量相对较少。

司法审判的基本准则。然而在瞬息万变的当下,法律固有的局限性愈发明显,法官不得不面对法条之间的"开放地带"。例如,在新兴权利领域,纷至沓来的新权利对法官提出了更高的要求,法官需要利用现有规则发现并解释法律,应对纷繁复杂的权利纠纷。因此,在新兴权利领域,法官的解释是弥合法律和现实之间缺口的重要方法。法官解释权是目前在正式解释体制中并不受认可的权力,理论上不具备类似规则的普遍约束力。但是在实践中,法官解释权现实存在,并随着案例指导制度的推进,约束力日渐增强。因此,无论正式解释体制认可与否,法官解释的合法性已经获得了经验认同。基于法官解释权的不断扩张,隐性的"法官造法"在司法实践中已然出现——"创造性审判"领域的创新型法官就是证明。近年来,最高法院在司法改革中推行的案例指导制度,也在一定程度上认可了指导性案例的"造法"功能。随着案例指导制度的完善,一大批在审判一线的法官们,开始了从对法条的"机械适用"到"创造解释"的转型。可以预见的是,"创造性审判"领域创新型法官的数量会逐渐增多,这些优秀法官将以自己的专业知识和实践经验,推动中国法律经由司法实践获得成长。因此,应当鼓励创新型法官、鼓励法官在司法审判中的适度"造法权",这种鼓励亦可以形成对法官角色的内在激励,帮助法官获得来自角色的内在满足,进而引导其实现角色认同。

三、"榜样法官"及其角色重构

"榜样法官"是法官群体中的佼佼者,也是所有普通法官学习和模仿的对象。因此,"榜样法官"的特质将对普通法官的角色形成产生直接影响,"榜样法官"角色塑造的成功与否关系着法官职业群体角色认同的实现。通过对样本法官的分析,自1999年开始进行"榜样法官"的评选以来,直到2020年,"榜样法官"的角色特质仅发生了部分变化,主要特质依然集中在政治素质过硬、业绩突出、亲民爱民、忘我奉献等几个层面。

首先,"榜样法官"注重调解的角色特质在2016年之后有所减弱。2009年前后评选出的"榜样法官",基本上都具备善于调解这一角色技能,这一特点在2000年评选的"全国人民满意的好法官"、2003年评选的"中国法官十杰"身上体现得尤为明显。当时,也正值"大调解"运动的当局之年,官方倡导调解,指标指向调解,"榜样法官"也能积极回应各方期待,充分运用调解技能,积极提高案件调解率。但是,这种官方期待在2016年之后开始逐渐弱化,调解型法官在"榜样法官"中的占比开始逐年下降。究其原因,在倡导多元纠纷解决机制的当下,调解已被纳入法治规范进程,调解"运动化"的政治期待已非主流,调解法治化、规范化才是符合官方期待的角色行为。从样本法官的角色特质上分析,可以发现法官们对"政策"剧本的回应日渐趋于理性,关注"法律"剧本、回应"法律"剧本的趋势逐渐升温。这一变化也印证了"情境—角色"之间的互动关系:宏观情境的变化引起"剧本"内容的转变,而"剧本"内容的转变将带来不同的角色期望,在此期望引导下,法官也必将调整其角色行为。因此,改善角色生成的宏观情境,可以相应地影响、改变角色行为。

其次,"榜样法官"的职业化、专业化特征更加明显。在法官员额制改革推行之后,法官角色的职业化特征明显增加,在"榜样法官"的事迹中,专家型法官、创新型法官的比例有逐年增加的趋势。前面着力分析了这两类法官数量、占比的变化,可以发现,当前带有更多职业化色彩的"榜样法官"更容易受到认可和肯定。这一数据变化印证了当前员额制改革的发展方向,也可以看成是员额制改革推进后取得的一定成绩。相信随着改革推进,将会有越来越多的专家型、创新型法官涌现。当然,仅就目前的数据来看,职业型和创新型法官并未成为"榜样法官"的主流类型。这其中可能的原因有很多:一方面,员额制改革实行的时间尚短,其效应并未完全显现;另一方面,也可推测,当前在"榜样法官"的评选过程中存在滞后性的问题,即评选标准并未关照"情境"变化带来的角色转型。如若想进一步分析二者的相关关系,尚需要对后续的"榜样法官"进行持续追踪考察,丰富、完善数据。

最后,法官角色的"法律化"色彩逐渐增加。从"榜样法官"调解性特质的减弱,到职业化、专业化特征的增加,都指向了法官角色从"政治化"到"法律化"的逐渐转向。当代"榜样法官"的职业角色意识已经觉醒,他们有了更强的规则意识,也更倾向于通过正式制度获得角色认同。这一转向我们不仅能够从"榜样法官"的事迹中找到例证,也能够从最高人民法院的《四五纲要》《五五纲要》中找到例证。因此,当代中国的法官角色,正在从政治认同、社会认同走向制度认同、法律认同。法官角色趋向"纯粹化"了:法官需要参考的主要是"法律"剧本,"政策"剧本涉及的政治回应、社会回应等问题,也开始逐渐纳入"法律"剧本中,通过规范化的制度设计,实现宏观层面的整体回应。应该说,这一转变有利于法官更好地理解自己的"核心角色"。法官角色模糊是造成角色冲突、偏差、错位的主要原因,因此单一角色"剧本"的要求,可以大大减少法官的角色压力,避免角色冲突、偏差、错位等问题。法官只需要按照"剧本"实践角色,不需有额外的顾虑和压力;只要"剧本"不随意篡改,法官就可以很好地理解、呈现角色。因此,法官角色"法律化"色彩的增加,是完善当前中国法官角色的重要途径。

总之,"榜样法官"的标准应当随着情境的转换发生改变。情境与角色存在着互动关系,忽略情境变化并将带来法官角色定位的偏差。当前中国"榜样法官"的角色,必须结合转型时期的特殊情境完成重构。令人欣喜的是,这种重构已经发生,而且正伴随着新一轮的司法改革,进入了更深刻、本质的蜕变过程。

第六章 法官角色的理想构建

> 我们似乎可以归纳出这样一个结论,任何一个超越特定国家或种族界限的永恒的法律体系,唯一能够使它保存生命力的方法,就是不断发展壮大一个受过良好培训的法律职业者阶层。[①]
>
> ——威格摩尔

加强对法官的角色构建是使法官角色逐渐接近理想状态的必然路径。法官的角色建设一方面依赖于社会制度机制的健全:政策"剧本"中角色规范的完善,司法"剧班"中管理模式的改进和对社会"观众"良性互动的引导;另一方面则依赖于法官角色人格的健全:保持对"法官"角色的忠诚,并培育相应的法官角色伦理。通过法官的角色建设,完善当前中国的法官角色形象,是树立司法权威,保障司法公正的重要措施。

第一节 法官角色构建的总体框架

角色建设的完成,需要从角色情境出发,调整多元角色的关系,避免角色紧张;需要不同群体予以正确角色期待,给法官的角色认同创造适度空间;同时,需要对法官的角色选择予以引导,以合理的激励和约束帮助法官在冲突角色中寻找到核心角色;最后,法官亦应完成角色自律,通过角色伦理的塑造强化其角色认同。

一、完善角色情境

角色情境是角色扮演行为顺利展开的前提。角色情境包括两个层面:一是宏观的外部情境,即整体存在的政治、社会、文化以及组织环境等;二是微观

[①] 威格摩尔:《世界法系概览》,何勤华、李秀清、郭光东等译,上海人民出版社,2004,第946页。

的规定情境,即法官可体察的剧本、剧班和观众等环境。二者存在一定的交叉关系,例如特定的组织环境必然会影响法官所在的剧班环境;但同时,二者又归属于不同层次,宏观情境催生角色期望,规定情境表达角色期望。改善法官的角色情境,一方面应着重改善法官可体察的直接情境——"规定情境"的问题;另一方面,也应对"宏观情境"予以充分关注,因为催生法官多重角色的根本原因,主要来自于"宏观情境"的复杂化。

因此,角色情境的完善,第一步应完成角色"规定情境"的完善。如何让法官体察到规定情境?从法官角色存在的剧场观察,即需在"剧本"、"剧班"和"观众"层面做出调整和完善。简而言之,首先,需要明确"剧本"的角色要求,剧本中对"核心角色"的确定,可以帮助法官形成准确的角色定位,避免多重角色的冲突和混乱;其次,完善"剧班"的组织形式,从剧班的架构到其激励模式,都应当围绕法官的"核心角色"构建,引导法官形成对"核心角色"的认同;最后,引导"观众"与剧场内法官的良性互动,规范民意的表达方式,实现社会大众对法官司法角色的认同。

当然,法官角色冲突的根本解决,需要角色"宏观情境"的共同完善来实现。当前,随着信息时代的到来、法官员额制改革的完成,中国司法的宏观情境已然发生改变,"规定情境"作为"宏观情境"的映射,理应随着"宏观情境"的转变而做出调整。因此,在"规定情境"的完善方案中,应当强调法官角色的职业化特征,职业技能、职业伦理的要求才是新情境下法官角色的"核心期望"。

二、调整角色期望

角色行为的形成,最直接的动力是不同群体对法官的角色期望。在实践中,法官会迎合角色期望,并努力获得不同群体的积极评价。如果群体间角色期望一致,法官的角色行为也易于保持一致性,不会引发角色错位;而一旦群体间角色期望差异较大,法官将会无所适从,多元角色间的紧张和冲突不可避免。因此,消除法官角色冲突,减轻法官角色压力的最为直接的方案,即调整不同群体的角色期待,实现多元角色之间的"期望相容"。

以中国司法为例,在当前,"剧本"、"剧班"和"观众"对法官的角色期望各有不同,甚至部分期望的实现必将以牺牲其他期望为条件。法官在多重期望的压力下,极易形成角色紧张,丧失对"核心角色"的认同,进而迎合次要的角色期望。所以,调和规定情境下各个群体间的角色期待是当前角色完善的最优路径。具体而言,结合宏观情境分析,当前中国在转型时期的司法要求应以"职业化"作为主要的角色期待,因此,对于法官角色的定位应以"职业型角色"

为其"核心角色"。在政策"剧本"中,宜明确司法职业技能和伦理要求的中心地位;在司法"剧班"中,宜以专业能力作为评定法官的主要标准;在社会"观众"面前,应倡导职业型法官的尊重地位,引导观众与法官的理性互动。总之,确立核心期望是缓解法官多重角色冲突的最直接、有效的方案。

三、引导角色行为

在多元角色的选择中,法官的内在动机将推动其角色行为完成角色选择。因此,对法官选择的内在动机进行引导,可以帮助法官在多重角色中感知"核心角色",并完成对角色期待的正确回应。

引导法官角色选择的主要因素,即存在于组织中和社会中的各类激励和约束因素。在当下中国,司法组织中的激励普遍存在过于机械的问题,将法官视为计件工人,以单一物质激励的方式引导法官行为,必然导致与组织期望相悖的"角色错位"的结果。因此,完善司法组织的激励方式,是形成角色引导的第一步。

在激励目标上,需立足于司法职业特性,结合职业群体需求,并保证司法职业目标和法官群体需求的一致性。当前,司法职业的主要目标是为社会大众提供纠纷解决平台,以保障诉权实现,并在此过程中持续向社会输出公平正义。而对于法官群体来说,除了基本的经济需求等外在需求外,还有职业保障和尊严的需要,职业知识积累和职业技能提升的需要,以及与职业匹配的社会地位和职业声望的需要等。激励目标需要实现司法职业目标和法官群体需求的一致性,实现"激励相容"。

在激励内容上,宜打破经济和晋升激励的单一思路,完善对法官的综合激励,关注法官的内在需求,通过构建法官的声誉、权力、成就等内在激励机制,促进法官角色的自我成长,进而促进角色认同的实现。

在激励形式上,构建对法官角色的综合激励,宜改善传统的激励形式,建立以参与式为主的激励形式。具体而言,关涉审判的内部制度设计和工作安排,应确保员额法官的适度参与权。其中包括信息的参与,例如充分的信息获取渠道、畅通的信息传导机制和即时的信息反馈机制的建立;以及决策的参与,例如决策过程参与机制、最终表决参与机制和决策结果异议机制。

同样的,社会层面的激励和约束也宜以法官的"核心角色"为中心,建立社会大众与法官的角色沟通机制,通过互动和对话确立社会群体对法官的角色认同。

四、实现角色自律

良好法官角色的建立，最终取决于法官的自律因素，外在的激励或约束都仅仅是法官角色塑造的辅助。从司法的特性来看，司法职业化特征越明显，法官的独立性要求就越突出，激励或约束制度带来的副作用就越显著。因此对法官来说，过多的激励和约束都是不合理的，随着司法制度的完善，司法管理的模式必将从"管制约束"走向"信任自律"。事实上，最终决定法官角色定位的，也只有法官自己。

"信任自律"型的司法模式，在组织结构、管理模式、审判评价等方面，都给予法官充分的信任，以法官的自律为主构建组织和活动方案。在组织结构上，需要给予法官一定的自主空间，激发法官在工作中的能动性；在管理模式上，需要给予法官充分的信任环境，鼓励法官在各类审判管理活动中建言献策；在审判评价上，需要给予法官相当的选择权力，评价结果不在监督约束而在于对比改进，实现法官角色的自我成长。"信任自律"型的司法模式可以激发法官对于"司法角色"的自我认同，并有利于融洽组织关系的形成，对于职业型法官角色的塑造有着积极意义。

以上是围绕法官角色形成的动态过程梳理出的法官角色建设的总体思路。在此思路的基础上，笔者将结合法官角色实践的"规定情境"——即"剧本"、"剧班"和"观众"三大基本视角——提出完善法官角色建设的具体方案。

第二节　完善政策"剧本"的角色规范

规范法官行为的"剧本"，主要包括法律"剧本"和政策"剧本"。在两个"剧本"中，法律"剧本"具有稳定性，而政策"剧本"则更有针对性。因此，随着政党意志、社会形势不断变化的政策"剧本"对法官的影响更为明显。尤其是在我国，政法一体的传统模式影响了当前的司法制度，政策"剧本"对法官的作用力一直延续至今。法官们积极响应政党政策，并将这种响应贯彻到实际工作之中，扮演着政党政策执行人的角色。政策"剧本"的期望成为法官在审判中必须考量的因素，法院系统在对法官的考察中也包含了"政治素质"这项内容。法官对政策"剧本"的重视甚至超过了法律"剧本"——有时，法官会为了政治效果而牺牲法律效果。如何形成政策"剧本"对法官们的正确指引，是进行法官角色建设时必须考虑的因素。

目前,在我国,理顺政党、人大与司法机关的关系是改善法官对政策"剧本"过于依附之现状的关键环节。政党之于司法机关,应当是领导与被领导的关系,而不参与直接的个案指导;人大之于司法机关,应当是监督与被监督的关系,而不干涉具体的案件审理。只有完善政策"剧本"对法官的角色规范,才能保证法官进行准确的角色定位,出色地回应政策"剧本"的角色期望。

一、针对个案:完善个案审判中政策与司法的关系

在我国,人民法院依法独立行使审判权是在党的领导下进行的,党对司法工作的领导是政党活动的重要组成部分。党的领导与法官的独立审判本身并不冲突,政党规划司法审判工作的路线,法官具体执行司法审判工作。但是,在审判实践中,存在一些地方党政领导随意干涉司法审判的行为,严重地危害了司法独立和司法公正。尤其是党的政法委员会和组织部门,他们在实际中负责对司法机关组织人事上的管理和对具体事务的沟通协调,因此掌握了对法官的控制权。为了不影响自己的政治前途,一些法官不得不依照党委领导的指示审判,丧失了法官应有的独立判断。因此,在实践中,政党对司法工作的指导往往演变为对个案的审阅、批示、讨论,司法机关积极予以配合,地方党委的领导人甚至成为了最终的决策者。党政机关对具体个案的干涉不仅无法保证审判程序的公正性,而且容易丧失审判实体的公正性;即使是政治觉悟高的领导人裁决案件,其对专业性知识的把握也并不一定准确。现代司法所要求的精神,如审判的程序公正和独立审慎都可能在各种"批示"中被牺牲。员额制改革的一个重要方向就是明晰审判权力、落实审判责任。2018年12月最高人民法院印发的《关于进一步全面落实司法责任制的实施意见》中明确规定,各级人民法院领导干部要在严格落实主体责任上率先垂范,充分尊重独任法官、合议庭法定审判组织地位,除审判委员会讨论决定的案件外,院长、副院长、庭长不再审核签发未直接参加审理案件的裁判文书,不得以口头指示等方式变相审批案件,不得违反规定要求法官汇报案件。这一规定,正是对既往存在的审判权责不清、审者不判、判者不审问题的回应。

社会主义法治理念的基本原则是坚持"党的领导、人民当家作主和依法治国的有机统一",坚持党的领导是司法活动所必须坚持的基本原则。当前依然应当坚持党的领导,但在党的领导的前提下必须保证法院审判工作的适度独立,不能因为党的不当领导方式导致法官角色的偏离。党对司法工作的领导主要是在方针、政策上的领导,即要求审判工作与党的基本路线一致;在具体个案上,政党不得干涉司法工作,不得代替司法机关审理案件;各级政党领导

更不能以言代法,包揽具体的案件审判工作。近年来,司法改革的重点在于全面落实司法责任制,这一制度的确立就意在"让审理者裁判,由裁判者负责",强化独任庭、合议庭的法定审判组织地位,依法确定职责权限,确保权责一致。

法官进行角色扮演所要依据的"剧本"应当是法律"剧本",事实上只要严格执行法律"剧本"就是对党的政策"剧本"的遵守:我们的宪法、法律、法规等规范性法律文件就是在党的领导下制定的,它们本身就体现了政党的路线、方针和政策。通过公正的审判程序严格依据法律审理案件,就是在执行政党法律化的政策,维护政党所追求的利益。加强党的领导与司法审判独立完全可以通过法律"剧本"顺利地整合起来。

二、针对整体:改进政策推进中司法的回应方式

目前,我国司法机关对政党领导的回应还表现出了一种运动式的特征:党中央一旦出台某一政策,法院系统上层立刻做出反应,积极组织全国上下级法院行动起来,落实中央精神,交流心得总结经验,再树立一些先进典型,为其他法官提供效仿的榜样。可见,这种迅速展开的司法活动表现了类似于"运动"的特征:由核心的积极分子发起,其他社会成员积极响应,共同采取较为一致的集体行为。与一般的社会运动不同的是,一般的社会运动例如环保主义者的运动,其兴起往往是基于社会成员对"运动"理念的认同,是一种自发、自愿的集体行为,参加"运动"的成员可以从"运动"中寻求自我认同感。而我国司法的"运动"模式则体现了"权力动员型"运动的特征,运动的发起人一般是权力拥有人,运动的推动主要依靠的是成员对掌控权力的核心人物的服从,或者是运动成员对组织的单向度的依赖关系。[①] 基于这种权力的推动,运动的开展往往是迅速全面而缺乏价值认同的;运动的维系依附于权力统治之下的顺从,成员的目标锁定在组织给予的各种奖励上。在运动的过程中树立起来的榜样,成为其他成员效仿的对象,进而维持了运动的持续性。

这种运动化的司法行为模式容易造成对个体法官的不恰当激励:法官们拼命追捧政策"剧本"所欲求的目标,只是为了受到政策规定的肯定性评价,而并不是自身对这一目标积极认同。这是一种非常危险的行为:只求达成目标而忽视目标本身的价值,使得达成目标的行为可能就是损害目标价值的行为。这样,政策"剧本"的初衷在实践中也被淡忘了,取而代之的是各种简单易行的

[①] 艾尔东·莫里斯、卡洛尔·麦吉拉吉·缪勒主编《社会运动理论的前沿领域》,刘能译,北京大学出版社,2002,第63页。

执行方案——哪怕方案本身是对政策"剧本"目标的曲解。运动式的政策响应方式带来的弊端是明显的，以丧失审判的独立和公正为代价的政策响应运动，完全背离了政策本身所欲求的目标价值。

因此，在坚持党的领导的同时，改变司法机关对政策的运动式回应方式，采取更为理性、渐进的方式推行党的政策、方针。可以将政党的路线逐步法律化，使积极有益的政策在审判的过程中得以实施。经过反复验证对司法审判有利的政策，可以作为法律原则在审判中适用，也可以在实践中进一步具体化为法律规范。这样既可以避免运动式的司法行为带来的弊端，也可以促使法官们自觉地响应政党政策。将党的政策法律化，完善对法官的角色规范，对维护司法的独立、公正、权威都更为有利。

第三节　改进司法"剧班"的管理模式

法官作为组织中的个体，组织对法官的激励制度是促使法官角色形成的重要因素。法官的成长离不开整个"剧班"，"剧班"对法官的要求会引导法官形成"剧班"所期待的角色定位。在前文中，通过对法官在"剧班"中的角色扮演的分析，我们可以发现法官在审判中隐含的动机：不断去迎合"剧班"的期望，渴望获得"剧班"的积极评价。法官的这种"迎合"行为在被"剧班"评价所不断强化之后会愈演愈烈，最终可能导致对"剧班"期望角色的过分依附，进而逐渐丧失法官应有的独立性。因此，应当通过完善"剧班"的各种管理方式，使"剧班"对法官们形成正确的角色引导，不致在角色扮演的过程中偏离"剧班"原本期望的方向。

当前，我国司法"剧班"在管理模式上存在着明显的行政化倾向，这种行政化的管理模式导致了法官在个体上和群体上都难以独立。对于个体法官而言，金字塔型的权力结构激发了他向上晋升的欲望，不利于法官脱离上层的意见独立办案；对群体法官而言，法院系统的人事财物一定程度受制于地方政府，不利于法院系统整体独立性的建立。因此，要使司法独立从根本上得到推进，就必须改进当前的法院管理模式，在法官选任、晋升和惩戒各个环节上都做到去行政化。

一、外部改革：形成健全的司法管理体制

目前，我国法院的人事管理和财政体制依然一定程度受制于地方政府，这

造成了法院对地方行政的依赖。法院系统的省以下统管、员额制改革在一定程度上破除了法院对地方政府的依赖,但是由于在财政等行政事务上依然不甚独立,地方法院受制于地方政府的传统问题并未彻底消除。因此,要改革法院行政化的管理模式,必须首先切断法院与地方政府千丝万缕的联系。

成立专门的法官选任委员会,避开地方政府的干预是实现法官管理模式去行政化的重要途径。2019年12月新法官法颁行之后,已经从法律层面确认了建立专门的法官人事管理机构来负责法院系统的人事管理事务的制度规定。具体而言,应由独立的法官选任委员会负责员额法官的选任工作,其组成成员应包含资深法官、律师代表、法学专家、人大代表等各方面的专业人士。在新法官法中与法官委员会制度同步推行的,还有员额法官的独立选拔程序。目前,法官法已经明确了员额法官选任程序的框架性规定,指出将通过全面性和公正性的考核,践行将优秀法官选任至审判一线的总体方针。对员额法官的考核,也将朝着多元化的方向改进,法官选任委员会不仅仅要对候选人的书面材料进行审核,还要深入候选人所在单位进行调查了解,向社会公众公示候选人信息以接受监督。整个选任的过程应当在保证专业性的同时做到公开、公正,以选拔出素质精干、品德高尚的人才加入法官队伍。

选任委员会依据级别可以分为全国性的法官选任委员会和省级的法官选任委员会,全国性的法官选任委员会主要负责最高人民法院的法官选任工作,省级的法官选任委员会主要负责地方法院的法官选任工作。通过专门的选任委员会机构的设立,避开将法院人事管理制度与审判监督制度混为一谈的问题,有助于实现法院系统的独立化运作,进一步保证法官在个案中独立审判的能力。

除了改善员额法官的选任机制以外,要切断法院对当地政府的依附关系,还必须彻底取消地方政府对地方法院的各类行政管理权。在最高人民法院《五五纲要》实施以来,推进司法人员分类管理改革,破除司法的地方化、行政化已经成为社会各界的共识,改革推进所受到的顶层制度阻碍有望被逐步打破。目前,在司法体系内,省级统管人、财、物的改革已经基本实现,可以此为契机,建立省级统管、自上而下的管理体制。具体而言,最高人民法院内部可设置行政管理部,负责全国范围内司法辅助人员的选任、薪酬、考核、晋升等相关管理制度的制定;同时,在各个省建立省级法院行政管理处,将法院内部政治处、办公室的部分工作职能予以合并。在统一的管理体制下,各级法院区别职能分工。省一级法院的行政管理处主要负责执行最高人民法院行政管理部的分类管理政策,并具体负责全省范围内司法辅助人员的管理工作;同时,分别设立中级人民法院和基层人民法院的行政管理部门,负责自上而下地推行人员的分类管理改革。至此,法院系统内部的人、财、物管理可以实现一体化管理:所有系统内部的财务管理工作,都统归于最高人民法院负责,法院的经费预算、收支情况等完全脱离于地方行政机关的控制。只有这样,法院才能够免于地方政府的干涉,司法独立才能够更好地实现。

二、内部改革:构建扁垂双轨的组织结构

建立科学的法院管理结构,就必须摒弃我国法院当前的单一行政化管理模式。目前,法院系统管理模式主要参考的是行政系统的管理模式,即科层式的管理结构。目前,尽管在制度层面我们已经基本实现了法官单独序列,但是在司法实践中,法官的行政级别对其在法院系统的地位仍有至关重要的影响:法官的政治待遇和福利待遇都主要是依据行政级别的改变而得到提升;法院的人事干部管理主要依附于具有行政职务的管理人员;法官的晋升主要由行政长官来决定。法院体系内部科层式的管理模式是导致法官在角色扮演的过程中频频出现角色错位的重要原因。在高度层级化的法院组织模式的激励下,法官通过对晋升的追求来满足其对金钱、权力、声望的需要。不同审判级别的法院之间,不同行政级别的法官之间是一种实质上隶属的关系,处于上层的法院、法官有"监督"下层法院、法官的权力。权力的集中化使得法院系统本应当扁平的结构被金字塔型所替代:在金字塔的最上层是各种资源最集中的地方,为了获取更多的资源,法官们都竭尽全力地向上层运动。因此,处于底层的真正参与审判的法官并没有决定案件最终结果的权力,各种法官奖惩机制迫使他不得不通过请示汇报、上级审批等途径保证审判结果与上层设想的一致性。管理制度上的行政化致使司法独立难以真正推行,本意监督司法行为的合议制、审判委员会决策等机制在实践中也没有发挥真正的作用。法院院长的引咎辞职制度更加重了法院内部管理的行政化色彩,院长出于对下级法官审判行为所付的责任,就必然强化对下级法官的监督和控制。可以说,这种引咎辞职制度是行政首长负责制的翻版,是科层制机构将决策失误的责任转嫁给个人的一种方式。因此,要消解在法院内部的行政化因素,就必须以制度为切入口,针对法官考核方法、晋升机制、引咎辞职等制度进行改革。总之,在制度上改变法院系统的科层制特征是促进法官正确地进行角色定位的必经之路。

平等的审判权威是科学的法院管理模式建立的前提。要改变法院系统内部的科层式结构,就要求同一审判级别的法官对作出判决具有同等的权威性。

同一审级内的法官一旦拥有了平等的决策权,就可以不再受制于院长、庭长、审判委员长的干预,案件审批、请示汇报的情况自然会得到遏制。坚持审判权力的平等性可以保证审判过程独立性,进而促进整个法院系统的独立运作。

根据以上思路,构建"扁垂双轨"的内部管理模式是法院组织形式改革的可能方向。法院体系本身就具备审判和管理的双重属性,因此完全可以依据双重属性的不同特征,构建一种双轨制的内部治理结构。首先,从审判属性上看,需要建立以员额法官为中心的"扁平化"治理结构。这种"扁平化"的组织结构,将以员额法官及其权力、需求为中心,围绕该中心为法官配备一定数量的法官助理和书记员,组建审判团队,并由法官直接负责团队成员的管理事项。在法院内部,取消由庭长分管的审判庭制度,取而代之的是员额法官负责的审判团队制度。各个法官团队之间独立、平等,呈现一种"扁平化"的结构形式,各个法官在法官业务管理方面也行使同等的权力。针对法院内部的重要人事管理事项,由员额法官组成的审判委员会集体决定。审判委员会不干涉具体案件的审判,其职能主要体现在宏观的审判管理事务上。"扁平化"的审判组织结构致力于建立平等化的治理结构,以减少管理层级,提升审判效率。其次,从管理属性上看,需要确立以法院院长等行政领导为首的内部科层制行政管理体制。可在各级法院内部设立行政管理部门,由该部门具体负责司法辅助人员的选任、考核、培训、晋升等工作事务。行政管理部门适用科层制的管理体制,并在最高人民法院的统一规制下形成一套上令下行的行政管理秩序。这一行政管理体制即是法官内部的"垂直化"结构。由此,在法院内部,治理结构便呈现了"扁垂双轨"的双重特质。

在组织结构优化的同时,优化司法评估体系也是完善法院管理需要改进的重要方面。消解结案率、执行率、上诉率等数字化符号对法官的不正当激励可实质化推进法院的司法管理水平。对员额法官审判质效的考量,不应当仅仅建立在简单的数字化层面上,而应当综合考虑各个方面,包括法律适用的正确性、审判程序的合法性、审判工作的时效性、审判文书的规范性、审判效果的认可性等。同时,对于法官审判绩效的评估不宜采取排名的方式,因为排名的先后往往是对法官较为显见的激励方式,容易对法官的角色定位产生不正确的引导。而且排名先后并不能充分说明法官的能力,在一个方面表现一般的法官,可能在另一个方面表现很出色。具体的审判绩效评估体系应当是一个综合各方面指标,运用多种技术建立的科学的数据模型。

强调法官之间平等的审判权威,实现法院内部的"扁垂双轨"结构,建立科学的审判绩效评估体系,都是消减法院内部科层式特征的重要途径。组织管理机制的改进对于法官正确地认识自己的角色进而成功地扮演角色起着关键的作用。如果不改变当前这种行政化的组织管理模式,要杜绝法院系统内部上令下从、请示汇报的情况毫无可能。为了维护司法运行的独立和公正,改变科层式结构对法官选任、考核、晋升的激励是实现法官独立审判的必经之路。

第四节　引导社会"观众"的良性互动

　　法官角色与社会大众的关系,是表演者与"观众"的关系,表演者的角色扮演要赢得"观众"的好评,就必须符合"观众"心目中的角色形象。"观众"的印象对角色扮演的成功与否是至关重要的,一个优秀的表演者至少要使观众相信,他所塑造出的角色形象就是这个角色本应具有的形象。法官角色的表演者们也在努力达成"观众"们的期望:他们勤政爱民、廉洁高尚,在审判中尽量体现民意,为了群众的利益不惜牺牲自己的利益。自从政策提出判决应当力求"化解纠纷",做到"政治效果、社会效果和法律效果"的三统一之后,法官们的迎合"观众"的压力进一步加大了:为了避免出现矛盾激化案件,法官们必须深入基层、体察民情,抓住双方的争议点,采取说法讲理并用的方式,打动双方当事人,提出均衡各方利益的解决方案。从根本上解决纠纷,这本是一件好事,但是在实践中,却出现了很多为了解决问题而解决问题的个案:法官不顾法律的约束而滥用自由裁量权,为了调解结案而牺牲双方当事人的利益,随着民意相机而动甚至修改案件判决。法律的权威性在不断追求社会效果的过程中被逐渐淡化了。

　　为了使法官不在"观众"的欢呼声中迷失自我的角色定位,就必须引导法官与"观众"之间良性的互动关系。从民众的角度来看,应当通过在立法阶段吸收民意,使民众的基本利益诉求得到满足;通过在司法阶段的陪审制度,使审判的过程民主化和公开化。从法官的角度来看,必须保证审判程序的公开,以实现民众的司法监督;落实对裁判文书的规范管理,以实现法律理念的大众普及;实行审判法官的责任豁免,以解脱法官依附于社会效果的精神压力。引导法官与"观众"们的良性互动,不仅仅对于提高法官的角色意识有着积极的意义,而且对于培植"观众"们的法律信仰也有着促进作用。

一、立足民众:规范民意的表达方式

　　对社会大众而言,法律是表达利益诉求的重要机制。民意期望通过法律,

展现自身群体所欲求的价值理念、权利内容,赢得法律对民意的尊重。同时,法律基于自发的人本情怀,也必然对民意的期待作出回应。"以人为本"是当前社会主义法治建设的根本出发点,关注人民群众的根本利益和社会成员的全体愿望是法律的基本欲求。因此立足民众,充分尊重民意,规范民意的表达方式,是引导社会"观众"与司法审判进行良性互动的重要途径。

司法本身应当是一个独立运行的体系,如果不能正确安排民意进入司法的途径,往往会造成民意对司法权威的干涉。尤其在当下,构建和谐社会成为社会各界努力的方向,司法审判的社会效果被提至了空前的高度,民意之于司法也成为更大的牵制力量。近几年出现的公共法律案件,都显示了民意在司法审判过程中产生的巨大影响力:既体现了民众对司法审判过程的监督力度,又暗含了借民众力量以影响司法判决的舆论潜力。一方面,民意监督是实现司法公正的重要途径,另一方面,民意表达又是影响司法独立的干涉因素。民意对于司法审判利弊共存,因此,正确地引导民意进入司法审判过程,发挥民意的积极作用,对实现审判监督、实现司法独立有着重要意义。

首先,鼓励民意在立法阶段的表达,尽可能在法律中体现各阶层人民群众的利益诉求。我国立法法明确规定:"立法应当体现人民的意志,发扬社会主义民主,坚持立法公开,保障人民通过多种途径参与立法活动。"[①]民主是法治最基本的价值要求,鼓励人民参与立法,关注法治,是对平等、自由、民主、人权等基本法律权益的尊重和确认。民主立法可以使普通民众参与到国家立法程序中来,使社会各个阶层充分表达自己的意愿,实现法律"以人民群众的根本利益"为本位的人文关怀。更重要的是,在立法阶段尊重、顺应和体恤民意,可以使社会问题化解在萌芽阶段,防止在司法过程中出现法律规定与社情民意背离的情境。同时,引导社会大众对立法的参与和讨论,可以实现各个群体利益与法律的直接对话,进而促进民意的正确表达和有效实践。目前,我国在立法阶段主要采用的是代议制民主的方式,即通过各级的人民代表大会制度汇集基层群众的意愿。因为我国幅员辽阔、人口众多,要实现在立法程序上的直接民主存在诸多困难,所以代议制民主是必要的民主立法方式。社会大众通过民主选举出的代表表达自己的利益诉求,立法机关在充分审议、讨论之后,平衡多数人的表达意见,进而形成法律。这是一种间接民主的立法方式,它可以迅速确定各阶层利益的共同点,实现大众利益和法律规范的初步沟通。为了进一步了解民意,建立公开法律草案和民主立法听证制度是民主立法的必

---

① 参见立法法第五条。

然趋势。可以参考"协商民主"理论,开创更为广阔的平台使全体民众都拥有自主的发言权,在语言交往中将自己享有的权利转化为实际参与社会管理的权力。协商民主意在通过人民或者民主代表的理性交谈,达成一致共识,以避免直接民主可能导致的多数人暴政和间接民主可能引发的忽视个别群体利益的问题。通过协商民主达成的决策,既反映了社会大众的基本意愿,又防止了过于极端观点的出现,是较为理性的利益整合方法。在立法的过程中可以采用协商民主的方式来广泛接纳民意。在法律草案制定形成的过程中,通过社会传媒征询普通民众的意见,举办立法听证会,面对面地与民众进行沟通协商。对于法案最终采纳的意见予以明示,并对未采纳的意见也必须说明理由。在当前传媒渠道日益多元的形势下,实现在立法阶段与社会大众的互动已经十分便捷。从报刊杂志到网络媒体,只要做到充分的宣传就可以吸引各个阶层的群众积极表达自己的意愿。这种民主立法的方式更具有直接性,社会大众可以在平等协商的基础上寻找各方利益的平衡点,最终形成对法律所欲求的公共利益的共识。协商民主立法的过程应当自由开放,所有利益相关者都可以参与讨论,自由、公开地表达自己的观点,并在各方的理性考量和妥协之下达成一致意见。立法听证程序的方式应当尽可能地多元化,可以借助迅速发展的传媒技术来扩大可能参与群体的规模,例如可以通过视频会议、网络论坛等方式,公开征集意见。近些年来,一些地方已经尝试引入立法听证制度对涉及重大公共决策的法律问题发起民主讨论。这种直接的民主协商立法程序可以作为间接的代议制立法程序的补充,共同促成民主立法机制的不断发展,使民意在立法阶段的表达更为通畅。

其次,积极推进人民陪审制度建设,规范在司法阶段的民意表达的方式和途径。人民陪审员制度是人民群众参与司法审判的重要形式,是司法民主化的表现方式之一。实行人民陪审员制度,对保障广大人民群众当家作主,完善对司法审判程序的监督,促进社会主义民主法治建设有着积极的意义。当前,我国的人民陪审员制度类似于大陆法系的参审制度,即人民陪审员与法官共同组成合议庭,参与对案件的事实审和法律审环节。在实践中,因为制度本身的原因和我国特殊的法治背景,人民陪审员制度一直没有发挥其应有的作用,只陪不审、只合不议的情况非常普遍。鉴于人民陪审制度的尴尬境遇,一些学者主张按照英美法系国家的陪审团制度对人民陪审员制度进行改造[1],也有

---

[1] 吴丹红:《中国式陪审制度的省察——以〈关于完善人民陪审员制度的决定〉为研究对象》,《法商研究》2007年第3期。

学者认为人民陪审员制度并不能从实际上促进民主之价值,应当直接予以取消①。事实上,人民陪审员制度虽然在实践中出现了诸多问题,但是它的存在还是很有必要的。它在促进司法独立,加强民主监督,避免法官擅断等方面存在不可替代的优势。而英美法系的陪审团制度本身亦存在很多问题,且我国的社会制度、司法理念与英美国家存在较大分歧,如若推行陪审团制度,必将存在较大的阻力。因此,改进当前的人民陪审制度是实现社会主义民主法治建设的必然选择。具体来说,应完善人民陪审员陪审的程序制度、选任制度等各方面的规定。关于人民陪审员参与的案件、回避制度、合议庭的构成等都应当有明确的法律规范。从目前来看,人民陪审员制度应当主要存在于一审案件中,并且是否由陪审员参与审判,应当可以由争议双方的当事人自由选择。同时,逐步建立完善人民陪审员的信息库,允许当事人根据信息库自行选择参与案件的陪审员。陪审员的选任应当充分照顾到社会各个行业、各个阶层,并聘请一些有专业技术和特长的人员担任陪审员,以补充在个案审判中法官专业知识的不足。逐步地推行陪审员的任期制,避免同一陪审员长期参与审判引起的对司法民主的折损现象。为了加强陪审员的责任意识,应当适当提高陪审员的待遇情况,吸引具有较高素质的人参与到陪审制度中来。总之,通过对各方面制度的完善,逐渐弥合人民陪审员制度在制度设计和审判实践中的差距,不断推进我国社会主义民主法治建设的进程。

再次,形成有效的传媒约束机制,使民意在法律规定的范围内有秩序地表达。传媒行业必须加强自己的行业自律,通过全面、客观、公正的报道来赢得更广泛的社会认同。传媒行业应当成为社会大众和司法机关沟通的桥梁,积极促进民意与司法信息资源的交换,不能为争取看点而做歪曲事实、有倾向性的报道。同时,政府应当做好对传媒机构和司法机关的协调工作,通过适当的行政管理手段,例如设立登记、刊前检查等实现对传媒行为的有效规制。对于司法机关而言,可以采取一定的措施避免社会舆论对审判的干预,例如延缓诉讼进行、变更审判地点等。延缓诉讼程序的进行有利于冷却社会舆论的热度,避免在传媒讨论激烈的时刻进行审判,可以一定程度上促使社会大众理性民意的形成。对于仅在一定区域有影响力的案件,可以通过变更审判地点的方式来避免传媒对诉讼的干预。变更审判地点的方式意在避开对个案已经形成舆论偏见的地点,进而选择受舆论影响较小、传媒关注减少的地方进行审判。

---

① 刘艺工、李拥军:《关于人民陪审制度难以执行根源的探讨》,《甘肃政法学报》1998年第1期。

对于事实上已经侵害了法院系统、法官和涉案当事人合法权益的传媒行为，司法机关应当追究其法律责任。对传媒行业的行为进行适当的法律规制，可以避免"舆论审判"给司法带来的危害，也可以构建社会大众和司法沟通的平台，促使大众传媒发挥它应有的监督效果。

二、立足法官：完善审判的监督程序

在推行民主政治的进程中，强调法律对社会不同群体的关照，扩大民主程序在法律领域的运作是法治社会建设的必然趋势。法官要获得民众的尊重和信任，就必须接受民众的监督，接纳民众的意见。社会大众的力量是推进社会主义法治建设的重要动力，如何恰当地尊重民意，又不至于在实践中混淆民意与司法的界限，是每个法官都必须考量的问题。对法官而言，对民意的接纳应当积极地体现在公开审判的过程中，而不是单纯地表现在判决结果上对民意的回应。审判程序的公开化、透明化，是防止司法专横武断的重要方式，是遏制司法腐败行为的重要途径。近年来，司法腐败问题不断滋生，直接影响了民众对司法机关的理性评价。同时，司法机关的内部监督显得过于疲软无力，社会大众主张加强司法审判监督的呼声渐现高涨。司法审判效率不高、司法人员素质较低等问题进一步导致了民众对司法的信任危机。因此，正视司法机关内部出现的问题，通过对审判程序的公开消解民众的不满和疑虑，可以促使民众逐渐形成法律意识，并进而促使民众司法信任的形成。

公开审判程序是实现社会大众对司法监督的重要方面。公开审判是民主政治的基本要求，是对公民知情权的确认方式。要实现"依法治国"和"人民当家作主"的统一，就应当完善公开审判原则，使社会大众充分了解、监督国家的司法运作过程。公开审判不仅仅要求对审判结果的公开，还要求对审判过程的公开。尤其是以庭审为核心的审判过程，应当在不损害司法公正和当事人的合法权益的情况下向社会大众公开。通过法庭的举证、辩论等环节，双方当事人在庭公开质证，便于法官查明案件事实，也便于社会公众全面客观地了解案情，对审判的整个过程进行监督。这在制度上保证了程序公正的推进，也在实践中增加了审判的透明度，有助于防止司法腐败行为的发生。同时，公开审判的过程也是司法与"观众"互动的过程，通过对具体案件处理过程和结果的了解，广大群众对法律规范会有进一步的认识，也更加清楚法律赋予自身的权利和义务。同时，庄严的庭审过程树立了法律的权威性，对于促使社会大众形成尊重法律、崇尚法律的心理具有重要的推动作用。

规范对裁判文书的管理是实现司法审判监督的一个方式。裁判文书在实践中具有重要意义,它可以通过对案件本身的辩法析理使牵涉于案件中的权利义务关系明确起来。目前,我国的裁判文书制作存在着诸多问题。例如文书制作过于简单,对案件的争议焦点、案件的审理过程、主要的证据表述、缘法说理的逻辑等缺乏详细的论证,损害了判决书本身所代表的司法公正性、权威性。裁判文书作为对诉讼活动的总结,应当完整再现审判的过程,对个案中涉及当事人权利的事项,例如管辖权异议、回避申请、审判期限、当事人的诉辩主张、举证、质证、认证的过程等都明确予以说明。文字化审判活动的细节是对法官依法办案、避免"暗箱操作"的有力约束。同时,法官应当加强裁判文书的说理性,公开裁判的理由。裁判理由体现的是法官自由心证的过程,通过对裁判理由的公开,法官对所援用法条的分析、对所依据法理的阐明以及对案件事实的理解都完整地呈现在当事人面前,增强了文书的公信力。当事人通过对文书的阅读,可以消除其对裁判不公的怀疑,增加其接受裁判的可能性。向社会大众公开裁判文书,是裁判文书管理的最后一步,也是审判公开程序的进一步延伸。裁判文书的公开不仅仅可以起到加强审判监督的效果,还可以起到对普通社会大众宣传教育的效果,增强法律的权威性和可预见性。因此,加强对裁判文书的管理,使裁判文书的细节具体化、说理详细化、内容公开化,是提高司法公信力、扩大民众监督范围的重要途径。

法官的责任豁免制度是实现法官与"观众"良好互动的保障。保证司法审判的独立性是法官责任豁免制度的基本动因。一旦审判的后果与法官的个人利益脱离关系,法官便能够在审判活动中严格依据法律,居中裁处纠纷,不受外界的干涉。只要法官本身不存在徇私枉法的事实,他的审判结果就不应当受到指责和追究。"观众"的满意与否不应作为考量法官能力的标准,案件的裁决结果,往往不可能同时满足双方当事人的要求。同时,由于客观事实的不可再现性,在审判过程中认定的"事实"也只能做到相对的公正,要求法官对这种盖然性的事实负责,难免会使法官过于谨慎继而谋求其他权威者的支持。因此,推行法官责任豁免制度维持审判独立、实现司法公正有着重要的意义。当前,我国司法制度对法官承担的审判责任的追究主要依据的是《人民法院审判人员违法审判责任追究办法(试行)》(以下简称《办法》),该《办法》对法官在审判中因故意违反法律、或者因过失违反法律而造成严重后果的行为予以责任追究。在《办法》中还列举了众多对法官免于责任追究的事项,确定了因事实认定、法律认识的偏差导致的错案不应当被追究责任。该《办法》的规定对于维护法官在司法审判中的独立性有积极的意义,在形式上已经赋予了法官责任豁免权。但是,在实践中,因为错案追究制度的普遍存在,对法官的责任追究范围往往扩大到了"实体错误"的层面。因此,逐步完善错案追究制,进一步细化明确法官的责任豁免制度是司法改革的必然趋势。当然,由于当前我国的司法制度尚不足以吸收公众的不满情绪,错案追究制作为公众借以发泄情绪的出口,其取消的过程应当伴随着审级制度的不断规范进行。只有彻底消除法院系统内部请示批示的状况,才能发挥二审监督纠错的功能,进而为公众寻求公正的司法审判提供坚实的保障。因此,法官责任豁免制度的建立应当是一个渐进的过程,伴随该制度同步确立的,必须有保障法官公正、独立审判的一系列司法审判机制。

第五节 健全法官的角色人格

健全法官的角色人格是法官角色建设所依赖的个体机制。法官角色的不断接近理想化趋势,不仅仅要依赖司法制度的矫正和完善,同样要依赖个体道德的规范和发展。法官必须对法律"剧本"中的"法官"角色保持忠诚,在实践社会各方的期望时,正确地把握好自身的角色定位,加强角色专业知识的学习。同时,法官要培育其角色伦理,在工作和生活中展现高尚的道德情操和职业精神,逐步实现其法官角色扮演的"自我"和"他我"的统一。

一、保持角色忠诚

角色的表演者必须保持对角色的忠诚,正确地领悟角色定位,并不断地加强角色学习。所谓的角色忠诚,是指角色的扮演者在表演的过程中,必须按照既定的角色形象来表演,不能过度地依附于剧本、剧班和观众中某一方面对角色的要求。① 对于法官来说,要成功地完成角色扮演,也必须做到准确的角色领悟,平衡政党、组织和社会各方面对法官的角色要求。具体而言,法官应当做到:在贯彻政策"剧本"的要求时,以法律"剧本"为依据;在完成组织"剧班"的任务时,以法律职责为基础;在迎合社会"观众"的期望时,以法律规定为标准。表演者时时刻刻都不能忘记自己的"法官"角色,必须始终保持对法律的

---

① 戈夫曼在《日常生活中的自我呈现》一书中,对角色忠诚的问题进行了两方面的描述:保持表演的神秘性和防止过分地体谅观众。他着重对后者进行了强调,指出了过分依附观众可能给角色表演带来的危害。在此借鉴他对"角色忠诚"后一方面的阐释。参见欧文·戈夫曼:《日常生活中的自我呈现》,冯钢译,北京大学出版社,2008,第184页。

绝对忠诚。加强法官的角色学习是保持角色忠诚的重要方面。法官通过对专业知识的补充和专业技术的提升，可以深化对法官角色的领悟，逐渐形成对角色的内心认同，使角色表演者的"自我"与法官角色的"他我"逐步统一，内化为一种发自内心的真诚表现。

首先，法官角色扮演的依据主要是法律"剧本"，在面对政策"剧本"的要求时，法官应当尽可能地依赖法律途径，将政党政策逐步地转化为法律原则、法律规定。坚持政党政策的引导是法官角色扮演的基本原则，法官必须正确领悟政策的要求，将政策追求的价值目标纳入司法审判实践中，坚持在党的政策引导下展开司法工作。同时，法官对政党政策的贯彻不应当简化为工具化的执行行为，在实现政党政策的过程中应当符合法律理性化的要求。法官应当坚守对法律"剧本"的绝对忠诚，在个案审判中，法官不能为了谋求个人的发展而牺牲法律，曲意迎合一些政党领导人的违法"政策"。

其次，在司法"剧班"中，法官应当遵守"剧班"的基本规定，尽职尽责地完成"剧班"分配的任务，保持一个法官应有的法律职业素质。法官应当保证审判工作的数量和质量，与其他法官分工合作，共同促进社会主义法治建设的推进。法官应当以履行法律职责为基础，坚持审判的独立、公正和权威性，避免为了追求各种指标而"完成任务"的心态。法官必须正确理解司法"剧班"的期望，努力追求司法审判工作所欲实现的价值，真心认同法官角色的权威和神圣。对于法院系统内部的各种激励措施，法官应以主动参与的心态积极回应，在获得认可的同时追求更高的自我评价。在自我肯定的过程中，法官应逐步实现对组织规定的"内在服从"[①]——不是为了追求晋升而努力，而且是为了实现自身价值而努力。此时，保持对"法官"角色的忠诚已经内化成表演者的自我约束机制。

再次，面对社会"观众"，法官应当保持良好的角色形象，尽力实现"观众"的角色期望，积极保持与"观众"的角色互动，同时坚守自己的法律职业人形象。法官应当体恤民情、尊重民意，在审判的过程中积极听取社会大众的意见，尽可能使裁判结果得到积极的社会评价。法官应当将自己的专业知识转化为易于与观众"沟通"的语言，耐心向案件当事人讲解纠纷所涉及法律知识的内涵，争取彻底化解矛盾，达到"辩法析理、胜败皆服"。同时，法官又必须谨

---

① 此处借用了哈特的"内在观点"一词。哈特提出对于规则的"内在观点"和"外在观点"的区分，认为接受这些规则并以此作为指导，是一种对规则服从的内在观点；而不接受这些规则只是作为观察者，就是一种对规则服从的外在观点。

记：对"观众"的尊重和顺从不应盲目,法官必须保持其相对独立的品格,以理性的法律来辨识真正的"民意"。法官与"观众"应当保持一定的距离,不能过于疏远以至于使"观众"怀疑,也不能过于亲近以至于丧失权威性和独立性。平衡好政党、组织和社会对法官角色的期望,不仅仅需要表演者丰富的专业知识和实践经验,还需要表演者对"法官"这一角色的忠诚——这是表演者保持法官角色最基本的要求。

要处理好多重角色期望的关系,法官必须加强自身的角色学习。法官的角色学习包括角色扮演技巧的学习和角色专业知识的学习两方面。角色扮演技巧的学习是指法官在实践中不断形成对角色的领悟和感知,进而通过摸索、模仿等方式掌握的角色扮演时的表达、控制技巧。例如法官的观众隔离、再合作、维持控制、戏剧实现和理想化表达等技术,对这些技巧的掌握都可以促使法官的角色扮演更加完善。同时,法官应当加强对法律意识的培养和对专业知识的学习,将对法官角色价值的领悟内化为自身对角色的认同感,使自我的道德价值标准逐渐趋向于法官角色应然的伦理标准,进而使角色扮演技巧的运用不再是单纯的"伪饰"行为,而成为真诚的"展示"行为。保持对"法官"角色的忠诚,既是角色表演者扮演行为的基本原则,也是法官角色所欲呈现给他人的最终印象。

二、培育角色伦理

人的活动必须蕴含一种整体的伦理精神,并有对行为善恶的道德价值的觉察以及评价的道德标准等,从角色和职业角度来观察这种伦理精神,就构成了角色伦理和职业伦理。① 角色伦理和职业道德并不是同一概念。角色伦理立足于对个体表演者角色行为的约束,而职业道德立足于对整个职业群体的约束。职业道德的要求在于维护整个职业群体的利益,而角色伦理的目的在于维护个体表演者的尊严和人格。同时,角色伦理所涉及的角色关系的范围比较宽泛,它不仅仅包括基于职业本身所延伸出来的关系,还包括个体与自然、社会以及自身的各种关系;相对而言,职业道德的范围要小很多,它调整的主要是基于职业而产生的各种关系。角色伦理具有一定的相对性,不同的时代、不同的社会对同一角色可能会有不同的要求;而职业道德则相对稳定,一旦形成会在该职业群体内部长久延续下去。② 因此,角色伦理反映了社会对

---

① 詹世友:《角色意识与角色伦理》,《南昌大学学报(社会科学版)》1997年第3期。
② 曹刚:《论法官的角色伦理》,《伦理学研究》2004年第5期。

法官角色的综合道德评价,它不仅反映了职业共同体对法官的职业道德要求,还反映了社会大众对法官的伦理道德要求。综合最高人民法院公布的《法官行为规范》中规定的法官职业道德要求和在司法审判实践中形成的法官伦理道德要求,我国当前的法官角色伦理应当包含的基本内容有:政治坚定、崇尚法治、公正廉洁、谨言慎行、勤勉敬业、以人为本。

第一,政治坚定,作风精良。中华人民共和国的法官必须坚持和维护社会主义的司法制度,牢固树立社会主义法治理念,做中国特色社会主义事业的建设者和捍卫者。坚持中国共产党的领导是优秀法官必备的政治素质。法官们应当领悟到中国国情的特殊性,不盲目追随西方法治社会的脚步,坚持在当下的具体实践中解决具体问题。我们不可能实行西方国家三权分立的政治制度,因此强调司法独立不能脱离党对司法工作的总体指导,不能脱离人大对司法审判的宏观监督。当前,在社会矛盾多发的时期,法官们应具有全局观和大局意识,将解决纠纷与维护稳定结合起来,注重审判的社会效果。这是中国执政党基于中国特殊的政治制度对法官的素质提出的更高要求,也是当下健全法官角色伦理的重要方面。

第二,崇尚法治,超然独立。法官必须崇尚法治,坚持依法独立行使审判权。法官必须有刚正不阿、不畏权势的精神,在面对金钱、权力、人情的时候不为所惑,坚持以法律作为审判的准绳。司法审判活动不受任何机关、领导、社会团体和个人的干涉,法官必须有排除这些法律程序之外的干预的自觉性。由于在制度设计上受制于地方行政机关,人、财、物的不独立容易导致法官对地方权力的依附,进而丧失自身的独立性。在这种压力下,保持超然独立的品质,忠于法律规定是对法官角色的基本要求。法官的独立还表现在面对社会大众的舆论压力时表现出来的理性决策。司法审判活动不能脱离民意,裁判的结果要为社会大众所接受;同时司法审判活动也不能依附于民意,盲目对大众所表达的意愿表示遵从。法官应当理性地辨别民意中的合理成分,坚持以法律规定为依据,依法独立地作出裁判。崇尚法治、超然独立是现代法治社会对法官角色伦理的基本要求。

第三,公正廉洁,刚正不阿。法官必须坚持自己中立的审判立场,保持法官清廉、正直的形象。法官必须超脱于利益纠纷之上,平等地对待双方当事人,查明案件事实,依据法律裁判。要保持中立的审判立场,法官就必须抵制来自各方的利益诱惑,拒绝收受贿赂,不因当事人的诱惑而放弃立场。回避制度的规定就是为了防止法官因为人情、利益关系而影响公正审判。清正廉洁的法官形象易于赢得当事人的尊重和信任,公正、透明的审判程序可以化解当事人对法律的疑虑,促使当事人从内心接受法官的判决。法官的廉洁形象可以促使司法权威的树立,纠纷的解决依赖于客观的、理性的法律,从而避免了个体裁判者可能出现的偏私和擅断。正因为如此,公正廉洁、刚正不阿的法官形象,是古往今来职业群体和社会大众所期待的理想形象。

第四,谨言慎行,独善其身。法官应当具备高贵的品格、高尚的人格,无论在工作上还是在生活上都要严格自律。法官是社会中的精英群体,不仅应当具有丰富的专业知识,而且应当表现出高尚的道德情操。法官的言行举止都代表着神圣的法律,法律权威性的树立很大程度上依赖着法官高大威严的形象。法官的自律不仅表现在工作中的不受诱惑、超然中立,还表现在生活中的洁身自好、情操高尚。在工作中,法官应当谨言慎行,保持自己的中立立场,不随便偏私当事人的任何一方;在生活中,法官应当约束自己的业外行为,培养自己健康、积极的兴趣爱好。法官职业的崇高和神圣,要求每个法官都担负起重大的使命和责任,维护平等,守护正义。法官自身就应当是正义的化身,廉洁自律、淡泊名利。法官的高尚气节可以增强社会大众对法律的信任,有利于民众法律意识的不断培养。

第五,勤勉敬业,自我提升。勤勉是一个优秀法官的必备素质。法官是具备专业知识的特殊群体,因此熟练地掌握法律知识是对一个法官的基本要求。随着社会日新月异的变化,新型的、科技化的案件日益增多,如果没有不断学习的精神,很难适应时代对法官的新需要。一个勤勉的法官不应当满足于会办简单的民事纠纷案件,要不断扩充自己的专业知识,勇于挑战各种新型复杂疑难案件。认真钻研、刻苦学习,不断追求业务上的精益求精,是一个法官完成好本职工作的必要条件。法官必须不断训练自己的法律思维,砥砺自己的法学品格,通过在理论上和实践上的不断精进,达到学识经验融会贯通的境界。同时,勤勉办案意涵了对办案效率的要求,法官不但应当认真、细致地完成审理工作,而且要尽可能迅速地、不迟延地在审限内作出裁判。法官应当在保证审判质量的情况下提高审判效率,尽量减少当事人的等待时间,实现审判效果之正义价值与效率价值的统一。培养法官勤勉敬业、尽职尽责的角色伦理,是实现司法公正、高效审判的重要前提。

第六,以人为本,勤政爱民。以人为本是我国民主政治的基本原则,也是指导司法工作的大前提。坚持以人为本,就要求法官在审判工作中坚持以人民的根本利益为出发点,以维护人人平等、保障人民权利为基本准则。所以,对于案件纠纷,法官不能仅仅根据法条的规定机械判案,而应当在法律规定的框架下,尽可能公开、公正地化解双方当事人的矛盾。在调查取证时,法官应当深入到群众中去,全面地了解争议问题,弄清楚事实真相。在诉讼的过程中,法官必须尊重双方当事人,耐心倾听当事人的陈述、辩论,并给予双方当事人平等的论证机会。在作出裁判时,法官应当说明判决理由,讲解专门的法律知识,使当事人基于信服而接受审判结果。法官应当充分地认识到社会主义国家司法权的性质和目的,正确运用人民赋予的权利,做到以人为本、勤政爱民。这是当前我国特殊的国情对法官角色伦理的特殊要求,法官在实际审判工作中不能仅仅以"结案"为追求目标,还必须关照到民意的诉求,审视裁判结果的合理性,尽量在"案结"的基础上做到"事了"。以人为本、勤政爱民是我国的司法审判工作实践理性的体现,在尊重法律的基础上尊重人民群众的意愿,亲民爱民、为民解困,是当前的司法工作对每一个审判人员提出的道德要求。

  法官的角色伦理包含了丰富和复杂的各个方面,坚持对法官角色意识的培训,强化法官的角色伦理的教育,对于健全和完善法官的角色人格起着非常重要的作用。因此,在大力开展对司法制度宏观建设的同时,对法官角色的微观建设予以充分的关注,是促使法官角色向着理想化方向迈进的根本方略。

结　语

　　法官群体是我国法治建设进程中的主力军。中国的法治道路将向何处去，不仅有待学者们充分的学理论证，还有待法官们务实的经验总结。研究中国的法官角色，必须放在中国特殊的背景之下，脱离司法生存环境的研究，必然在推行中会受到诸多阻力。

　　中国的"榜样法官"是在司法实践中脱颖而出的杰出人物，他们代表了社会各界对法官"理想"角色的理解，因此也具有了角色样本的典型性。他们着眼大局、为民服务，数十年如一日地奋斗在基层岗位上，甚至身负重病也在所不惜；他们恪尽职守、公正廉洁，淡然面对各种利益的诱惑，坚持守护司法正义；他们勤政爱民、无私奉献，谨记群众的利益无小事，时时处处把人民群众放在第一位。他们的事迹感动了千千万万的中国人，他们是我们通过实践的检验挑选出来的"好法官"。

　　理论和实践的分歧就此出现了。如果用现代西方法治国家的理论与之比对，可以发现两者对"好法官"的界定似乎并不一致：西方崇尚的是法官的独立意识，而我们推崇的是法官的大局意识；西方强调的是法官的中立地位，而我们期待的是法官的亲民路线；西方主张的是法官审判的程序正义，而我们要求的是法官判决的实体正义。吊诡之处出现了：我们一直是在朝着西方国家的法治路线前进，又因何在理论和实践中出现如此的偏差？到底是理论学习本身的偏误，还是审判实践出现了问题？

　　用社会心理学中的角色理论或可解释中国司法审判中出现的这种特殊现象。角色理论通过对日常生活的戏剧化展示，为我们提供了一种观察形形色色的社会互动关系的全新视角。法官作为社会角色的一种，他的行为受制于剧本、剧班和观众对他的期望。为了扮演好这个角色，法官努力地领悟剧本所要求的各种权利义务规范，力求毫无偏差地展示剧本所塑造的法官形象。同时，身处在司法剧班中的法官，必须按照剧班的规定定时、定量地上演表演，并且谨慎小心地控制自己的行为，防止因为行差踏错而受到剧班的惩罚。面对观众，法官展示了自己最为理想化的一面，竭尽全力地博取他们的掌声，在观众的认可中获得自我认同和满足。所以，法官的表演就如同戏剧演员一样，他们所展现的形象既是属于剧本的,也是属于剧班和观众的,当然,也是属于演员自己的——优秀的演员会将自己的特点带入到他所扮演的角色中去。不同的剧本、剧班和观众,会带来不同的角色表演。就如同我们当前所看到的这样:中国实践中的法官角色,是由中国特定的剧本、剧班和观众共同促成的。这就是为什么我们不能用西方的法治理论来解释中国的事情:不同的剧本、剧班和观众编织了不同的角色关系网,在不同的角色关系网中考察"同一"角色,自然会发现在各个方面的难以参照和比附。

  首先,从司法和政治的关系来看,西方国家实行的是三权分立的政治制度,司法具有相对独立的地位,司法对政治起到的主要是制衡作用,司法可以牵制政策的实施,法律相对政策有相当的权威性,因此西方国家的法官们主要参照的是法律"剧本";而我们实行的是社会主义民主政治制度,强调的是"党的领导、人民当家作主和依法治国"的有机统一,司法工作的开展应当在党的领导下进行,政党政策对法律的制定有引导的作用,因而我国的法官主要参照的是政策"剧本"。其次,从法院的组织结构来看,西方国家坚持司法机关与行政机关的分立,司法审判行为较少受到行政力量的干涉,同时法院内部管理事务与审判事务相对分离,行政管理和司法职能并行不悖,①"剧班"的组织结构较少官僚制的特征,对法官的晋升激励也不强烈;而中国的司法机关在人事、财政上都一定程度受到行政机关的控制,司法的行政化、地方化特征较为明显,而且在内部的组织结构上行政管理和审判管理没有明显区分,"剧班"采取科层制的组织模式,制度规范对法官的行为产生了强烈的激励作用。最后,从经济和文化的角度来看,西方国家的资本主义经济制度和自由民主的文化催生了其自生自发的法律秩序,平等、公正、独立的理念逐渐演变为法治的基本价值,司法的权威性得到了民众的普遍认可,"观众"们对法官的角色扮演保有较高的信任;而在我国,半封闭的熟人社会孕育了几千年的乡土文化,存在于乡里乡亲之间的情理观念相较于生硬的法律而言更为重要,现代的法律意识无法从民间滋生,法治建设的推进必须依靠"上令下从"的权威力量,"观众"们

---

  ① 西方国家普遍实现了法院内部司法审判与管理事务的分离,即使是实行行政型法院管理模式的国家,例如英国、法国、德国、加拿大等国家,专司法院司法行政事务的人员与专司审判的法官也是各安其事,互不干涉。除与审判直接有关的事务性工作由法官助理或者法官秘书管理外,法院的人、财、物由司法部管理和保障。更有实行司法委员型管理模式和自治型管理模式的国家,法院内部的管理基本上实现了法官自治管理,法官的独立性更强。参见梁三利:《法院管理模式研究》,南京理工大学博士论文,2008,第97-98页。

对法律仍感陌生,他们甚至不相信"法理"比"情理"更为有用。两种完全不同的政治、经济、文化以及组织背景决定了两种完全不同的法治模式:经典的西方模式和务实的中国模式。

必须承认的是,在法治国家建设之初,西方的经典法治模式为我们展开了法治社会的理想图景,也为我国的民主法治建设提供了可参照的宏伟蓝图。但是,随着法治建设的逐步推进,我们应当意识到,在当下的中国并不具备推行西方经典模式的条件:政治、经济、文化制度上的差异造成了从现实到理想道路上的诸多阻隔。我们所阐释的法治理念,大多沿用西方翻译过来的语言,且不说能否做到翻译的"信、达、雅",这些专业概念、术语、原则背后的社会制度、背景文化原本就无法复制粘贴。① 我们不可能在移植了西方的法治模式之后,还将他们的政治、经济、文化制度全套移植过来。因此,在不同的角色关系之下讨论哪种角色扮演更为出色,似乎没有太多现实的意义。中国不同于西方的发展道路决定了中国的法治进程将依赖特殊的路径,我们应当立足于当下的实践来解决当下的问题。

强调中国国情的特殊性不是认同司法实践中的所有问题都可以用"中国特色"来解释。事实上,当前的司法审判方式虽然较为适合中国的社会制度,但是确实存在着诸多难以克服的缺陷。例如司法机关过分依附于行政机关而导致的司法不独立,审判结果过于追求社会效果而司法不权威,司法腐败问题过于猖獗而造成的司法不信任等。这些现实问题如若不能得到解决,中国法治现代化的进程必将受到影响。因此,如何完善当前的司法体制,完善法官的角色建设机制是中国面临的紧迫问题。

从角色理论的角度出发,法官角色错位现象的出现可以通过法官对角色期望的依附来予以解释。由于法官极力希望得到来自各方面的肯定评价,因此他积极配合剧本、剧班和观众对他的要求进行表演,在获得认可之后会不断重复甚至进一步强化自己获得赞扬和尊重的行为。这种依附于期望之上的心理可能会造成法官对自身角色的错误定位,尤其是在他感到来自政党、组织和民众的掌声比来自法律人的掌声更为响亮的时候。与戏剧中的演员一样,法官同样会在角色扮演中加入自己的理解,当他发现掌握某种表演技巧就可以获得更多赞誉时,他便会不断地运用这种技巧——哪怕这种技巧与角色本身所欲求的价值完全背离。只要能够在角色扮演中获得满足感,法官就会相信自己正在出色地扮演着应有的角色。

---

① 夏勇:《法治源流——东方与西方》,社会科学文献出版社,2004,第57页。

在司法审判中出现的问题都与法官过度地依附于某一角色期望之上不无关系。法官的行为会不断地受到政策剧本、司法剧班和社会观众的影响,一旦法官将某一方面的影响看作是其角色扮演的关键因素,他就有可能进行错误的角色定位,距离法官的应然角色越来越远。过度依附于政策的期望往往会造成司法权威的异化,甚至导致司法腐败等行为的发生;过度依附于组织的期望往往会导致司法独立的丧失,致使司法行政化的倾向越来越严重;过度依附于民众的期望往往会引起舆论审判的发生,可能在一定程度上引起司法的不公正。因此,强调法官正确地领悟角色期望,准确地进行角色定位是法官角色建构的重要方面。应当完善政策剧本的角色规范、改进司法剧班的管理模式、引导社会观众的良性互动,以实现法官的角色外部建设;同时要求法官保持对角色的忠诚、培育角色伦理,以实现法官角色的内部建设。

中国的法治化进程必然是一个渐进的历程。西方的经典法治理论在走进中国实际审判工作的过程中,充分的学理论证和丰富的实践检验都是必不可少的环节。这注定了中国务实的法治模式必须要经历无数次的"试错",在不断的摸索、实践和检验之后才能逐步完善起来。"榜样法官"正是呈现了中国法官独特的样本形象:他们缺少了一些威严和神圣,但依然值得我们肯定和尊重。只有从司法最真实的印象出发,立足于当下的特殊情境之上,我们才能发现问题,解决问题,不断地接近法治社会的理想状态。

参考文献

一、中文类

(一) 中文著作类

[1] 毕连芳. 中国司法审判制度近代化研究[M]. 北京:中国政法大学出版社,2021.

[2] 蔡定剑. 历史与变革——新中国法制建设的历程[M]. 北京:中国政法大学出版社,1999.

[3] 陈光中. 司法公正和司法改革[M]. 北京:中国民主法制出版社,1999.

[4] 陈国强. 简明文化人类学词典[M]. 杭州:浙江人民出版社,1990.

[5] 陈陟云. 法官员额问题研究[M]. 北京:中国民主法制出版社,2015.

[6] 程汝竹. 司法改革与政治发展[M]. 北京:中国社会科学出版社,2001.

[7] 代志鹏. 司法判决是如何生产出来的——基层法官角色的理想图景与现实选择[M]. 北京:人民出版社,2011.

[8] 邓正来,亚历山大等. 国家与市民社会[M]. 北京:中央编译出版社,1999.

[9] 丁水木,张绪山. 社会角色论[M]. 上海:上海社会科学院出版社,1992.

[10] 董必武. 董必武法学文集[M]. 北京:法律出版社,2001.

[11] 范忠信,郑定,詹学农. 情理法与中国人——中国传统法律文化探微[M]. 北京:中国人民大学出版社,1992.

[12] 费孝通. 江村农民生活及其变迁[M]. 兰州:敦煌文艺出版社,1997.

[13] 费孝通. 乡土中国 生育制度[M]. 北京:北京大学出版社,1998.

[14] 高其才,黄宇宁,赵彩凤. 基层司法——社会转型时期的三十二个先进人民法庭实证研究[M]. 北京:法律出版社,2009.

[15] 高其才,周伟平,姜振业. 乡土司法——社会变迁中的杨村人民法庭

实证分析[M].北京:法律出版社,2009.

[16] 顾培东.社会冲突与诉讼机制[M].成都:四川人民出版社,1991.

[17] 郭建.帝国的缩影:中国历史上的衙门[M].上海:学林出版社,1999.

[18] 韩波.法院体制改革研究[M].北京:人民法院出版社,2003.

[19] 韩秀桃.司法独立与近代中国[M].北京:清华大学出版社,2003.

[20] 何高潮.地主·农民·共产党——社会博弈理论分析[M].香港:牛津大学出版社,1997.

[21] 何勤华.法律文化史谭[M].北京:商务印书馆,2004.

[22] 黄宗智.长江三角洲小农家庭与乡村发展[M].北京:中华书局,1992.

[23] 季卫东.法治秩序的构建[M].北京:中国政法大学出版社,1999.

[24] 季卫东,等.中国的司法改革:制度变迁的路径依赖与顶层设计[M].北京:法律出版社,2016.

[25] 江华.江华司法文集[M].北京:人民法院出版社,1989.

[26] 瞿同祖.中国法律与中国社会[M].北京:中华书局 1981.

[27] 乐国安.社会心理学[M].广州:广东高等教育出版社,2006.

[28] 李龙,程关松,占红沣.以人为本与法理学的创新[M].北京:中国社会科学出版社,2010.

[29] 李龙.宪法基础理论[M].武汉:武汉大学出版社,1999.

[30] 李路路,李汉林.中国的单位组织——资源、权力与交换[M].杭州:浙江人民出版社,2000.

[31] 李猛.韦伯:法律与价值[M].上海:上海人民出版社,2001.

[32] 李伟.法官解释确定性研究[M].北京:法律出版社,2017.

[33] 梁慧星.为权利而斗争[M].北京:中国法制出版社,2000.

[34] 梁治平.法辨——中国法的过去、现在与未来[M].贵阳:贵州人民出版社,1992.

[35] 梁治平.法律的文化解释[M].北京:生活·读书·新知三联书店,1994.

[36] 林语堂.中国人[M].郝志,沈益洪,译,上海:学林出版社,2000.

[37] 林孝文.法官自由裁量权的法理与哲理[M].北京:知识产权出版社,2015.

[38] 刘建军.单位中国——社会调控体系重构中的个人、组织与国家

[M].天津:天津人民出版社,2000.

[39] 刘荣军.程序保障的理论视角[M].北京:法律出版社,1999.

[40] 刘思达.失落的城邦——当代中国法律职业变迁[M].北京:北京大学出版社,2008.

[41] 刘作翔.法律文化理论[M].北京:商务印书馆,1999.

[42] 陆而启.法官角色论——从社会、组织和诉讼场域的审视[M].北京:法律出版社,2009.

[43] 罗灿.司法改革背景下裁判文书说理繁简分流研究[M].北京:法律出版社,2018.

[44] 吕世伦.西方法律思潮源流论[M].北京:中国人民公安大学出版社,1993.

[45] 马建华.法官职业化研究[M].北京:人民法院出版社,2004.

[46] 马世忠.司法体制综合配套改革中重大风险防范与化解[M].北京:人民法院出版社,2020.

[47] 钱卫清.法官决策论——影响司法过程的力量[M].北京:北京大学出版社,2008.

[48] 强世功.调解、法制与现代性——中国调解制度研究[M].北京:中国法制出版社,2001.

[49] 强世功.法制与治理——国家转型中的法律[M].北京:中国政法大学出版社,2003.

[50] 沈宗灵.比较法总论[M].北京:北京大学出版社,1987.

[51] 舒国滢.在法律的边缘[M].北京:中国法制出版社,2000.

[52] 苏力.法治及其本土资源[M].北京:中国政法大学出版社,1996.

[53] 苏力.送法下乡——中国基层司法制度研究[M].北京:中国政法大学出版社,2000.

[54] 孙立平.转型与断裂——改革以来中国社会结构的变迁[M].北京:清华大学出版社,2004.

[55] 孙万胜.司法制度的理性之径[M].北京:人民法院出版社,2004.

[56] 孙应征.破产法法律原理与实证解析[M].北京:人民法院出版社,2004.

[57] 谭世贵.司法独立问题研究[M].北京:法律出版社,2004.

[58] 谭世贵,等.中国法官制度研究[M].北京:法律出版社,2009.

[59] 万鄂湘.现代司法理念与审判方式改革[M].北京:人民法院出版

社,2004.

[60] 汪习根.法治社会的基本人权——发展权法律制度研究[M].北京:中国人民公安大学出版社,2002.

[61] 汪习根.司法权论——当代中国司法权运行的目标模式、方法与技巧[M].武汉:武汉大学出版社,2006.

[62] 王康.社会学词典[M].济南:山东人民出版社,1988.

[63] 王利明.司法改革研究[M].北京:法律出版社,2000.

[64] 王琳.司法裁判中的道德判断[M].北京:中国社会科学出版社,2020.

[65] 王铭铭,王斯福.乡土社会的秩序、公正与权威[M].北京:中国政法大学出版社,1997.

[66] 王铭铭.村落视野中的文化与权力[M].北京:生活·读书·新知三联书店,1997.

[67] 王盼程,程政举,等.审判独立与司法公正[M].北京:中国人民公安大学出版社,2002.

[68] 王申.法官的道德理性论[M].北京:法律出版社,2017.

[69] 王亚南.中国官僚政治研究[M].北京:中国社会科学出版社,2005.

[70] 翁子明.司法判决的生产方式——当代中国法官的制度激励与行为逻辑[M].北京:北京大学出版社,2009.

[71] 吴英姿.法官角色与司法行为[M].北京:中国大百科全书出版社,2008.

[72] 武树臣,等.中国传统法律文化[M].北京:北京大学出版社,1994.

[73] 奚从清.角色论——个人与社会的互动[M].杭州:浙江大学出版社,2010.

[74] 夏勇.法治源流——东方与西方[M].北京:社会科学文献出版社,2004.

[75] 萧瀚.法槌十七声——西方名案沉思录[M].北京:法律出版社,2007.

[76] 谢晖.法的思辨与实证[M].北京:法律出版社,2001.

[77] 徐忠明.包公故事:一个考察中国法律文化的视角[M].北京:中国政法大学出版社,2002.

[78] 杨一平.司法正义论[M].北京:法律出版社,1999.

[79] 应星.大河移民上访的故事[M].北京:生活·读书·新知三联书

店,2001.

[80] 张晋藩.中国法律的传统与近代转型[M].2版.北京:法律出版社,2005.

[81] 张晋藩.中国司法制度史[M].北京:人民法院出版社,2004.

[82] 张培田.法与司法的演进及改革考论[M].北京:中国政法大学出版社,2002.

[83] 张瑞强.法官的思考与实践[M].北京:法律出版社,2017.

[84] 张述元.司法改革形式下的审判管理基本理论研究[M].北京:人民法院出版社,2018.

[85] 张希坡.马锡五审判方式[M].北京:法律出版社,1983.

[86] 张晓笑.法官决策的思维模型[M].北京:法律出版社,2020.

[87] 张中秋.中西法律文化比较研究[M].南京:南京大学出版社,1999.

[88] 张中秋.中国法律形象的一面——外国人眼中的中国法[M].北京:法律出版社,2002.

[89] 章志光.社会心理学[M].北京:人民教育出版社,1996.

[90] 郑成良.法律之内的正义[M].北京:法律出版社,2002.

[91] 周晓红.社会心理学[M].北京:高等教育出版社,2008.

[92] 周晓虹.现代社会心理学[M].上海:上海人民出版社,1997.

[93] 左卫民,汤火箭,吴卫军.合议制度研究——兼论合议庭独立审判[M].北京:法律出版社,2001.

[94] 左卫民.在权利话语与权力技术之间——中国司法的新思考[M].北京:法律出版社,2002.

[95] 左卫民,等.最高法院研究[M].北京:法律出版社,2004.

[96] 马克思恩格斯全集第1卷[M].北京:人民出版社,1964.

[97] 付子堂.法律功能论[M].北京:中国政法大学出版社,1999.

[98] 谭世贵,梁三利,王隋,等.法院管理模式研究[M].北京:法律出版社,2010.

(二) 外文译著类:

[1] 凯尔森.法与国家的一般理论[M].沈宗灵,译.北京:中国大百科全书出版社,2003.

[2] 哈贝马斯.在事实与规范之间——关于法律和民主法治国的商谈理论[M].童世骏,译.北京:生活·读书·亲自知三联书店,2003.

[3] 卡尔·拉伦茨.法学方法论[M].陈爱娥,译.北京:商务印书

馆,2003.

[4] 罗伯特·阿列克西.法律论证理论——作为法律证立理论的理性论辩理论[M].舒国滢,译.北京:法律出版社,2002.

[5] 马克斯·韦伯.经济与社会[M].林荣远,译.北京:商务印书馆,1997.

[6] 魏德士.法理学[M].丁晓春,吴越,译.北京:法律出版社,2005.

[7] 米歇尔·克罗齐埃.科层现象——论现代组织体系的科层倾向及其与法国社会和文化体系的关系[M].刘汉全,译.上海:上海人民出版社,2002.

[8] 米歇尔·福柯.知识考古学[M].谢强,马月,译.北京:生活·读书·新知三联书店,1998.

[9] E.博登海默.法理学:法律哲学与法律方法[M].邓正来,译.北京:中国政法大学出版社,1999.

[10] 艾尔东·莫里斯,卡洛尔·麦吉拉吉·缪勒.社会运动理论的前沿领域[M].刘能,译.北京:北京大学出版社,2002.

[11] 昂格尔.现代社会中的法律[M].吴玉章,周汉华,译.北京:中国政法大学出版社,1994.

[12] 本杰明·N.卡多佐.司法过程的性质[M].苏力,译.北京:商务印书馆,2003.

[13] 德沃金.认真对待权利[M].信春鹰,吴玉章,译.北京:中国大百科全书出版社,1998.

[14] 理查德·A.波斯纳.法律的经济分析[M].蒋兆康,译.北京:中国大百科全书出版社,1997.

[15] 米尔伊安·R.达玛什卡.司法和国家权力的多种面孔——比较视野中的法律程序[M].郑戈,译.北京:中国政法大学出版社,2004.

[16] 诺内特,塞尔兹尼克.转变中的法律与社会:迈向回应型法[M].张志铭,译.北京:中国政法大学出版社,1994.

[17] 欧文·戈夫曼著.日常生活中的自我呈现[M].冯钢,译.北京:北京大学出版社,2008.

[18] 乔纳森·H.特纳.社会学理论的结构[M].吴曲辉等,译.杭州:浙江人民出版社,1987.

[19] 约翰·罗尔斯.正义论[M].何怀宏,何包钢,廖申白,译.北京:中国社会科学出版社,1988.

[20] 李·爱泼斯坦,威廉·M.兰德斯,理查德·波斯纳.法官如何行为:

理性选择的理论和经验研究[M].黄韬,译.北京:法律出版社,2017.

[21] 棚赖孝雄.纠纷的解决与审判制度[M].王亚新,译.北京:中国政法大学出版社,1994.

[22] 秋山贤三.法官因何错判[M].曾玉婷,魏磊杰,译.北京:法律出版社,2019.

[23] 尼尔·麦考密克,奥塔·魏因贝格尔.制度法论[M].周叶谦,译.北京:中国政法大学出版社,2004.

[24] 哈特.法律的概念[M].张文显,等,译.北京:中国大百科全书出版社,1996.

[25] 尼尔·麦考密克.法律推理与法律理论[M].姜峰,译.北京:法律出版社,2005.

[26] 韦恩·莫里森.法理学——从古希腊到后现代[M].李桂林,等,译.武汉:武汉大学出版社,2003.

[27] 约翰·奥斯丁.法理学的范围[M].刘星,译.北京:中国法制出版社,2002.

[28] 戴维·克雷因,格里高利·米切尔.司法决策的心理学[M].陈林林,张晓笑,译.北京:法律出版社,2016.

[29] 理查德·波斯纳.法官如何思考[M].苏力,译.北京:北京大学出版社,2008.

[30] 劳勒三世.组织中的激励[M].陈剑芬,译.北京:中国人民大学出版社,2011.

(三)中文期刊类

[1] 艾佳慧.司法知识与法官流动[J].法制与社会发展,2006,(4).

[2] 白彦.司法公信力流失问题研究——以基层法官角色定位为视角[J].暨南学报(哲学社会科学版),2016,(1).

[3] 曹刚.论法官的角色伦理[J].伦理学研究,2004,(5).

[4] 陈洪杰.从程序正义到摆平"正义":法官的多重角色分析[J].法制与社会发展,2011,(2).

[5] 陈金钊.司法过程中的法律发现[J].中国法学,2002,(1).

[6] 陈卯轩.法律衡平略论[J].西南民族学院学报(哲学社会科学版),2000,(7).

[7] 陈实.论法官在困难案件中的角色[J].西北政法学院学报(法律科学),2000,(3).

[8] 陈文兴,詹素娟.论我国法官遴选制度之再优化[J].法学评论,2007,(3).

[9] 陈勇,冯哲.法官角色的理性化分析与诠释[J].河北师范大学学报(哲学社会科学版),2008,(5).

[10] 程朝阳.法庭调解话语与角色研究一种语用分析的进路[J].法律适用,2008,(3).

[11] 程宗璋.改革我国审前准备程序的探索[J].中国青年政治学院学报,2000,(6).

[12] 崔素琴.现代司法理念下法官的品格识别[J].河南省政法管理干部学院学报,2005,(6).

[13] 代志鹏,秦岩.从大众化到职业化——中国法院人员结构变迁的历史考察[J].吕梁学院学报,2011,(1).

[14] 邓剑光.关于法律解释"法律整体论"与"超越论"的思辨——兼析中国法官法律适用中的角色定位[J].中南民族大学学报(人文社会科学版),2009,(3).

[15] 方乐.司法行为及其选择的文化注释——以转型司法中的中国法官为例[J].西北政法学院学报(法律科学),2007,(5).

[16] 方乐.转型中国的司法策略[J].法制与社会发展,2007,(2).

[17] 冯源,姚毅奇.家事司法改革中调查官的角色干预[J].甘肃政法学院学报,2017,(5).

[18] 高晋.行政诉讼中法官的角色定位[J].长春理工大学学报(社会科学版),2005,(2).

[19] 顾培东.中国司法改革的宏观思考[J].法学研究,2000,(3).

[20] 关毅.法官遴选制度比较(上)[J].法律适用,2002,(4).

[21] 郭建勇.区分司法品质:法院、法官与判决——司法场域中信号的传递与信任的生成[J].法律适用,2013,(7).

[22] 韩旭.21世纪中国法官的新理念[J].云南大学学报(法学版),2001,(1).

[23] 何兵.司法职业化与民主化[J].法学研究,2005,(4).

[24] 何家弘.司法公正论[J].中国法学,1999,(2).

[25] 何文燕.民事审判行为及其规制研究[J].湘潭大学社会科学学报,2000,(5).

[26] 侯欣一.中国近代史上的法官职业[J].法学,2006,(10).

[27] 胡桥.能动司法:政治愿景与司法挑战[J].浙江社会科学,2010,(10).

[28] 胡湘英.法官角色的构成及其冲突——兼谈对法官自由裁量的影响[J].河北大学成人教育学院学报,2005,(4).

[29] 胡玉鸿.在政治、法律与社会之间——经典作家论法官的角色定位[J].西南政法大学学报,2004,(6).

[30] 黄进喜."价值导向的思考"方法的限度——评卡尔·拉伦茨的《法学方法论》[J].福建政法管理干部学院学报,2007,(3).

[31] 黄湧.基层民事法官如何办案:从一则案件的审理看法官角色混同[J].法律适用,2007,(1).

[32] 季卫东.合宪性审查与司法权的强化[J].中国社会科学,2002,(2).

[33] 姜孟亚.法官的应然角色——来自经典作家的多重解读[J].唯实,2005,(11).

[34] 蒋惠岭.司法体制改革与国家政治结构[J].人民司法,1995,(2).

[35] 黎国智,庄晓华.法治国家与法官文化[J].现代法学,1998,(6).

[36] 李浩.论法院调解中程序法与实体法约束的双重软化[J].法学评论,1996,(4).

[37] 李深.论审判过程中法官的角色定位[J].辽宁行政学院学报,2007,(9).

[38] 李晓珉,史锐.多样·灵活·思变——刑事审判模式改革的新思路[J].新西部(下半月),2008,(5).

[39] 李鑫,荣露.多维视角下法官的多重角色设定[J].四川大学法律评论,2018,(1).

[40] 梁晨.论民事审前程序中法官的角色定位[J].天府新论,2005,(4).

[41] 梁晓俭.论法治框架下法官角色的社会期待[J].同济大学学报(社会科学版),2005,(5).

[42] 廖勇.意思自治精神与法官的角色[J].河南司法警官职业学院学报,2005,(1).

[43] 刘星.西方法学理论的"中国表达"——从1980年代以后的"西方评介"看[J].《政法论坛(中国政法大学学报)》,2005,(1).

[44] 刘艺工,李拥军.关于人民陪审制度难以执行根源的探讨[J].甘肃政法学学院报,1998,(1).

[45] 刘振华.回归本真:法官角色定位及其合理转型——基于对312位

全国模范法官的考察[J].中山大学法学评论,2019,(1).

[46] 龙宗智.论司法改革中的相对合理主义[J].中国社会科学,1999,(2).

[47] 陆益龙.乡土中国的转型与后乡土特征的形成[J].人文杂志,2010,(5).

[48] 罗金寿.社会转型时期的中国法官角色——以"法官十杰"事迹为考察对象[J].司法,2007年8月.

[49] 江国华,韩玉亭.论法官的角色困境[J].法制与社会发展(双月刊),2015,(2).

[50] 蒲菊花,黄文.论法官的正当性[J].重庆大学学报(社会科学版),2003,(3).

[51] 强世功.权力的组织网络与法律的治理化——马锡五审判方式与中国法律的新传统[J].北大法律评论,2000,(2).

[52] 秦策.法官角色冲突的社会学分析——对司法不公现象的理性思考[J].南京师大学报(社会科学版),1999,(2).

[53] 芮必峰.人类理解与人际传播——从"情境定义"看托马斯的传播思想[J].新闻与传播研究,1997,(2).

[54] 沈敏荣.法律不确定性之克服[J].政治与法律,1998,(2).

[55] 史美良.法官角色的矛盾辩说[J].浙江学刊,2004,(4).

[56] 舒国滢.从司法的广场化到司法的剧场化——一个符号学的视角[J].政法论坛,1999,(3).

[57] 宋灵珊,谢澍."好法官"的角色定位及其知识谱系——以女性民事法官为样本的实证研究[J].上海政法学院学报(法治论丛),2014,(3).

[58] 宋正喜.中国现代司法的乡村阐释及运作[J].四川理工学院学报(社会科学版),2009,(1).

[59] 苏力.法官遴选制度考察[J].法学,2004,(3).

[60] 苏力.基层法院法官专业化问题——现状、成因与出路[J].比较法研究,2000,(3).

[61] 苏力.论法院的审判职能与行政管理[J].中外法学,1999,(5).

[62] 苏力.判决书的背后[J].法学研究,2001,(3).

[63] 苏力.中国法官的形象塑造——关于"陈燕萍工作法"的思考[J].清华法学,2010,(3).

[64] 孙笑侠.司法权的本质是判断权[J].法学,1998,(8).

[65] 田少红.司法联动下的包村法官[J].法律和社会科学,2016,(2).

[66] 万毅,林喜芬.司法权威·法官规训·制度网络——对法官角色的一种法社会学分析[J].南京师大学报(社会科学版),2005,(5).

[67] 汪习根,廖奕.论法治社会的法律统一[J].法制与社会发展,2004,(5).

[68] 王怀安.法院体制改革初探[J].人民司法,1999,(6).

[69] 王强,章海珠.法官裁判行为的研究——以社会心理学为视角[J].铜陵职业技术学院学报,2017,(3).

[70] 王森波.调审角色分离——关于构建调解制度的第三条进路[J].行政与法,2009,(6).

[71] 王勇.主审法官在审判组织中的角色及其行动逻辑——基于本轮司法改革的考察研究[J].云南社会科学,2020,(5).

[72] 王中华.政治参与:从律师到法官[J].四川理工学院学报(社会科学版),2007,(5).

[73] 翁子明.官僚制视角下的中国司法管理[J].暨南学报(哲学社会科学版),2008,(1).

[74] 吴丹红.中国式陪审制度的省察——以《关于完善人民陪审员制度的决定》为研究对象[J].法商研究,2007,(3).

[75] 吴显庆.论我国现行宪法中民主集中制的科学含义[J].社会主义研究,2005,(1).

[76] 夏继森.转型期基层法官的角色定位[J].北京理工大学学报(社会科学版),2002,(1).

[77] 夏锦文.社会变迁与中国司法改革:从传统走向现代[J].法学评论,2003,(1).

[78] 谢海定.中国司法改革的回顾与前瞻[J].环球法律评论,2002,(春季号)。

[79] 谢锐勤.冲突与融合:法院调解中的地方性知识与法律现代化——以城乡二元社会为背景[J].法治论坛,2017,(4)。

[80] 谢澍.多元场域与一元惯习——刑事法官的角色诠释[J].北大法律评论,2016,(2).

[81] 许国鹏.论疑难案件中的法官角色[J].法学,2005,(1).

[82] 许旭涛.法官角色认知误区对司法公正的影响及纠正[J].法治研究,2008,(5).

[83] 杨春福.论司法、司法权、司法制度[J].中央检察官管理学院学报,1995,(5).

[84] 杨开湘,姚丽雅.论司法过程对法律漏洞的填补[J].中南大学学报(社会科学版),2003,(6).

[85] 杨开湘.法官自由裁量权论纲[J].法律科学(西北政法学院学报),1997,(2).

[86] 杨梦珊,唐娜.基层司法中的法官角色及其冲突———以乡土社会为分析背景[J].民间法,2017,(1).

[87] 杨瑞.论人民法庭法官的角色偏离及其正当性[J].安徽大学法律评论,2007,(1).

[88] 杨知文.司法裁决的后果主义论证[J].法律科学(西北政法大学学报),2009,(3).

[89] 易延友.走向独立与公正的司法——司法改革研究述评[J].中外法学,2000,(6).

[90] 尹力,戴恩潮.论我国法院调解制度的完善[J].宁波大学学报(人文科学版),2007,(4).

[91] 于浩.中国司法中的国家角色[J].国家检察官学院学报.2019,(5).

[92] 喻中.论中国最高人民法院实际承担的政治功能[J].清华法学,第七辑.

[93] 曾玲娟,邹尚忠、李同凯.法官角色压力及其对职业倦怠的影响[J].广西师范学院学报(哲学社会科学版),2018,(6).

[94] 詹世友.角色意识与角色伦理[J].南昌大学学报(社会科学版),1997,(3).

[95] 张丽佳.论法官的角色定位[J].辽宁公安司法管理干部学院学报,2010,(1).

[96] 张卫平.论我国法院体制的非行政化[J].法商研究,2000,(3).

[97] 张文显.法律文化的释义[J].法学研究,1992,(5).

[98] 张志铭.当代中国的法律解释问题研究[J].中国社会科学,1996,(5).

[99] 章武生.我国法官的重组与分流研究[J].法律科学,2004,(3).

[100] 赵秉志,张心向.法官角色视野下的裁判理性——以2005"中国法官十杰"先进事迹介绍为分析范本[J].法律科学(西北政法学院学报),2009,(5).

[101] 赵秉志.对"严打"中几个法律关系的思考[J].人民检察,2001,(9).

[102] 郑成良.论法律文化的要素与结构[J].社会学研究,1989,(2).

[103] 周建国,童星.社会转型与人际关系结构的变化——由情感型人际关系结构向理性型人际关系结构的转化[J].江南大学学报(人文社会科学版),2002,(5).

[104] 周建华.司法调解的契约化[J].清华法学,2008,(6).

[105] 吴洪淇.司法改革与法律职业激励环境的变化[J].中国法学,2019,(4).

[106] 刘忠.中国法院改革的内部治理转向[J].法商研究,2019,(6).

[107] 吴英姿.论司法认同:危机与重建[J].中国法学,2016,(3).

[108] 吴元元.基于声誉机制的法官激励制度构造[J].法学,2018,(12).

[109] 李拥军,周芳芳.我国判决说理激励机制适用问题之探讨[J].法制与社会发展,2018,(3).

[110] 龙宗智.试论建立健全司法绩效考核制度[J].政法论坛,2018,(4).

二、外文类

(一) 外文著作类

[1] Benjamin Nathan Cardozo. The Nature of the Judicial Process[M]. NY: Dover Publications, 2005.

[2] CHRISTINE B. HARRINGTON. Shadow Justice: the Ideology and Institutionalization of Alternatives to Court[M]. NY: Greenwood Press, 1985.

[3] HENRY J. ABRAHAM. The Judicial Process, 4th Edition[M]. Oxford: Oxford University Press, 1980.

[4] KARL N. LLEWELLYN. Jurisprudence: Realism in Theory and Practice[M]. Chicago: The University of Chicago Press, 1962.

[5] Lawrence Baum. Judges and Their Audiences[M]. Princeton: Princeton University Press, 2006.

[6] MIRIAM K. MILLS. Conflict Resolution and Public Policy[M]. NY: Greenwood Press, 1990.

[7] WILLAM L. REYNOLDS. Judicial Process, 3rd Edition[M]. Ed-

monton: West group, 2004.

（二）外文期刊类

[1] David Baharvar. Adversarial Legalism as China's Primary External Model of Legality: What does it Mean for China's Future? [J]. Chinese Law & Policy Review, 2006, 65.

[2] Fang Shen. Are You Prepared for This Legal Maze? How to Serve Legal Documents, Obtain Evidence, and Enforce Judgments in China[J]. UMKC Law Review, Fall 2003, 215.

[3] GRAIG. R. AVINO. China's Judiciary: An Instrument of Democratic Change? [J]. Penn State International Law Review, Fall 2003, 369.

[4] Larry Catá Backer. A Constitutional Court for China Within the Chinese Communist Party: Scientific Development and A Reconsideration of the Institutional Role of the CCP[J]. Suffolk University Law Review, 2010, 593.

[5] Nanping Liu. A Vulnerable Justice: Finality of Civil Judgements in China[J]. Columbia Journal of Asian Law, Spring 1999, 35.

[6] ROBB M. LAKRITZ. Taming a 5,000 Year-old Dragon: Toward a Theory of Legal Development in China[J]. Emory International Law Review, Spring 1997, 237.

[7] Sam Hanson. The Chinese Century: An American Judge's Observations of the Chinese Legal System[J]. William Mitchell Law Review, 2001, 243.

[8] Michael A. Zilis. Minority Groups and Judicial Legitimacy: Group Affect and the Incentives for Judicial Responsiveness[J]. Political Research Quarterly, 2018, (2).

[9] Alessandro Melcarne. Careerism and Judicial Behavior[J]. European Journal of Law and Economics, 2017, (2).

[10] LAWRENCE B. SOLUM. Judicial Selection: Ideology Versus Character[J]. Cardozo law Review, 2005, 26.